인간종에 대한 음모

THE CONSPIRACY AGAINST THE HUMAN RACE: A CONTRIVANCE OF HORROR

인간종에 대한 음모

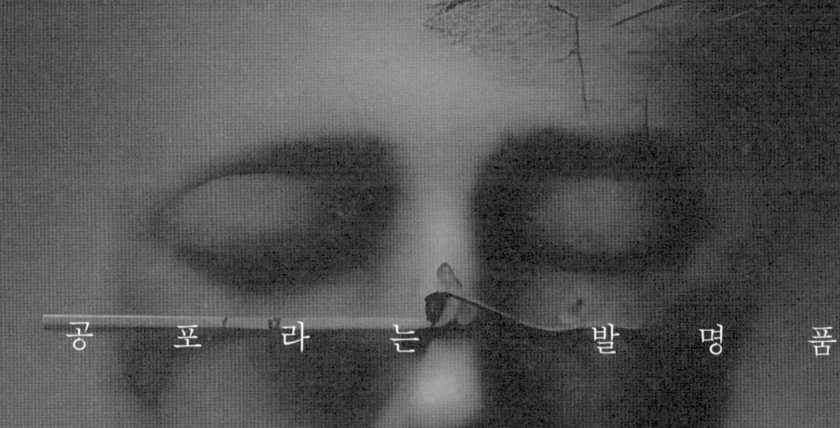

공 포 라 는 발 명 품

토머스 리고티 지음 | 이동현 옮김

P 필로소픽

조너선 패짓에게

보라, 이 육체를.
금방 주저앉을 듯 덜렁거리는 수족의,
화려한 꼭두각시, 불쌍한 장난감을.
머릿속은 거짓된 상상으로 가득 찬,
병들어 고통받는 존재를.
—《법구경法句經》

목차

일러두기

- 이 책은 토머스 리고티Thomas Ligotti의 *The Conspiracy Against the Human Race* 개정판(2018; 초판은 2010년 출간)을 완역한 것이다.
- 본문에 인용된 작품들은 모두 옮긴이가 번역한 것이고, 번역본이 있는 경우 서지 정보를 주석으로 달아 참고할 수 있게 했다.
- 미주는 원저자의 주석이며, 각주는 옮긴이의 주석이다.
- 본문에 옮긴이의 보충 설명을 넣을 때는 대괄호('[[ ]]')로 묶어 표시했다.

겉만 보고 잘못 판단할 수 있는 모든 가능성을 피하기 위해, 내가 초자연적 공포소설을 쓰는 작가임을 밝혀야겠다. 엄격하게 말하자면, 《인간종에 대한 음모The Conspiracy against the Human Race》는 내가 지금껏 써온 글에서 꽤나 벗어나 있다. 그렇지만 어떤 독자는 지금 이 책이 초자연적인 것, 기이한 것, 으스스한 것 등등의 영역에 속한다고 볼지도 모른다. 비소설 작품이기는 하지만, "공포라는 발명품A Contrivance of Horror"이라는 부제가 그런 결론을 내리도록 부추기는 듯하다. 그럼에도 단어는 이따금 두 가지 혹은 그 이상의 의미를 지니므로, 작가가 자신의 작품에 제목을 붙일 때 이런 점을 이용하는 경우도 드물지 않다. 그러므로 '발명품'이라는 단어가 이 책이 의도한 목적을 잘 드러내는지, 혹은 이 책의 주제, 즉 내가 조명하고자 하는 방대한 음모를 오롯이 가리키는지는 좋든 나쁘든 의미상 모호하다.

《인간종에 대한 음모》를 구상하게 된 직접적인 계기는 2004년에 했던 서면 인터뷰이긴 하지만, 그 진짜 근원에 닿기 위해서는 내 어린 시절까지 거슬러 올라가야 한다. 우리는 모두 가짜 기억을 지니고 있지만, 나는 이 기억을 진짜라고 믿을 수밖에 없다. 내가 아홉 살 때 일이다. 이제는 생각나지 않는 어떤 문제를 두고, 나는 부모님과 말다툼을 했다. 싸움은 내가 우리 집 문을 박차고 나가면서 끝났다. 바깥에서 어슬렁거리던 내 친구 몇몇이 내가 크게 화난 걸 눈치채고 무슨 일이냐고 물었다. 내가 처음 내뱉은 말은 부모님에 대한 험담이었다.

"야, 그런 말 하면 안 돼." 내 친구 하나가 타일렀다. 다른 친구들도 수긍하는 분위기였다.

"왜 안 돼?" 나는 따지듯 대꾸했다. 그러자 그 대답이 돌아왔다.

"네 엄마 아빠 아니었으면 넌 태어나지 못했을 거니까."

부모님에 대한 내 험담을 꾸짖는 그 간결한 논리를 두고, 나는 곰곰이 생각했다. 무언가 결함이 있는 듯했다. 마치 내가 시체 부위를 짜 맞춘 다음 생명력을 불어넣은 프랑켄슈타인의 괴물인 양, 내게 생명을 준 직계 존속의 공로를 인정해야만 하나? 살아 있는 것들의 세상으로 인도하려는 부모님의 노력이 성공하기 이전에, 나는 다른 차원에 속한 죽은 물질의 구성체에 불과했을까? 아니면 가톨릭 학교에 다니는 동안 몇 번이고 반복해서 들어도 마음에 와닿지 않던 예수 그리스도가 내 죄를 대신해 죽었다는 이야기처럼, 부모님이 어떻게든 나를 구원해준 걸까? 내가 받은 종교 교육에서 예수의 죽음이 거대한 그림자를 드리우고 있었다는 점을 감안하면, 그런 생각들이 어린 내 마음에 떠오른 것은 아주 자연스러운 일이었다. 죽은 뒤에는 천국이나 지옥에 간다는 것을, 나는 아주 진지하게 종교적 신조로서 받아들였다. 하지만 어떻게 나는 태어나기도 전에 죽은 영혼이었을 수 있을까? 인지 부조화로부터 도망치는 동안, 내 어린 뇌는 호흡을 그치면 죽듯이 살아 있기 전에도 그저 죽어 있었다는 사실을 받아들일 수 없었다. 죽음이 내 삶의 양쪽 끝을 조이고 있는 조임쇠 같은 것이라는 생각은 내게 우스꽝스럽게 여겨졌다. 그래도 나는 그런 상상을 완전히 떨쳐버릴 수 없었다. 죽은 자들 가운데가 아니라면, 부모님이 구조하기 전에 나는 어디에 있었던 걸까? 낳아주신 분들을 험담하는 나를 질책해야 한다는 생각이 친구들의 마음속에 떠오를 정도로, 아주 나쁜 장소임이 틀림없었다. 다행스럽게도 그 모든 문제에 대한 생각은 금세 마음 한구석에 제쳐놓은 채, 나는 친구들과 어울려 놀 수 있었다. 그럼에도 죽음이라는 불가피한 상황은 여전히 내 머릿속을 차지하고 있었고, 특히 종교적 교리에 대한 확신이 내 안에서 서서히 사라진 이후에는 더더욱 그러했다.

물론 얼마 지나지 않아, 나는 선재先在하는 삶은 죽음이 아니라 단지 비非존재임을 알게 되었다. 그 비존재가 좋은지 나쁜지 혹은 좋지 않은지 나쁘지 않은지를 명확하게 확립할 수 있는가는 철학 교육을 받은 사람들의 관심사이며, 내가 다룰 수 있는 능력을 벗어난 문제다. 그럼에도 10대 후반 동안, 나는 살아 있음에 비해 존재하지 않음이 갖는 상대적 가치를 탐구하기 시작했다. 비록 모든 사람에게 그렇듯 나에게도 존재하지 않음은 매력적이지 않은 전망이었지만 말이다. 그럼에도 원칙적으로 말하자면, 비존재는 궁극적으로 있어야 할 장소인 듯하다. 더 중요한 것은 그곳이 우리가 머무르게 될 장소인 듯하다는 점이다. 이는 유난히 암울한 견해이고, 그런 견해가 확고하게 유지되면 개인은 이따금 이를 언어로 표현하도록 이끌리게 된다. 내가 추구한 표현 방식은 초자연적 공포소설 쓰기였으며, 나는 1970년대부터 창작을 시작했다.

현명하게도 나는 작가 지망생 시절 썼던 습작을 거의 대부분 파기했고, 앞서 이야기한 1970년대에 쓴 자필 초고 중 한 편만 남겨두고서, 1980년대 동안 쓴 다른 작품들과 함께 출판하기에 충분하다는 생각이 마침내 들기 전까지 10년 넘게 수정했다. 연대순으로 보자면 내 '첫' 작품인 그 소설의 제목은 〈할리퀸의 마지막 축제The Last Feast of Harlequin〉다. 서사의 배경은 소도시이고, 플롯은 인간 생명의 번식에 대한 영적 금제禁制를 준수하면서 비존재를 찬양하는 이상한 종교 집단을 다룬다. 내가 줄곧 썼고 이후로도 쓰게 될 다른 작품도 이와 관련된 테마에 기초하고 있는데, 그중 〈그 그림자, 그 어둠The Shadow, the Darkness〉에서는 한 등장인물이 "인간종에 대한 음모에 관한 연구"라는 제목의 책을 언급한다. 이 책은 "비존재, 즉 우리가 자신이라고 믿는 모든 것에 대한 상상된 본질에 기초"한다고 묘사되어 있으며, 나는 내용을 전개해나가면서 이 착상을 발전시켰다. 나는 몇 년 뒤 비슷한 주제를 다룬 같은 제목의 책을 쓰게 되리라고는 상상도 못한 채, 하마터면 문제의 이 소설에 "인간종에 대한 음모"라는 제목을 붙일 뻔했다.

앞서 언급한 어떤 내용도 손에 든 이 책이 일종의 숙명을 지닌다거나 운명에 의해 미리 정해져 있는 서사를 따랐다고 암시하지 않는다. 사람들이 말하듯 인생이 '나쁜 일의 연속'은 결코 아니라고 간주하기에는, 전반적인 측면에서 한 사람의 인생에는 부정 출발과 중도 포기, 탈선, 명백하고 오래된 복잡한 문제가 너무 많다. 내가 하려는 이야기는 이 머리말에 배치한 선택된 사건들이 어떤 식으로든 연결된 결과 《인간종에 대한 음모》라는 책이 나오기에 이르렀으며, 독자가 나름대로 판단하도록 전적으로 맡겨두는 저자의 특이한 기질을 어느 정도 드러내고 있다는 것이다.

서문: 비관론과 역설에 관하여

라도슬라브 A. 차노프는 자신의 저서 《악의 본성The Nature of Evil》(1931)에서, 독일 철학자 율리우스 반젠Julius Bahnsen이 열일곱 살이던 1847년에 쓴 단상 한 구절을 인용한다. "인간은 자의식을 지닌 무無다." 이 구절이 유치하다고 생각하든 조숙하다고 생각하든 상관없이, 이런 생각은 우리 인간이라는 종과 그 종의 열망에 대해 냉소하는 아주 오래된 전통에 속한다. 마찬가지로 인간의 무모함에 대한 지배적인 감정은 보통 조건부 승인과 허풍 섞인 오만함 사이 어딘가에 위치한다. 대체로 청중을 모으려 하거나 더 나아가 사회적 지위를 얻고자 하는 사람은, 이런 표어로부터 이득을 보게 마련이다. '인류에 대해 도저히 긍정적으로 말할 수 없다면, 애매하게 말하는 게 낫다.'

반젠으로 되돌아오자면, 그는 인류에 대해 긍정적이거나 애매한 말을 하기는커녕, 뭇 존재들에 대해 혹독한 평가를 내리는 철학자가 되었다. 형이상학에 손을 댄 많은 사람처럼, 반젠은 모든 실재는 겉보기와 달리 통일되고 불변하는 힘의 표현으로, 다양한 철학자가 다양한 방식으로 특징짓는 우주적 운동이라 선언했다. 반젠에게 이 힘과 그것의 운동은 본질적으로 괴물 같은 것이어서, 결국 개별화한 부분들 사이에서 무차별적 살육과 상호 파괴가 이루어지는 우주로 귀결되었다. 게다가 "반젠이 생각한 우주"는 계획이나 방향성의 흔적조차 보이지 않았다. 태초부터 그 우주는 어떤 각본도 연기자도 없이 맹목적인 자기 훼손이라는 주동력으로 돌아가는 연극이나 마찬가지였다. 반젠의 철학에서, 모든 것은 어지러운 학살의 환상곡에 휩쓸리게 된다. 모든 것이 서로를 갈기갈기 찢는다… 영원히. 하지만 휩쓸려 들어간 거의 모든 존재는 공허 속에서 일어나는 이 모든 요란을 감지하지 못한다. 예를 들어 자연계에서는 어떤 생물도 자신이 대학살의 축제에 휘말렸다는 것을 알지 못한다. 오직 반젠이 말한 자의식을 지닌 무만이 무슨 일이 일어나고 있는지 알 수 있고, **혼돈의 향연 속에서** 전율을 느낄 수 있다.

다른 모든 비관론 철학과 마찬가지로, 존재를 기이하고 끔찍한 것으로 취급하는 반젠의 철학은 그가 인정을 갈구했던 자의식을 지닌 무들로부터 환영받지 못했다. 좋든 나쁘든 간에, 타협 없는 비관론pessimism은 대중에게 호소하기 어렵다. 대체로 애써 삶에 대해 음울한 평가를 내리고자 했던 소수의 사람은 차라리 태어나지 않는 편이 나았다. 역사가 증명하듯, 사람들은 그들이 숭배하는 신부터 머리 모양 꾸미는 방식까지 거의 모든 것에 관한 생각을 바꿀 수 있다. 하지만 논의가 실존적 판단에 이르면, 인간은 대개 스스로와 이 세상 속 자신의 상태에 대한 좋은 평가를 요지부동으로 고수하며, 자신들이 자의식을 지닌 무의 집합이 아니라고 철석같이 믿는다.

그렇다면 우리 종의 자기만족에 대한 모든 질책을 포기해야 할까? 이는 훌륭한 결단으로, 규범으로부터 벗어난 사람을 위한 제1규칙이라 할 만하다. 제2규칙은 이렇다. 불가피하게 발언해야 한다면, 논쟁을 피하라. 돈과 사랑은 세상을 돌아가게 할 수 있지만, 그런 세상과의 논쟁은 입장을 바꿀 생각이 없는 세상을 움직일 수 없다. 그래서 영국의 작가이자 기독교 변증가인 체스터턴G. K. Chesterton은 이렇게 말했다. "당신이 이미 논리 없이 진실을 찾아낸 뒤에만, 당신은 논리를 통해서 진실을 찾을 수 있다." 여기서 체스터턴이 말하려는 바는, 논리가 진실과 상관없다는 것이다. 왜냐하면 논리 없이 진실을 찾을 수 있다면, 진실을 찾으려는 노력에 논리는 불필요하기 때문이다. 사실 그가 자기 사상을 체계화하는 과정에 논리를 도입한 유일한 동기는, 진리를 찾는 데 논리가 매우 유의미하다고 생각하는 사람들을 비웃기 위해서였다. 기독교인으로서 체스터턴의 도덕에서 그런 종류의 진리가 중추를 이루지는 않는데도 말이다.

앞서 보았듯 자신의 신념을 역설의 형태로 표현하는 것으로 유명한 체스터턴은, 인간종을 긍정적이거나 애매하게 평가하려는 사람들과 함께 진실을 추구하는 십자군 전쟁에서 승리를 거둔다. (이와 관련하여 역설적인 것은 없다.) 그러니 당신의 진실이 현상 유지를 강화하는 역설을 고안하거나 장려하는 사람들의 진실과 배치된다면, 당신은 자신의 논지를 가져다가 갈가리 찢어발긴 뒤 다른 누군가의 쓰레기통에 던져버리는 편이 현명할 것이다.

물론 무익한 논증이라도 나름의 매력이 있어서, 직관적인 매도, 개인에 대한 맹신, 만연한 오만에서 솟아나는 씁쓸한 즐거움에 대한 흥미로운 보완 장치로 작용할 수도 있다. (언제나 분리 가능하진 않은) 합리적인 것과 비합리적인 것을 그렇게 무절제하게 적용하는 것을 지양하고자, 지금 다루고 있는 '공포라는 발명품'은 인간종의 일원이 된다는 게 어떤 것인지에 관해 불온한 사상을 품은 한 철학자의 논의에 기초하고 있다. 그러나 영락零落으로 이어지는 이 전주곡에서 너무 많은 내용을 전해서는 안 된다. 당분간은 문제의 그 철학자가 인간 존재를 재앙이라 할 만한 어떤 사건이 우리 삶에 개입하지 않았다면 겪지 않았어도 될 비극으로 여겼다는 점만 언급하면 된다. 그 사건은 바로 의식의 진화라는 모든 공포의 근원이다. 그는 또한 인류를 그 존재가 지속될수록 자신이 처한 곤경을 악화시키기만 하는 모순된 존재들, 역설이라는 뒤틀린 논리를 체화한 돌연변이들로 이루어진 종으로 묘사했다. 이 역설은 서툰 경구가 아닌 현실의 역설이다.

해당 주제에 관한 개괄적인 검토조차도 그 모든 역설이 똑같지는 않음을 드러낼 것이다. 어떤 역설은 단지 수사적이고 명백히 논리적 모순이어서, 적절하게 다룬다면 특정한 맥락 내에서 이해 가능하게 해결될 수 있다. 더 흥미로운 것은 현실에 대한 우리 관념을 괴롭히는 역설이다. 초자연적 공포 문학에서 친숙한 줄거리 중 하나는, 말하자면 역설을 **실물로** 접한 뒤, 존재론적 왜곡(존재해서는 안 되지만 존재하는 무언가) 앞에서 공포에 사로잡혀 압도당하거나 무너질 수밖에 없는 인물의 이야기이다. 살아 있는 역설의 가장 유명한 표본은 '언데드undead', 즉 이 땅 위에 영원히 존재하길 갈망하는 걸어 다니는 시체다. 하지만 그들의 존재가 한없이 지속되어야 하는지 아니면 심장에 말뚝을 박아 중단시켜야 하는지는, 지금 당면한 문제와 직접 관련이 있진 않다. 그런 존재가 잠깐 불가능한 방식으로 존재할 수 있다는 초자연적 공포에는 극도로 물질적인 성질이 깃들어 있다. 역설과 초자연적 공포가 함께 응고되어 있는 다른 예시는 자신의 본성을 위반하는 생명력 없는 사물이다. 아마도 이 현상의 가장 두드러진 예시는 줄을 끊고 **스스로 움직이게** 된 꼭두각시일 것이다.

여기서 잠시 꼭두각시에 관한 몇 가지 흥미로운 점을 숙고해보자. 꼭두각시는 인형 제작자가 만드는 대로 만들어지고, 인형사의 의도에 따라 움직인다. 여기서 논하는 꼭두각시는 우리 형상을 따라 만들어졌으나, 인간과 혼동할 만큼 정교하지는 않은 존재다. 그들이 그렇게 창조되었다면, 그들이 우리의 연약한 형태와 닮았다는 점은 기괴하고 섬뜩한 일일 터이며, 사실 너무 기괴하고 섬뜩한 나머지 경계심 없이 좋아할 순 없을 것이다. 사람들이 경계하게 하는 점은 꼭두각시의 상품화와 거의 관련이 없다는 것을 감안하여, 꼭두각시는 눅눅한 지하실이나 어질러진 다락방의 어둑한 빛 속에서 볼 때 외에는 우리가 인간으로 착각할 만큼 정교하게 만들어지지 않는다. 우리는 꼭두각시는 그저 꼭두각시라는 점을 알아야 한다. 그럼에도 우리는 꼭두각시에 대해 여전히 경계심을 품는다. 우리가 특정한 방식으로 꼭두각시를 바라볼 때, 이따금 꼭두각시가 인간이 아닌 꼭두각시의 시선으로 뒤돌아보는 듯 느끼기 때문이다. 심지어 꼭두각시는 생명을 얻기 직전인 듯 보이기까지 한다. 그런 가벼운 현실감 상실의 순간에, 심리적 갈등이 일어나고, 인식의 부조화가 우리 존재를 관류하여 초자연적 공포에 이르는 것이다.

초자연적 공포supernatural horror와 짝을 이루는 단어는 '으스스함uncanny'이다. 두 용어 모두 인간적 특성을 과시하는 비인간적 형태를 지칭하는 데 적절하다. 또한 두 용어 모두 겉보기와는 달리 살아 있는 형태를 지칭하기도 한다. 역설을 내포한 괴물, 이것도 저것도 아닌 존재, 혹은 더 으스스하고 더 무시무시하게 초자연적인, 두 가지 속성을 동시에 지닌 존재인 언데드처럼. 우리는 자신이 비록 대학살의 축제가 일어날지언정 그 사태에 형이하학적 의미만 있을 뿐 형이상학적 의미는 없는 자연 세계에 살고 있다고 생각하기 때문에, 초자연적인 것의 현현이 실제 일어나는지 여부와 상관없이, 그것은 개념상 우리를 공포에 질리게 한다. 이것이 우리가 보통 초자연적인 것을 공포와 동일시하는 이유다. 그리고 생명을 지닌 꼭두각시는 바로 그런 공포를 대표하는데, 그 이유는 그것이 자연적 물리주의의 모든 개념을 부정하고 혼돈과 악몽의 형이상학을 긍정하기 때문이다. 그것은 여전히 꼭두각시일 테지만, 정신과 의지를 지닌 꼭두각시, 즉 **인간** 꼭두각시일 것이다. 이는 언데드보다 더 정신을 분열시키는 역설이다. 하지만 **그들**은 상황을 그런 식으로 보지 않는다. 그들이 창조된 다른 모든 대상과 구별되는 확고부동한 존재의 감각을 자극하는 의식에 고착되어 있는 한, 인간 꼭두각시는 스스로를 꼭두각시라고 절대 생각할 수 없다. 일단 당신이 스스로 잘해 나간다고 느끼기 시작하면, 즉 당신이 움직이고 생각하는 게 자신 안에서 유래한 듯하다고 느끼기 시작하면 당신이 자신을 스스로의 주인이 아닌 무언가라고 믿는 것은 불가능하다.

우리 자신의 모형으로서의 꼭두각시는 세상에서 우리와 대등한 동반자가 아니다. 꼭두각시는 그들 자신의 세상, 즉 우리 내면에 존재하며 그 내면을 반영하는 세상 속의 연기자일 뿐이다. 우리는 그 반영에서 무엇을 보는가? 오직 우리가 보고 싶어 하는 것, 우리가 감당할 수 있는 것만. **너무 끔찍해서 알아서는 안 될 비밀**을 자신에게 숨기려 하듯, 우리는 자기기만이라는 예방 조치를 통해 우리 머릿속에 들이고 싶지 않은 것을 숨겨둔다. 우리 삶은 몇몇은 답하려 시도했고 나머지는 못 본 체했던 당혹스러운 질문들로 가득 차 있다. 우리는 스스로를 벌거벗은 유인원 혹은 육신을 입은 천사라고 믿을 수는 있지만, 인간 꼭두각시라고 믿을 수는 없다. 우리 종을 흉내 내는 그들보다 더 높은 위치에서, 우리는 내키는 대로 움직이고 언제든 마음껏 말할 수 있다. 우리는 스스로 잘해 나가고 있다고 믿으며, 이런 믿음에 반대하는 사람이라면 누구든 광인이라고 혹은 다른 사람을 공포라는 발명품 속으로 밀어 넣고 싶어 하는 사람이라고 매도할 것이다. **무대 너머 뒤편의** 인형사를 어떻게 진지하게 받아들일 수 있을까?

인형극이 끝나면 꼭두각시는 상자 속으로 돌아간다. 그들이 의자에 앉아 책을 읽으면서, 구슬 같은 눈알을 굴려 단어를 따라가는 일은 없다. 그들은 관에 든 시체처럼 단지 사물일 뿐이다. 그들이 생명을 얻는다면, 우리 세상은 우리가 그저 인간 꼭두각시일 뿐인지 아닌지를 포함하여 모든 것이 불확실한 역설과 공포에 빠질 것이다.

모든 초자연적 공포는 우리가 무엇이 존재해야 하고 무엇이 존재해서는 안 된다고 믿는지로부터 유래한다. 과학자와 철학자 그리고 종교인이 증언했듯이, 우리 머릿속은 망상으로 가득 차 있다. 인간을 닮은 사물을 포함한 뭇 사물들은 겉보기와는 다르다. 하지만 우리가 확실히 아는 한 가지는, 자연스러운 것과 그렇지 않은 것의 차이다. 우리가 아는 또 다른 점은, 자연은 인간을 닮은 사물을 포함한 뭇 사물들이 초자연주의를 향하도록 만들 정도로 엉뚱한 실수를 저지르지 않는다는 것이다. 자연이 그런 실수를 저질렀다면, 우리는 이런 삶을 묻어버리기 위해 가능한 모든 일을 할 것이다. 하지만 우리는 그런 수단에 의지할 필요 없이, 있는 그대로 자연스럽게 살아간다. 그 누구도 이 세상에서 우리 삶이 초자연적 공포임을 증명할 수 없으며, 우리로 하여금 그럴지 모른다고 의심하도록 만들 수도 없다. 누구든 당신에게 그 점을 말해줄 수 있으며, 특히 초자연적인 것과 으스스한 것 그리고 섬뜩할 정도로 역설적인 것이 우리 본성에 필수적이라고 전제하는 책의 창작자라면 더더욱 그렇다.

존재라는 악몽

심인성 증상

오랜 세월 동안 인류는 자기 자신의 삶 없이 살아왔다. 그들의 존재 전체는 세상을 향해 열려 있었고, 그 무엇도 그들을 다른 피조물로부터 분리시키지 않았다. 인류가 얼마나 오랫동안 그렇게 번성했는지는 아무도 모른다. 그러다가 무언가 변하기 시작했다. 그 일은 이제는 잊힌 수 세대에 걸쳐 벌어졌다. 그들에게 예고도 없이 수정의 징조가 더욱더 깊숙이 새겨졌다. 그들이 속한 종이 전진했고, 그들은 존재한다고 상상하지도 못했던 한계를 넘기 시작했다. 해가 저문 뒤, 그들은 별로 가득한 밤하늘을 올려다보았고 그 광대함 속에서 자신이 작고 연약하다는 것을 절감했다. 이윽고 그들은 예전에는 결코 보지 못했던 방식으로 만물을 보기 시작했다. 그들의 일원이 뻣뻣해진 채 가만히 누워 있는 걸 발견하면, 이제 그들은 이전에 한 번도 해본 적 없는 일을 해야 하는 것처럼 시신 주위를 둘러섰다. 그런 다음 죽은 자가 돌아오는 길을 찾지 못하도록, 움직이지 않는 뻣뻣한 시신을 먼 곳으로 옮겨 놓기 시작했다. 하지만 그들이 이런 조치를 취한 뒤에도, 집단 내의 어떤 이는 종종 그 시신이 달빛 아래 고요히 서 있거나 불빛 너머에서 슬픈 얼굴로 배회하는 모습을 다시 보곤 했다. 일단 그들이 자기 자신의 삶을 살게 되고 자기 자신의 삶이 있음을 알게 되면서, 모든 것이 변했다. 심지어 한때 완전히 다른 삶의 방식이 있었음을 믿을 수 없게 되었다. 그들은 이제 자기 행위의 주인이 된 듯했고, 그들과 같은 존재는 어디에도 없는 듯했다. 그들의 존재 전체가 세상을 향해 열려 있고, 그 무엇도 그들을 다른 피조물로부터 분리하지 않던 시대는 지나갔다. 무슨 일인가 일어났다. 그들은 그게 무엇인지 알 수 없었지만, 그것이 **있어서는 안 되는** 일임은 알았다. 그래서 그들이 예전처럼 번성하려면, 발아래 땅이 꺼져 내리지 않으려면, 어떤 조치가 있어야 했다. 오랫동안 그들에겐 자기 자신의 삶이 없었다. 이제 그들은 자기 자신의 삶을 살게 되었고, 더 이상 그전으로 돌아갈 수는 없었다. 그들의 전체 존재는 세상에 대해 닫혔고, 그들은 다른 피조물로부터 분리되었다. 그들이 자기 자신의 삶을 사는 한, 그에 대한 어떤 조치도 할 수 없다. 하지만 그들이 **있어서는 안 되는** 것과 공존하려면, 어떤 조치가 이루어졌어야 했다. 시간이 지남에 따라 그들은 이제 자신의 것이 된 삶을 살아가기 위해 무엇을 할 수 있는지, 무엇을 해야 하는지를 깨달았다. 그들 사이에서 오래전 한때 영위하던 삶의 방식이 되살아나는 일은 없을 터이다. 이

것이 그들이 할 수 있는 최선이었을 뿐이다.[1]

임종 직전

수천 년 동안 인간사人間事의 어두운 배경에서 논쟁이 계속되어왔다. 해결해야 할 문제는 이것이다. '우리는 살아 있음에 관해 무엇이라 말해야 할까?' 압도적인 다수의 사람들은 이렇게 대답했다. '살아 있음은 괜찮은 일이다.' 좀 더 사려 깊은 사람들은 '특히 당신이 그 대안을 고려한다면 더욱 그러하다'라는 말을 덧붙이며, 무시무시한 만큼 혼란스럽기도 한 농담으로 마무리했다. 왜냐하면 여기서 암시하고 있는 대안은 동의할 수 없을 뿐만 아니라, 숙고해보면 살아 있음을 그 대안보다 더 받아들일 만한 것으로 보이게 만들기 때문이다. 그러면서 마치 그 대안이라는 게 닥쳐올 필연성이라기보다, 독감처럼 걸릴 수도 걸리지 않을 수도 있는 가능성에 불과한 것처럼 받아들이게 한다. 하지만 살아 있음은 괜찮은 일이라고 말하는 사람이라면 누구나 은근히 불길한 이런 언급을 완벽하게 잘 견디어낸다. 이런 개인은 논쟁의 한편에 서 있다. 맞은편에는 눈에 띄지 않는 소수의 반대파가 있다. 우리가 살아 있음에 관해 무엇이라 말해야 하는가라는 문제에 대한 그들의 대답은 긍정적이지도 애매하지도 않을 것이다. 그들은 살아 있음이 얼마나 불쾌한 것인지를 말하며 맹렬히 비난할 수도 있고, 살아 있음이 자연스런 세계에서 깨어날 희망이 없는 악몽 속에서 사는 것이나 공포의 수렁에 목까지 잠겨 있는 것 혹은 아무도 살아서 나갈 수 없는 공포의 집에 갇힌 것 등등과 마찬가지라고 열변을 토할 수도 있다. 지금으로서는 왜 어떤 사람이 둘 중 한쪽 방식으로만 생각하거나 느끼는지에 대해 칼로 자른 듯한 답을 내놓을 수는 없다. 우리가 말할 수 있는 최선은, 첫 번째 집단은 스스로 그렇게 생각하지 않을지라도 낙관론자로 구성되어 있는 반면에, 이에 대해 반박하는 눈에 띄지 않는 소수의 집단은 비관론자로 구성되어 있다는 것뿐이다. 후자는 자신이 누구인지 분명히 알고 있다. 하지만 어느 집단이 옳은지, 실존적으로 괴로워하는 비관론자가 옳은지 삶을 끌어안는 낙관론자가 옳은지는 결코 답을 찾을 수 없을 것이다.

만약 가장 사색적인 개인이 이따금 존재의 가치에 대해 의문을 품더라도, 그들은 좀처럼 자신의 의구심을 공공연히 발설하지 않고 거리의 낙관론자에게 동조하며, '살아 있음은 괜찮은 일이다'라는 말을 조금 더 박식한 표현으로 조용히 읊조릴 뿐이다. 도축업자, 제빵사, 압도적 다수의 철학자†는 모두 한 가지에 동의한다. 인간의 삶은 좋은 것이고, 우리는 우리 종이 가능한 한 오랫동안 유지되도록 노력해야 한다는 것이다. 이 쟁점의 반대파를 치켜세우는 일은 곧 슬픔을 요구하는 것이다. 하지만 어떤 사람은 살아 있음은 괜찮지 않다고 푸념을 늘어놓기 위해 태어난 듯하다. 그들이 이런 태도를 철학 이론이나 문학작품으로 표현한다면, 자신의 노력이 지나치게 많은 숭배자를 끌어들일지 모른다는 불안감 없이 해낼 수 있을 것이다. 그런 노작 가운데 두드러지는 글이 노르웨이의 철학자이자 문필가인 페테르 베셀 삽페Peter Wessel Zapffe(1899~1990)가 집필한 에세이

† 영어권 구전동요 〈럽-어-덥-덥Rub-a-dub-dub〉의 한 소절인 "도축업자, 제빵사, 양초 제조업자"의 패러디이다.

〈마지막 메시아Den sidste Messias〉(1933)이다. 지금까지 영어로 두 번 번역된 이 작품에서, 삽페는 자신이 인간 존재를 비극으로 보는 이유를 설명한다.[2]

그러나 인간 존재를 비극으로 본 삽페의 설명을 논하기 전에, 이후에 그 상관관계가 완전히 드러날 몇 가지 사실에 관해 숙고해보면 유용할 것이다. 알다시피 비관론적이거나 허무주의적인 혹은 패배주의적인 성격의 철학 이론이나 문학작품을, 과장하자면 자신의 존재로부터 떼어놓을 수 없는 것으로 받드는 독자들이 있다. 이런 기질과는 상반되게도, 이들은 자신의 존재와 떼어놓을 수 없는 것, 즉 과장해서든 말 그대로든 마치 생득권처럼 그들의 삶 속으로 받아들여야 하는 것은 아무것도 없다는 점을 뼈저리게 인식하고 있다. 어느 인문학자라도 증명할 수 있듯이 우리가 논하는 생득권은 어떤 목적에 따라 구성된 거짓이기 때문에, 그들은 누군가의 존재로부터 떼어놓을 수 없는 것이라면 무엇이든 생득권이라고 주장할 수 있다고 생각하지 않는다. 이 문제에 관해 생각해본 사람들에게, 우리가 행사할 수 있는 권리는 이런 것들이다. '우리 각자의 육체의 생존을 추구하고, 우리 자신과 유사한 육체를 더 많이 만들어내고, 부패하거나 치명적인 외상으로 인해 죽는 것.' 물론 생득권은 아닐지라도, 이런 권리의 보유는 그가 태어나서 번식을 할 준비가 된 나이가 되었음을 전제한다. 엄격하게 판단하자면, 우리의 유일한 생득권은 **죽을 권리**뿐이다. 현대에든 과거에든 구성된 권리를 제외한 다른 어떤 권리도 누군가에게 배분된 적이 없다.[3] 왕권신수설은 지금에 와서는 뻔뻔한 광기와 충동적 파괴를 용인하는 거짓된 구성물로 인식된다. 반면에 특정한 사람들의 양도 불가한 권리는 겉보기에 유효하게 남은 것 같다. 어째서인지 우리는 신성한 문서가 그런 권리는 실재한다고 선언하기 때문에, 그것은 구성된 것이 아니라고 믿는다. 주어진 권리가 너무 적어 보이든 대단히 많아 보이든 간에, 그 권리는 신호등에 의해 보증되는 통행권通行權이나 마찬가지이며, 이것이 교통사고를 당하지 않고 운전할 권리가 있다는 의미는 아니다. 궁금하면 당신의 시신을 가장 가까운 병원으로 이송할 응급구조사에게 물어보라.

완전한 깨달음

대부분의 경우 조력 없이 죽을 권리를 제외하면, 우리에게 어떤 자연적 생득권도 없다는 것은 비극의 문제가 아니라 진실의 문제일 뿐이다. 마침내 〈마지막 메시아〉에 응축되어 있는 삽페의 사상적 본질에 다다른다. 이 노르웨이 철학자는 인간 존재의 비극이 우리 진화의 특정 단계에서 "빌어먹을 의식의 과잉"을 획득했을 때 시작되었다고 본다. (이 책에서 이 문제에 대해 동의해달라고 혹은 적어도 불신을 유예해달라고 수없이 간청하고 있는 점에 대해 미리 양해를 구한다.) 당연히 인지심리학자, 심리철학자, 신경과학자 사이에는 의식이 무엇인지에 관한 논쟁이 존재한다. 적어도 고대 그리스인과 초기 불교도의 시대 무렵부터 이 질문이 제기되었다는 사실은, 인간종에게 의식이 깃들어 있다고 가정하고 있으며 그 의식이 우리의 존재 양식에 영향을 미쳤다는 것을 암시한다. 삽페의 견해에 따르면, 그 효과는 이렇다.

생명의 통일성에 난 구멍, 생물학적 역설, 가증스러운 것, 부조리, 끔찍한 본성에 대한 과장. 생명은 목표보다 한참 더 나아간 나머지, 자기 자신마저 산산조각 냈다. 종은 외견상 전능한 정신으로 지나치게 중무장했지만, 그만큼 스스로의 안녕well-being에 위협이 된다. 그 무기는 무엇이든 벨 수 있는 양날은 있지만 칼자루나 슴베는 없어서, 휘두르는 사람은 손으로 날을 쥔 채 날 한쪽을 자신에게 향할 수밖에 없다.

새로운 시각을 얻었음에도, 인간은 여전히 물질에 뿌리내리고 있으며, 그의 영혼은 물질 속으로 휘말려들어 그 맹목적인 법칙에 복종한다. 그렇지만 그는 물질을 낯선 것으로 보고, 그 자신을 모든 현상과 비교하며, 자신의 생명 활동을 꿰뚫어보고 규명할 수 있다. 그는 초대받지 않은 손님으로 자연에 와서, 자신의 창조자에게 화해를 간구하려 두 팔을 헛되이 내민다. 자연은 더 이상 대답하지 않는다. 자연은 인간과 함께 기적을 일으켰지만, 나중에는 인간을 부인했다. 인간은 지식의 나무에서 열매를 따 먹어 낙원으로부터 추방당했고, 이로써 우주에 머물 권리를 잃었다. 인간은 친숙한 세계 속에서 강인하지만, 삶의 품속에서 누릴 영적 조화, 순수, 내면의 평화를 내어주고 얻은 대가인 자신의 강인함을 저주한다.

의식의 진화에 대한 이런 비관적인 열변, 장황한 힐난에 덧붙일 말이 또 있을까? 적어도 상류사회에서는 이 주제에 관해 이러저러한 많은 논의 없이 수천 년을 보내다가, 갑자기 무명의 노르웨이 철학자로부터 이런 맹공을 당한 것이다. 여기에 무슨 말을 보탤까? 여러 학문 분야를 넘나드는 저명한 영국 사상가 니컬러스 험프리와의 온라인 인터뷰에서 발췌한 이와 대조되는 구절을 보자(〈가져볼 만한 가치가 있는 자아: 니컬러스 험프리와의 대담A Self Worth Having: A Talk with Nicholas Humphrey〉, 2003).

> 현상적 체험으로서 의식은 여러 가지 면에서 너무 근사한 나머지 사실이 아닌 듯 보입니다. 우리가 세계를 경험하는 방식은 불필요할 정도로 아름다우며, 불필요할 정도로 풍부하고 이상한 듯하지요. (…)
> 확실히 현상적 체험은 가져볼 만한 가치가 있는 자아를 형성하는 토대를 제공할 수 있으며, 또 실제로 제공합니다. 일단 이 새로운 자아가 자리를 잡으면 무슨 일이 가능한지, 심지어 얼마나 자연스러워지는지 보세요! 너무나 신비하고 이상한 주체로서, 우리 인간은 자신의 생존에 대해 새로운 자신감과 관심을 갖게 되었으며, 또한 다른 사람에 대해서도 새로이 관심을 갖게 되었습니다. 우리는 미래, 불멸성, 그리고 의식이 우리 주위로 얼마나 확장되는지와 (…) 관련된 모든 종류의 쟁점에 관심을 갖기 시작합니다. (…)
> 이 문제에 대해 이해하려 애쓸수록, 저는 우리가 의식을 당연하게도 엄청나게 근사한 것이라고 생각하도록 진화했다는 사실로 돌아오게 됩니다. 그럴 수 있는 이유는 실제로 의식이 **곧** 당연하게도 엄청나게 근사한 것이기 때문이죠!

의식을 "생명의 통일성에 난 구멍, 생물학적 역설, 가증스러운 것, 부조리, 끔찍한 본성에 대한 과장"이 아니라, "불필요할 정도로 아름다우며, 불필요할 정도로 풍부하고 이상"한 "당연하게도 엄청나게 근사한 것"으로 보는, 인간 존재를 믿기 힘들 정도로 바람직한 모험으로 만들어주는 이런 **낙관적인** 열변에 무슨 말을 덧붙이겠는가? 생각해보자. 이 영국 사상가는 의식의 진화를 아주 좋게 여긴 나머지, 이런 상황의 전환에 대해 고마운 마음을 주체할 수 없다. 여기에 무슨 말을 하겠는가? 험프리와 삽페 모두 자신이 해야 할 말에 똑같이 열정적이었지만, 그렇다고 그들이 믿을 만한 말을 했다는 의미는 아니다. 당신이 의식을 혜택으로 생각하든 공포라고 생각하든, 이것은 그저 당신의 생각일 뿐, 다른 그 무엇도 아니다. 하지만 비록 당신이 생각하는 바가 진실인지 보여줄 수는 없다 해도, 최소한 당신이 생각하는 바를 무대에 올리고 관객이 어떻게 생각하는지를 관찰할 수는 있다.

두뇌 작용

수 세기 동안 의식의 본질과 작용에 관해서 갖가지 이론이 제기되었다. 삽페가 암묵적으로 수용하는 이론은 이렇다. 의식은 세상이 드러나는 바와 같이 우리에게 드러나게끔 하고, 우리가 드러나는 바와 같이 우리 자신에게 드러나게끔 하는 방식으로 인간 두뇌와 연결되어 있다. 즉 우리 자신이 기억, 감각, 감정 등등에 의해 결합된 '자아' 혹은 '인격'으로서 보이는 것이다. 진화적 기원을 지닌 의식의 물질적 기초라는 이런 관점은 옳을 수도 그를 수도 있다. 정확히 의식이 무엇인지, 의식이 존재하긴 하는지는 아무도 모르며, 이 문제에 관한 모든 사변을 논쟁에 부치면 아수라장에 이르기까지 치달을 것이다.

그럼에도 이 분야에서 대부분의 사상가는 어떤 식으로든 의식이 실재한다는 점에 동의한다.

삽페는 의식이 충분히 진화한 뇌에 주어진다는 점을 일단 받아들이고, 거기서부터 논의를 진전시킨다. 왜냐하면 그는 의식이라는 현상을 둘러싼 논쟁이 아니라, 그것이 우리 종의 본성을 결정하도록 기능하는 방식에 관심이 있기 때문이다. 이것만으로도 전적으로 실존적이며 의식의 기술적 진리를 탐구하는 데 무관심한 그의 목적에는 충분했다. 우주가 탄생하기 전에 (만약 어떤 일이 일어났다면) 무슨 일이 벌어졌는지는 수수께끼로 남아 있듯이, (우리 종에게 의식이 항상 존재하지는 않았기 때문에) 어떻게 의식이 '발생했는지'는 삽페가 살던 시대와 마찬가지로 우리 시대에도 수수께끼로 남아 있다. 생명을 어떻게 정의하든 관계없이, 생명 형태의 기원에 대해서도 같은 논리가 적용된다. 태초에는 아무 생명도 존재하지 않다가, 어느 날 생명이, 즉 자연이라 불리게 되는 것이 생겨났다. 자연은 더 복잡하고 다양한 형태로 번성했고, 마침내 이 과정의 일부로 인간 유기체가 세상에 나타났다. 시간이 흐른 뒤, 이 유기체에게 의식이 발생했다(다른 생물에게도 훨씬 낮은 강도로 의식이 발생했다). 그리고 의식은 우리가 진화를 거듭하는 동안 계속 힘을 얻어갔다. 여기까지는 의식을 연구하는 거의 모든 학자가 동의한다. 지구가 생명이 없는 상태에서 생명이 있는 상태로 도약하고 수십억 년이 지난 뒤, 인간은 의식이 없거나 뚜렷하지 않은 상태에서 이 현상을 찬양하거나 규탄할 수 있을 만큼 의식을 지닌 상태로 도약했다. 그런 도약이 어떻게 이루어졌고, 얼마나 오랜 시간이 걸렸는지는 아무도 모른다. 한 상태에서 다른 상태로의 모든 돌연변이에 관한 이론들이 있듯, 이 두 가지에 대한 이론들도 있긴 하지만 말이다.

삽페는 이렇게 썼다. "돌연변이는 맹목적이라고 간주해야 한다. 돌연변이는 주위 환경에 대한 어떤 이해관계와도 상관없이 작동하고 결과물을 내놓는다." 언급했듯이 의식의 돌연변이가 어떻게 시작됐는지는, 이런 기질의 비극적 효과를 드러내는 데 온전히 집중하는 삽페에게 그리 중요하지 않았다. 이러한 과업은 비관론 철학자에게서 흔히 볼 수 있다. 비관론자가 아닌 철학자는 의식에 대해 불편부당한 태도를 견지하거나, 니컬러스 험프리처럼 의식을 근사한 자질로 생각한다. 심지어 그들은 비관론자의 관점을 인지하기만 해도, 이를 기각한다. 살아 있음은 괜찮은 일이라는 확신 속에서 세상이 자신의 편에 설 때, 비관론자 아닌 사람들은 인간 존재가 총체적인 비극이라는 사색에 좀처럼 동의하지 않는다. 그저 자신의 주의를 끄는 인간 존재에 관한 것이라면 사소하더라도 무엇이든 논하려 하고, 그 존재에 비극이 포함되어 있더라도 그들이 살아 있음은 괜찮은 일이라는 명제에 대한 헌신을 잃을 정도로 많지는 않다고 주장한다. 그들은 자신이 죽는 날까지도 이런 행태를 유지할 수 있는데, 그들에게는 죽는 것도 괜찮은 일인 모양이다.

돌연변이

확실한 점은 이것이다. 의식이 인간 삶에서 비극의 도구로 간주되는 일이 그리 많지 않다. 하지만 삽페에게 의식은 우리가 어떤 조치를 취하지 않았다면, 오래전에 인류에게 유해하다고 입증되었을 것이다. 삽페는 묻는다. “어째서 인류는 오래전 광기의 대유행 동안 멸종되지 않았을까? 어째서 극히 적은 개인만이 삶의 부담을 견디지 못해서, 즉 지각이 그들 스스로 감당할 수 있는 정도보다 더 많은 것을 전하기 때문에 사멸하는가?” 삽페는 답한다. “대부분의 사람은 의식의 내용을 인위적으로 제한함으로써 스스로를 구하는 법을 터득한다.”

삽페의 관찰에 따르면, 진화의 관점에서 의식은 그 효과에 대한 교정이 필요한 실수였다. 의식은 우발적인 부산물로서, 우리를 모순된 존재의 종족으로, 즉 그 밖의 피조물과는 아무 상관 없는 으스스한 것으로 만들었다. 모든 공포의 근원인 의식으로 말미암아, 우리는 경악스럽고 무시무시한 생각, 즉 차분하고 안심하도록 만드는 생각으로는 결코 대등하게 상쇄시킬 수 없는 그런 생각을 쉽게 할 수 있게 되었다. 이제 우리 정신은 억제하지 않으면 자기 폄하적인 경악의 발작 속에서 우리를 바닥까지 끌어내리기 충분할 만큼의 공포를, 극도로 음울한 가능성을 퍼 올리기 시작했다. 이런 잠재성은 종으로서 생명력이라는 칼날 위에서 균형을 유지하기 위한 특정 방어기제의 사용을 불가피하게 만들었다.

한 이론에 따르면, 비록 한 조각의 의식은 우리 진화의 까마득한 과거 시기에는 생존주의적 특성을 지녔지만, 이윽고 이 능력은 우리를 거슬러 적대하는 요인이 되었다. 삽페가 내린 결론에 따르면, 우리는 전력을 다해 우리 의식을 억제할 필요가 있으며, 그러지 않으면 의식은 노르웨이 철학자가 다른 모든 비관론자와 함께 보았지만 우리는 보고 싶어 하지 않는 것, 즉 “살아 있는 모든 것 사이의 고통의 연대”를 분명하게 목도하도록 강요할 것이다. “살아 있는 모든 것 사이의 고통의 연대”가 실재하는가에 동의하는지는 차치하더라도, 우리모두는 인류가 그런 존재라는 관념을, 혹은 존재 관념의 수태 기간을 가질 수 있는 유일한 유기체라는 점에는 동의할 수 있다. 우리 자신의 고통뿐만 아니라 다른 유기체의 고통이라는 현상까지 상상할 수 있는 능력은, 위험할 정도로 의식을 지닌 종으로서 우리에게 고유한 특성이다. 우리는 고통이 실재함을 알고 있으며, 그 고통에 맞서 대응하는데, 여기에는 "의식의 내용을 인위적으로 제한"함으로써 고통을 경시하는 것도 포함된다. 고통에 맞서 대응하는 것과 고통을 경시하는 것 사이에서, 대개는 후자에 주로 기댄 채, 우리 대다수는 고통이 우리 존재를 지나치게 훼손하지 않았는지 걱정하지 않는다.

사실 우리는 개인 생활에서든 집단 생활에서든 고통을 우선시할 수 없다. 우리는 **온갖 문제와 부대껴야** 해서, 고통을 우선시하는 사람은 뒤처질 것이다. 그런 사람들은 투덜거리며 우리 발목을 잡는다. 우리에게는 도달해야 할 목표가 있고, 그게 어디든 간에 닿을 수 있다고 믿어야만 한다. "살아 있는 모든 것 사이의 고통의 연대"가 있다고 상상하면, 어디에도 닿을 수 없을 것이다. 우리는 좋은 삶에 정신이 팔려 있으며, 한 걸음 한 걸음 디딜 때마다 더 나은 삶을 향해 나아가고 있다. 의식 있는 종으로서 우리가 하는 것은 스스로를 위해 이정표를 세우는 일이다. 일단 이정표 하나에 이르면, 우리는 다음 이정표를 향해 나아간다. 사실 좋든 싫든 끝이 있지만, 결코 끝나지 않을 듯 여겨지는 보드 게임을 하는 것처럼. 끝이 있음이 싫다는 걸 지나치게 의식하면, 당신은 스스로를 그에 대한 의식을 지니고는 살 수 없지만 또한 그 의식이 없어도 살 수 없는 생물학적 역설로 간주하게 될 수도 있다. 그렇게 살아 있지만 살아 있지 않음으로써, 당신은 언데드나 인간 꼭두각시와 같은 곳에 자리하게 된다.

무효화 I

지구상의 나머지 유기체에게, 존재는 상대적으로 복잡하지 않은 문제다. 그들의 삶은 세 가지에 관한 것이다. 생존, 번식, 죽음. 그밖에는 아무것도 없다. 하지만 우리는 생존, 번식, 죽음 외에 아무것도 없다고 스스로 만족하기에는 너무 많은 것을 알고 있다. 우리는 우리가 살아 있으며 언젠가 죽으리라는 것을 안다. 또한 늦든 이르든 죽음을 향해 다가가면서 고통을 겪기 전에, 사는 동안에도 고통을 겪을 것을 안다. 이것은 자연이라는 자궁으로부터 쏟아져 나오는 가장 지적인 유기체로서 우리가 '향유하는' 앎이다. 그래서 우리에게 생존하고, 번식하고, 죽는 것 외에는 아무것도 없다고 하면, 우리는 부당하다고 느끼게 된다. 우리는 그 이상이 있기를 바란다. 혹은 그 이상이 있다고 생각하고 싶어 한다. 이것은 비극이다. 의식은 우리의 본질을, 즉 우리가 분해되어가는 뼈에 붙은 부패해가는 고깃덩어리라는 것을 스스로 의식하지 못하도록 애쓰는 역설적인 상황으로 우리를 몰아넣는다.

이 행성에 거주하는 인간이 아닌 생물은 죽음을 의식하지 않는다. 하지만 우리는 경악스럽고 무시무시한 생각을 쉽게 받아들이며, 그런 생각으로부터 주의를 돌리기 위해 몇몇 꾸며낸 환상을 필요로 한다. 따라서 우리에게 삶은 고요히 응시하는 공허 앞에서 방어기제를 해제당한 채 알몸으로 서 있게 만들 어떤 협잡에도 걸려들지 않기를 바라면서, 스스로 유지해야 하는 신용 사기극이다. 거짓의 수레바퀴 위에서 우리 등이 서서히 부러져 가는 와중에, 이런 자기기만을 끝내려면, 즉 의식을 지니면서도 의식을 억제해야 하는 역설적 명령으로부터 우리 종을 자유롭게 하려면, **우리는 번식을 중단해야 한다**. 〈마지막 메시아〉에서 그 에세이 제목과 같은 이름의 등장인물은 인류의 멸종에 관해 줄곧 이야기하지만, 삽페에 따르면 다른 방법은 없다. 다른 곳에서도 삽페는 그 주제에 관해 자기 의견을 밝힌다.

> 인류는 자신이 처한 생물학적 곤경과 빨리 조화를 이룰수록 좋습니다. 호열성 생물종이 기온이 떨어지면서 멸종한 것처럼, 이는 인류의 세속적 조건을 경멸하며 기꺼이 존재하기를 그치는 것을 의미합니다. 우리에게 견디기 힘든 것은 우주의 도덕적 기후이며, 두 자녀 정책은 우리 종의 단절을 고통스럽지 않게 만들 수 있습니다. 하지만 그 대신 우리는 당장의 필요에 따라 우리 마음속에 품고 있던 원칙을 내팽개치면서, 여기저기서 수를 불리며 존재를 이어갑니다. 어쩌면 그런 활기찬 속화俗化의 가장 불합리한 효과는, 개인에게 자신이 속한 집단의 나머지 구성원을 구하거나 그들에게 유익한 일이라면 형언할 수 없는 고통과 끔찍한 죽음을 감내할 '의무가 있다'는 교리일 겁니다. 그런 상황을 초래한 세계 질서에 반감을 품지 않고, 오히려 그 교리를 거부하는 사람은 누구든 파멸과 죽음으로 내몰립니다. 독립적인 관찰자에게, 이는 분명 비교할 수 없는 것들을 나란히 놓는 행위입니다. 어떠한 미래의 승리나 탈바꿈도 스스로의 의지를 거스르는 인간이라는 끔찍한 병충해를 정당화할 순 없습니다. 그 의지는 생존자들이 또 다른 무심한 감각과

집단 죽음을 향하여 돌진하는, 망가진 운명이라는 도로 위에 놓여 있습니다. (〈인터뷰 단편들Fragments of an Interview〉, 《아프텐포스텐Aftenposten》, 1959)

놀랍기보다는 도발적인 삽페의 사상은 아마 철학적 비관론의 역사에서 가장 기초적인 내용일 것이다. 그의 사상은 음울한 만큼이나 이해하기 쉽다. 수천 년간 철학의 단골 메뉴였던 뒤엉킨 사고에 전념한 선구자들의 난해하고 골치 아픈 이론을 피하면서, 금기시된 상투어와 금지된 빤한 소리에 기대기 때문이다. 예를 들어 독일 철학자 아르투어 쇼펜하우어의 저작 《의지와 표상으로서의 세계Die Welt als Wille und Vorstellung》(총 2권, 1819년과 1844년)[†]는 지금까지 고안된 가장 복잡한 형이상학적 체계 가운데 하나를 제시한다. 그것은 바로 실재의 본질인 "삶에의 의지Will-to-live"라는 유사-신비주의적 구성물이다. 이는 분별없고 지치지 않는 모든 존재의 주인이자, 만물이 제 역할을 하게 하는 방향성 없는 힘이고, 우리 세상의 소란을 지속시키는 아둔한 인형사이다. 그러나 쇼펜하우어의 삶에의 의지는 가정으로선 꽤 근사해 보이지만, 난해한 문제를 다루는 전문가를 위한 또 다른 지적 미궁 이상이 되기에는 지나치게 공을 들여 복잡해졌다. 이에 비해 삽페의 원칙은 비전문적이라, 보통 이론의 세부 내용 주위를 맴돌지 우리 삶의 전반적인 사실에는 무관심한 철학 교수나 전공자의 열의는 결코 불러일으킬 수 없다. 만약 우리가 생각해야 한다

† 아르투어 쇼펜하우어, 《의지와 표상으로서의 세계》 전면개정판, 홍성광 옮김, 을유문화사, 2019.

면, 오직 이론의 범위 내에서만 해야 하며, 그 바깥에는 생각할 수 없는 것들이 놓이게 된다. 그 증거는 이렇다. 주석가들은 쇼펜하우어의 사상을 학문적 분석을 할 시기가 무르익은 철학적 체계로 파악했지만, 그 이념적 종점, 즉 삶에의 의지에 대한 부인이 인간 존재의 종말을 위한 구성물이라는 점은 강조하지 않았다. 하지만 쇼펜하우어 자신마저도 자기 철학의 이런 측면을 그 이념적 종점까지 밀어붙이지 않았고, 덕분에 그는 철학자로서 괜찮은 명성을 유지할 수 있었다.

좀비화

앞서 윤곽을 드러낸 바와 같이, 삽페는 인류의 "생물학적 곤경"에 관한 두 가지 핵심 결단에 이르렀다. 첫째, 의식은 우리 종이 감내할 수 있는 속성을 한참 넘어서는 지점에 다다랐으며, 이 문제를 최소화하기 위해서는 우리 의식을 최소화해야만 한다. 삽페는 이를 달성하기 위한 수많은 다양한 수단 중, 네 가지 주요 전략에 집중하기로 했다.

(1) **고립**ISOLATION. 살아 있음이라는 끔찍한 사실을 우리 마음 속 외딴 구석에 밀어두고 고립시킴으로써, 우리는 불안의 자유낙하로 빠져들지 않고 살아갈 수 있다. 그런 사실은 우리가 침묵의 공모 속에서 그 존재를 부인하는, 다락방에 갇힌 미친 가족 구성원과 같다.

(2) **고착**ANCHORING. 폭풍우 몰아치는 혼돈의 바다에서 삶을 안정시키기 위해, 우리는 스스로를 공인되고 믿음직하며

침대 속처럼 편안하다는 느낌에 도취되도록 만드는 '진리들', 즉 신, 도덕, 자연법, 국가, 가족에 고착하기로 공모한다.

(3) **산만함** DISTRACTION. 우리 마음이 공포로 가득한 세상에 관해 깊이 생각하지 않도록, 우리는 그 마음을 사소하거나 중대한 쓰레기로 돌려 주의를 산만하게 한다. 이런 음모를 조장하는 가장 효과적인 방법은, 고용을 유지하면서, 사람들에게 공놀이로부터, 혹은 텔레비전 수상기, 정부의 외교 정책, 과학 연구 과제, 직업 경력, 사회나 우주 속에서의 자신의 입지 등등으로부터 눈을 떼지 말라고 요구하는 것이다.

(4) **승화** SUBLIMATION. 가장 건전한 육체와 정신도 마비시키는 무대 공포증을 극복하기 위해, 우리는 자신의 공포를 공공연히 전시함으로써 승화시킨다. 삽페가 사용하는 의미에서, 승화는 인간종에 대한 음모에 가장 드물게 사용되는 술책이다. 이는 사상가나 예술가 부류가 교활함과 수완을 모두 발휘해서, 삶의 가장 의기소침하고 불안하게 만드는 측면을 작품으로 재활용하여, 인류 최악의 운명이 양식화되고 제거된 오락물 형태로 제시할 때 일어나는 일이다. 말 그대로 이런 사상가와 예술가 부류는 예컨대 비극이나 철학적 공상 같은 가짜 시뮬레이션을 통해 우리가 겪는 고통으로부터 벗어나게 해주는 상품을 조제한다. 삽페는 〈마지막 메시아〉를 통해 아무리 리어 왕이 자신의 죽은 딸 코딜리어를 위해 애곡해도 관객을 진정 극심한 고통으로 찢어발길 수는 없듯이, 문학과 철학 작품은 그 창작자나 다른 누군가를 사실적인 공포의 혹독함으로 동요케 할 수 없으며 그저 이런 공

포의 희끄무레한 재현밖에 보여줄 수 없음을 드러낸다.

이러한 공모를 세심하게 실천함으로써, 우리는 자신에게 닥칠 지 모를 경악스럽고 무시무시한 불행을 지나치게 부지런하게 살펴보는 일을 막을 수 있다. 우리가 예상하게 되면 음모는 그 마법을 부릴 수 없기 때문에, 이런 음모는 놀라운 것이어야 한다. 당연히 음모론은 '올바르게 생각하는' 개인의 호기심은 거의 불러일으키지 않고, 설령 불러일으킨다 해도 불신과 부인에 맞닥뜨리게 된다. 우리 모두가 역설적인 존재, 즉 스스로 걷고 말할 수 있는 꼭두각시로서 생존하고 번식하려는 음모를 꾸밀 수 있으려면, 우리의 의식이 경악스럽고 무시무시한 모든 생각에 대한 면역을 갖는 게 가장 좋다. 최악의 경우에는 경악스럽고 무시무시한 생각일랑 혼자서 간직하라. 귀를 기울일지어다. "우리 가운데 누구도 우리 마음속에 가둔 바로 그 불안을 내뱉는 소리를 듣고 싶지 않다. 당신의 고통과 악몽을 마을 곳곳에 알리려는 충동의 숨통을 틀어막아라. 죽은 자를 장사 지내되, 아무 흔적도 남기지 마라. 세상과 원만히 지내지 못한다면, 우리는 당신 없이 원만히 지낼 것이다."

영어로는 《설득과 레토릭Persuasion and Rhetoric》(2004)으로 출판된 1910년 박사학위 논문에서, 23세의 카를로 미켈슈테터Carlo Michelstaedter는 우리가 우리 자신에 대한 그럴싸한 견해를 갖기 위해 우리가 누구인지 혹은 누가 될 수 있는지를 거래하면서, 인간 실존을 왜곡하려 사용하는 전술들을 검토했다. 피노키오처럼 미켈슈테터는 꼭두각시 제작자의 작품이 아닌 '진짜 아이'가 되길 원했다. 결국 그

제작자는 스스로를 만든 게 아니라, 돌연변이에 의해 만들어졌다. 삽페가 진화론으로부터 배워서 우리에게 전해주었듯, 이런 돌연변이는 "맹목적이라고 간주해야" 하며, 세계라는 작업장에 존재하는 모든 것을 끊임없이 구축하고 재구축하는 일련의 우연들이다. 미켈슈테터에게, 이 세계의 모든 것은 꼭두각시일 뿐이었다. 그리고 꼭두각시는 그저 장난감, 즉 실재의 모조품simulacrum으로서 부품으로 구성된 사물일 뿐이다. 그 자체는 아무것도 아니다. 그것은 총체적이지도 개별적이지도 않으며, 단지 다른 장난감들과의 관계 속에서만 존재할 뿐이다. 그들 중 일부는 자신이 실재한다는 환상을 서로서로 지탱해주는 인간 장난감이다. 하지만 고통과 죽음에 대한 생각을 억누름으로써, 그들은 자신이 역설적인 존재임을, 즉 계속 살아가려면 자기 삶의 명백히 음울한 가능성을 스스로에게 숨겨야만 하는 기만자임을 드러내게 된다. 미켈슈테터는 《설득과 레토릭》에서, 우리가 우리 자신으로부터 분열되어 있다는 역설을 이렇게 지적한다. "사람은 스스로가 항상 자신의 **삶**과 자신의 **앎**으로 양분되어 있는 이유를 '안다.'"

미켈슈테터의 전기 작가와 평론가들은 인간이 꼭두각시 줄로부터 풀려날 수 있는 능력에 대한 그의 절망이 우연한 요소들과 겹치면서, 그가 논문을 완성한 다음 날 총으로 자살하게 되었다고 추측했다. 미켈슈테터는 인간 삶의 중대한 사실을 받아들일 수 없었다. 우리 중 누구도 우리의 본질을 통제할 수 없다는 것, 즉 흔들리지 않는 자기통제적인("설득된") 자신을 비현실의 한계 안에 끼워 맞출 삶에 굴복하지 않는(미켈슈테터가 이상하게 사용한 단어인 "레토릭") 사람이 되길 바라는 이의 모든 희망을 뿌리 뽑을 진실을 받아들일 수 없었던 것이다. 우리는 우리의 한계에 의해 규정된다. 그런 한계가 없다면, 우리는 의식이 있는 존재라는 거창한 쇼의 출연자로서 제 몫을 다하지 못한다. 우리 의식의 조건을 제한하지 않고 우리 종의 전망을 향해 더 멀리 나아갈수록, 인간 공동체의 일원으로 만들어주는 것으로부터 더 멀리 표류하게 된다. 삽페의 관찰에 따르면, 속박에서 풀려난 의식은 우리에게 우리 자신이라는 허위에 관해 각성하게 하고, 우리가 피노키오의 고통을 겪게 한다. 존재로서 한 개인의 경계를 설정하고 그 경계를 침범하지 않는 것은, 그의 정체성을 형성하고 그가 우연히 발생한 변종이나 맹목적인 돌연변이의 산물이 아니라 무언가 특별한 존재라는 환상을 보존한다. 모든 환상과 그 창발적인 작용을 초월하는 것, 즉 삶과 죽음의 가장 불쾌한 사실들에서 살아남기 위해 우리가 무엇이 되어야 할지에 대해서가 아니라 우리가 누구인지에 대해서 절대적인 통제력을 갖는 것은, 스스로를 제한하는 자아의 속박으로부터 우리를 자유롭게 할 것이다.

교훈은 이렇다. "우리의 한계를 사랑하자. 한계 없이는 아무도 의미 있는 누군가로 남아 있을 수 없을 테니."

무효화 II

삽페의 두 가지 핵심 결단 가운데 두 번째는 우리 종이 스스로 번식을 그만두어야 한다는 것이다. 이는 즉시 신학 역사에 영지주의Gnostics로 알려진 일파를 떠올리게 한다. 12세기 프랑스의 영지주의 분파인 카타리파Cathari는 세계가 사악한 신에 의해 창조된 사악한 곳이라는 믿음을 집요하게 고수했고, 그 구성원은 성적 금욕 또는 남색男色이라는 2중의 궁극적 결론을 제시받았다. (불가리아의 유사한 분파인 보고밀파Bogomils는 그들의 성욕 해소 방식으로 말미암아 '비역buggery'이라는 단어의 어원학적 기원이 되었다.) 같은 시기에 가톨릭 교회는 성직자에게 금욕을 명했지만, 그 명령도 그들이 이따금 성적 충동에 굴복하는 것을 막지는 못했다. 이런 교리의 존재 이유는 생식기와 항문에 대한 계몽된 통치보다는 은총의 성취에 있었다(그리고 전설에 따르면 성배를 여기저기 찾아 헤매는 사람들에게 이는 의무였다). 이런 예외를 제외하면, 교회는 신도에게 금욕을 했던 설립자를 본받으라고 조언하지 않고, 가능한 한 많은 아이를 낳으라고 영리하게 부추겼다.

영지주의나 가톨릭과는 또 다른 궤도에서, 19세기 독일 철학자 필리프 마인랜더Philipp Mainländer(출생 시 이름은 필리프 바츠) 또한 이 세상에 회중會衆으로 태어난 원죄로부터 구원받는 가장 확실한 길은 성교하지 않는 삶이라고 생각했다. 하지만 우리의 멸종은 비非자연적인 순결의 산물이 아니라, 우리 존재가 너무나 절망적으로 무의미하고 만족스럽지 못하다는 사실을 충분히 납득하여 더 이상 번식 충동의 지배를 받지 않게 되면 자연스럽게 일어날 현상일 것이다. 역설적이게도 삶에 신물이 나게 되는 방향으로의 이런 진화는 우리 사이에 행복이 커지면서 촉진될 것이다. 그리고 이 행복은 보편적 정의와 자선 같은 것을 성취하기 위해 마인랜더의 복음주의적 지침을 따름으로써 가속될 것이다. 마인랜더는 삶에서 얻을 수 있는 모든 선을 확보해야만, 그것이 비존재만큼 좋지는 않음을 알 수 있다고 판단한다.

보통의 비관론자에게는 인간 삶의 무효화만으로 충분하겠지만,

마인랜더의 희망 사항에서 최종 단계는 그의 추론에 따르면 우주 전역의 모든 물질에 깃든 "죽음에의 의지Will-to-die"를 온전히 불러내는 것이었다. 마인랜더는 《구원의 철학The Philosophy of Redemption》(1876)으로 영어 번역된 저서에서, 이런 발상을 다른 발상들과 더불어 매혹적으로 도식화했다. 놀랄 것도 없이, 이 책은 철학계를 전혀 불타오르게 하지 못했다. 오스트리아 철학자 오토 바이닝거가 《성과 성격Sex and Character》(1903)[†]으로 번역된 악명 높은 저서에서 그랬듯, 젠더를 불문한 모든 사람의 구원적 소멸보다 남녀 문제에 대한 집요한 고찰에 매달렸다면, 저자는 더 큰 명성을 얻었을지도 모른다.[4]

인간종에 대해 특별한 계획을 가지고 있는 사람으로서, 마인랜더는 겸손한 사상가는 아니었다. 예전에 그는 장엄복수형[††]으로 이렇게 쓴 적이 있었다. "우리는 평범한 사람들이 아니며, 신들의 식탁에서 식사하려면 값비싼 대가를 치러야만 한다." 설상가상으로 그의 가계에는 자살 내력이 있었다. 《구원의 철학》이 출판된 날, 마인랜더는 스스로 목숨을 끊었다. 이는 갑작스러운 과대망상증이 도져서일 수도 있지만, 그가 너무도 매혹되었으며 가장 비교秘敎적인 이유에서 "신 죽이기Deicide"라고 단언했던 멸종에 항복한 것일 수도 있다.

마인랜더는 그가 인류로부터 솟아난다고 믿었던 죽음에의 의지가, 태초부터 자신의 죽음을 예정했던 신에 의해 우리에게 영적으로 이식되었다고 확신했다. 실존은 신에게도 공포였던 듯하다. 불행하

† 오토 바이닝거, 《성과 성격》, 임우영 옮김, 지식을만드는지식, 2012.

†† royal third-person. 많은 전근대 사회의 언어에서 발화자의 권위나 서열을 강조하기 위해 단일 인물을 복수형 대명사로 지칭하는 것을 말한다.

게도 신은 시간의 침식에 영향을 받지 않았다. 그렇기에 신이 자신으로부터 해방될 수 있는 유일한 수단은 신성한 형태의 자살뿐이었다.

하지만 신이 시공간과 물질 외부에서 통합된 실체로서 존재하는 한, 자살하고자 하는 그의 계획은 제대로 이루어질 수 없다. 자신의 유일성의 무효화를 추구한 결과, 신은 자신을 무無에게 넘겨주었다. 즉 그는 스스로를 시간에 얽매인 우주의 파편들처럼 산산조각 내었는데(빅뱅), 바로 그것이 수십억 년 동안 여기저기서 축적되어온 모든 물질과 유기체다. 마인랜더의 철학에서, "신은 다형성을 지닌 실제 세계의 발달을 통해서만 자신이 초실재의 상태에서 비존재로 변화할 수 있음을 알았다." 이 전략을 차용해서, 신은 존재로부터 자신을 배제했다. 마인랜더는 이렇게 썼다. "신은 죽었다. 그리고 그의 죽음은 곧 세계의 생명이었다." 일단 대규모 개체화가 시작되면, 그 창조주의 자기 소멸은 가속되어 모든 것이 각자의 존재로 인해 소진될 때까지 계속될 것이다. 인류는 행복이 그들의 생각만큼 좋지 않다는 것을 더 빨리 깨달을수록, 좀 더 행복하게 사멸할 것이다.

결론은 이렇다. 쇼펜하우어가 세상의 고통을 활성화한다고 주장했던 삶에의 의지는, 그의 추종자 마인랜더에 의해 수정되었다. 그에 따르면 그 의지는 살아 있는 존재에 내재한 고통스러운 삶의 증거일 뿐만 아니라, 만물에 깃들어 있는 가능한 한 빨리 생성의 불길 속에 스스로를 태우고자 하는 은밀한 의지를 숨기는 위장이기도 하다. 이런 관점에서 보면, 더 많은 것이 보다 낫게 변할수록 확실한 종말을 향해 더 가까이 다가가기 때문에, 인간의 진보는 우리의 멸종을 향한 몰락이 순조롭게 진행되고 있다는 아이러니한 징후로 보인다. 그리고 마인랜더처럼 자살한 사람은, 신이 자신의 창조를 끝내기 위한 청사진을 진전시킬 뿐이다. 자연스럽게도 출산을 통해 스스로를 대체한 사람은 아무런 도움이 되지 않는다. "죽음은 절대적인 무로 이어진다. 만약 자식을 갖거나 아이가 태어나지 않았다면, 죽음은 외양과 존재 양면에서 각 개인의 완전한 소멸이다. 그렇지 않으면 개인은 죽음 속에서도 계속 살아갈 터이다." 장기적으로 비존재가 존재보다 우월하다는 마인랜더의 논증은, 기독교 교리에 대한 그의 비정통적 해석과 그가 이해한 불교를 짜깁기한 것이었다.

평범한 의식을 지닌 필멸자가 아는 바에 따르면, 기독교와 불교는 모두 이 세상을 떠나 미지의 상상할 수 없는 목적지로 향하는 것을 긍정하는 종교이다. 마인랜더에게 이런 목적지는 존재하지 않았다. 그의 전망은 이번 생이나 다른 생에서 살아남고자 하는 우리의 의지가, 어느 날 창조주를 본받아 죽으려는 그리고 죽은 채로 남고자 하는 의식적인 의지에 의해 전 우주에서 소멸하리라는 것이다. 마인랜더의 철학적 입장에서 보면, 삽페의 마지막 메시아는 환영받지 못하는 현자가 아니라 신 이후 시대를 최후로 장식할 힘일 것이다. 마인랜더가 결론 내린 바처럼, 우리는 우리의 종말에 저항하기보다, "삶은 무가치하다는 깨달음이 모든 인간 지혜의 정수"라는 사실을 목도하게 될 것이다. 그 철학자는 다른 곳에서 이렇게 말했다. "삶은 지옥이며, 절대적인 죽음의 달콤하고 고요한 밤은 지옥의 소멸이다."

마인랜더의 우주적 시나리오는 합리성에 호의적이지 않아 보일 수도 있지만, 그럼에도 불구하고 우주를 이해하길 간절히 바라는 모든 사람을 잠시 멈춰 세워야 한다. 이 점을 고려해보자. 신과 같은 것이 존재하거나 한때 존재했다면, 그가 실현할 수 없거나 무효화할 수 없는 일은 무엇일까? 우리에게 알려지지 않은 고통이 신 존재의 본질이라면, 왜 신이 스스로를 끝장내길 원해서는 안 되는가? 왜 신은 한 편의 장대한 꼭두각시극일 뿐인 우주, 즉 절대적인 무를 확립할 때까지 스스로 으스러트리거나 흩어버릴 예정인 우주를 창조해서는 안 되는가? 어째서 신은 자신보다 열등한 존재도 누리는 비존재의 혜택을 누리지 못할까? 다른 이야기를 들려주도록 계시된 경전이 있을지도 모른다. 하지만 믿을 만한 화자에 의해 계시되었다는 의미는 아니다. 신이 "보시기에 좋았더라"라고 단언했다고 해서, 그 말이 진심이라는 의미는 아니기 때문이다. 어쩌면 신은 의례가 시작되기 전 자리를 비웠다고 말함으로써 우리에게 나쁜 인상을 남기길 원치 않았을 수도 있다. 혼자이고 불멸인 그 무엇도 신을 필요로 하지 않았다. 하지만 마인랜더에 따르면, 신은 자기 소멸이라는 과업을 완수하기 위해 부서져 우주가 되어, 그의 공포를 자신의 피조물들에게 조각조각 넘겨줄 필요가 있었다.

마인랜더의 처음이자 마지막 철학은 사실 인간 삶이 가치 있다고 전제하는 여느 종교 윤리나 세속 윤리에 비해 더 이상할 것도 없다. 양쪽 다 객관적으로 지지할 수 없으며 비이성적이기 때문이다. 마인랜더는 비관론자였고, 여느 낙관론자처럼 살아 있음에 대한 자신의 직감을 지지해줄 무언가가 필요했다. 그 누구도 아직 왜 인간종이 그 존재를 지속하거나 중단해야 하는지에 관한 권위 있는 이유를 생각해내지 못했다(비록 몇몇은 그들이 그 이유를 안다고 믿고 있지만 말이다). 마인랜더는 자신이 존재의 무가치와 고통이라고 판단 내린 것에 대한 답을 가지고 있다고 확신했고, 누구도 단호하게 그 답이 거짓임을 보여줄 수는 없을 것이다. 존재론적 차원에서, 마인랜더의 사상은 정신착란이다. 은유적인 차원에서, 그의 사상은 인간 경험에 관한 많은 부분을 설명해준다. 현실의 차원에서, 그의 사상은 때가 되면 전염병에 걸려 골수부터 좀먹어 삐걱거리는 뼈로 만들어진 구조물로서의 창조라는 관념과 일치한다고 증명될 것이다.

보편적인 비존재 속에서 구원을 찾을 수 있다는 생각은 낡은 관념이지만, 마인랜더는 이를 일신했다. 평온한 저승이나 이승에서의 완벽을 향한 진보처럼, 그런 생각은 어떤 사람들에게는 소중한 발상이다. 그런 발상의 필요성은 존재가 구원이라는 속성을 결여한 상태라는 사실에서 도출된다. 그렇지 않다면 보편적인 비존재, 평온한 저승, 이승에서의 완벽을 향한 진보 같은 소중한 발상은 누구에게도 필요 없을 것이다.[5]

자기최면

인간 존재의 불쾌함 중에는 우리가 누구인지, 우리는 무엇을 하는지, 우주가 어떠하다고 우리가 믿는 일반적인 방식 등과 관련하여 우리 삶이 의미를 결핍하고 있다고 느낄 때 겪는 당혹감이 있다. 만약 의미를 느끼는 게 우리의 건전한 감정을 발달시키거나 유지하는 데 필수적이라는 점이 의심스럽다면, 의미 결핍으로 고통받는 개인을 겨냥한 시장에 나와 있는 깜짝 놀랄 정도로 많은 서적과 치료법을 보라. 그것은 제한되고 국지적인 여러 의미("미적분 시험에서 'A'를 받았으므로 내 삶에 의미가 있다는 데 만족한다")와 우주적인 규모의 의미("신이 나를 사랑하므로 내 삶에 의미가 있다는 데 만족한다")를 모두 아우른다. 노먼 빈센트 필의 《긍정적 사고방식의 힘The Power of

Positive Thinking》(1952)[†]의 독자 가운데 자신이 누구인지, 자신이 무엇을 하는지, 그리고 자신이 우주에 존재하는 것을 믿는 일방적 방식 등에 대해 실망하지 않는 사람은 거의 없다. 필이나 그 모방자들의 저서는 수백만 부가 팔렸다. 하지만 그들 삶에서 의미를 느끼는 횟수와 강도에 만족하기에, "주관적 안녕subjective well being"(이는 21세기 초에 거의 모두가 행복하게 의미 있는 삶을 영위하는 방법에 관한 책이 홍수처럼 쏟아져 나오면서 대두된 운동인 긍정심리학에서 사용하는 용어다)의 사다리 위 자신의 자리에 만족하는 독자는 그런 책을 사지 않는다.[6] 긍정심리학의 설계자인 마틴 셀리그먼은 자신의 고안물을 "삶을 살 만한 가치가 있는 것으로 만드는 과학"으로 정의하고, 《진정한 행복: 새로운 긍정심리학으로 지속적 성취를 위한 잠재력 일깨우기Authentic Happiness: Using the New Positive Psychology to Realize Your Potential for Lasting Fulfillment》(2002)[††]에서 그 원칙들을 요약했다.

물론 책에서 행복하고 의미 있는 삶을 찾는 사람들이 있다는 것은 새삼스럽지 않다. 종교 경전을 제외하면, 아마도 역사상 가장 성공적인 자조론 설명서는 에밀 쿠에의 《의식적 자기암시를 통한 자기 통제Self Mastery Through Conscious Autosuggestion》(1922)[†††]일 것이다. 쿠에는 자기최면의 옹호자였고, 의심의 여지 없이 진심으로 다른 사람이 더 유익한 삶을 살도록 돕고자 하는 박애주의적 열망을 가지고 있었다. 순회강연을 하면서, 그는 전 세계에서 유명인과 고위층 인사로부터 환영받았다. 1926년 그의 장례식에는 수많은 사람이 모

† 《노먼 빈센트 필의 긍정적 사고방식》 개정판, 이갑만 옮김, 세종서적, 2020.
†† 《마틴 셀리그만의 긍정심리학》 개정판, 김인자 · 우문식 옮김, 물푸레, 2014.
††† 에밀 쿠에, 《자기암시》, 김동기 · 김분 옮김, 하늘아래, 2020.

여들었다.

쿠에는 자기 추종자들로 하여금 이런 문장을 되뇌게 하는 방법으로 가장 잘 알려져 있다. "나는 매일매일 모든 면에서 나아지고 있다." 매일매일 이런 말로 자신에게 최면을 거는데, 어떻게 그의 독자가 자신의 삶이 의미 있다고, 혹은 의미 충만함을 향해 나아가고 있다고 믿지 않을 수가 있겠는가? 세상 대부분의 사람에게 살아 있음이 괜찮은 일일지라도, 우리 중 일부는 글을 통해 그렇다는 것을 확인해야 한다.

세상의 다른 모든 생물은 의미를 지각할 수 없다. 하지만 진화의 높은 위치에 서 있는 우리는 여느 포괄적인 철학 백과사전이 '삶의 의미'라는 표제 아래 다루는 비자연적 필요로 가득 차 있다. 의미를 감지하기 위한 탐구에서, 인류는 결코 제기되지 않았던 문제들에 대해 지금껏 헤아릴 수 없이 많은 답을 내놓았다. 하지만 의미에 대한 우리 욕구를 한동안 달랠 수 있을지는 몰라도, 영원히 해소되었다고 생각하는 것은 오산이다. 우리는 '삶의 의미'로부터 방해받지 않은 채 몇 해를 보낼 수 있을지도 모른다. 그리고 어느 날 문득 깨어나 천진하게 말한다. '살아 있다는 건 좋은 일이야.' 이런 경탄을 분석하자면, 우리는 안녕에 대한 예민한 감각을 경험한다는 의미다. 만약 모든 사람이 항상 그런 고양된 정신 상태에 있다면, '삶의 의미'라는 주제는 절대로 우리 마음속에 떠오르거나 철학 참고 도서에 등장하지 않을 것이다. 하지만 이런 근거 없는 기쁨은, 혹은 심지어 우리 기분을 감시하는 중립적인 독해조차, 간헐적으로 혹은 우리의 여생 동안 사라져야 한다. 무관심의 정원에서 한동안 졸고 있던 우리 의식은 아마도 '죽음의 의미'라는 표제의 가시에 찔리거나, 우리의 뇌화학적 변덕, 날씨, 혹은 특정할 수 없는 이유로 말미암아 자연스레 기분이 단조로 바뀌면 퍼뜩 깨어나기 마련이다. 그런 다음 '삶의 의미'에 대한 허기가 돌아오면, 다시 공허는 채워져야 하기에, 그에 대한 추구가 재개된다. (다음 장 〈거기 누구냐?〉의 "무인無人" 절에서 의미에 관해 더욱 자세히 다루고 있다.)

어쩌면 우리는 자신이 '삶'을 영위하는 존재라고 생각하기를 그만두면, 우리가 이 땅에서 보내는 기간에 대한 어떤 관점을 얻을 수 있을지도 모른다. 이 단어에는 그것이 가질 자격이 없는 함축들이 담겨 있다. 대신 우리는 '삶'을 '존재'로 대치하고, 우리가 이를 얼마나 잘 혹은 잘못 영위하는지 잊어버려야 한다. 우리 가운데 누구도 우리가 이런 단어들을 생각할 때 사용하는 서사적-전기적 방식으로 '삶을 살지'는 않는다. 우리는 여러 해 동안 존재를 살 뿐이다. 누가 '존재의 전성기'를 누린다는 말은 어색하게 들린다. '삶' 대신 '존재'를 말함으로써, '삶'이라는 단어가 걸치고 있는 신비스러움이 벗겨진다. 누가 '존재하는 것은 괜찮은 일이다. 특히 당신이 그 대안을 고려한다면 더욱 그러하다'라고 주장하겠는가?

우주 공포증

앞서 언급했듯이, 의식은 선사시대의 힘든 시기 동안 우리 종이 살아남도록 도왔겠지만, 의식이 점점 더 강해지면서 단단히 재갈을 물려두지 않으면 모든 것을 망가뜨릴 잠재력을 발달시켰다. 문제는 이렇다. 우리는 우리 의식을 뛰어넘거나, 울적한 사실의 소용돌이 속에 던져져 삽페가 명명한 "존재의 공포"를 감내해야 한다. 이 "존재의 공포"는 우리 자신의 존재뿐만 아니라 존재 자체에 대한 공포이기도 하다. 이는 그 존재가 없었다면 비어 있었을 곳이 마치 무한한 차원의 공중 화장실 중 한 칸처럼 채워져 있다는 관념, 천체와 인간 존재 같은 것들이 공전하는 우주가 있다는 관념, 모든 것은 그것이 존재하는 듯 보이는 그 방식대로 존재한다는 관념, 만약 우리가 가상 혹은 가상의 외관이 아닌 존재라고 이해할 수 있는 무언가가 있다면 우리는 우리가 존재하기를 멈출 때까지는 모든 존재의 일부라는 관념이다.

의식을 흐려야만 우리가 지금까지처럼 지낼 수 있을 거라는 전제하에서, 삽페는 (망상의 집합체이자 이중성의 속임수에 부합하도록) 우리가 우리 모습 그대로가 아님을, 우리가 두 발로 선 비실재가 아님을 믿어야만 존재를 견뎌낼 수 있기 때문에, 존재로서 우리의 가장 중요한 특성을 억제하려 하는 역설적 부조리를 지속하지 않는 편이 분별 있는 일이라고 생각했다. 의식이 있는 존재로서 우리는 자신이 의미나 기반이 없는 사물이 된다는 감각, 불가해한 공포의 풍경에 묶여 있는 해부학적 구조가 된다는 감각으로 인해 스스로 무너지지 않도록 그 폭로를 막아야 한다. 쉽게 말하자면 우리는 이 세상에서 이길 수 없는 우리 상황에 관해서뿐만 아니라, 자기 자신에 관해서도 스스로에게 거짓말해야 하는 자기기만자가 되지 않으면 살아갈 수 없다.[7]

앞선 논증이 일말의 진실을 담고 있다고 받아들이거나, 적어도 현재의 서사를 유지한 채 계속 나아가기 위해서, 우리는 삽페의 의식을 질식시키기 위한 네 가지 방안의 열렬한 추종자가 되어야 하는 듯하다. 바로 고립('살아 있음은 괜찮은 일이다'), 고착('신의 가호 아래 가족, 윤리, 모두를 위한 자연적 생득권이 있는 하나의 나라'), 산만함('자살보다는 시간 죽이기가 낫다'), 승화('나는 《인간종에 대한 음모》라는 제목의 책을 쓰고 있다')다. 이런 책략은 우리를 '자신의 이익을 위해' 스스로를 속일 수 있는 약삭빠른 지성을 지닌 유기체로 만든다. 고립, 고착, 산만함, 승화는 우리를 계속 살아가게 하는 모든 망상이 소멸되지 않도록 사용하는 술책에 속한다. 이런 인지적 이중거래가 없으면, 우리는 우리의 본질에 노출될 것이다. 그것은 마치 거울을 들여다볼 때, 아주 잠깐 우리 피부 속 해골이 냉소하며 우리를 마주보는 상황과 같다. 그리고 그 해골 속에는 오직 암흑뿐, 아무것도 없다. 우리는 누군가 거기 있다고 느끼지만, 사실 거기에는 아무도 없다. 그것은 으스스한 역설, 모든 공포를 찰나에 일별하는 일이다. 우리 세계의 작은 조각 하나가 벗겨져 나가자, 그 아래에는 삐걱거리는 폐허가 있다. 그곳은 모든 놀이기구가 가동 중이지만 좌석에 앉은 손님은 아무도 없는 카니발이다. 우리는 스스로를 위해 만들었던 세상에서 빠져 있다. 아마도 우리가 단호하게 눈을 부릅뜨고 우리 삶을 직시할 수 있다면, 우리의 실체에 대해 알게 될 것이다. 하지만 그랬다가는 영원히 가동될 듯하던 화려한 눈요깃거리가 멈춰버리리라.[8]

비관론 I

다른 모든 편향된 사고방식과 마찬가지로 비관론은 예민한 기질이 우연히 발현된 것으로, 더 나은 표현을 찾기 전까지만 사용해야 할 수상한 단어일 뿐이라고 해석될 수 있다. 비관론자에게 풍부하게 부여된 예민한 기질이 없었다면, 그들은 존재가 기본적으로 바람직하지 않다고 보지 않았을 것이다. 낙관론자는 존재의 기본적인 바람직함에 관해 일시적으로 의구심을 품을지도 모르지만, 비관론자는 존재가 기본적으로 바람직하지 않음을 결코 의심하지 않는다. 당신이 황홀한 순간에 빠져 있는 비관론자를 방해하면서 그에게 존재가 기본적으로 바람직하지 않은지 묻는다면, 그들은 "물론이죠"라고 대답하고는 다시 황홀경으로 돌아갈 것이다. 그들이 이런 식으로 대답하는 이유는 알 수 없다. 어떤 기질이 개인을 이끈다는 결론은 (그 결론이 세계 사회의 결론을 거스르는지 아닌지와 상관없이) 단순한 분석 대상이 아니다.

모든 필멸자와 똑같은 찌꺼기로 구성된 비관론자는 자신의 증명을 입증해주는 듯하면 무엇이든지 고수한다. 이런 사실은 누구에게도 충격적이지 않다. 자신이 옳다고 생각하고 싶을 뿐만 아니라, 다른 사람들도 자신의 시시한 의견에 논쟁의 여지가 없다고 받아들여주길 기대하는 사람은, 우리 가운데 적지 않다. 비관론자도 예외는 아니다. 하지만 그들은 수가 적어서, 우리 종의 레이더에 잘 잡히지 않는다. 평균적 시민과 평균 이상의 시민 모두를 각광받게 만드는 종교, 국가, 가족, 그리고 다른 모든 것의 감언이설에 면역을 지닌 비관론자는 역사와 매체 모두에 대한 방관자다. 신이나 유령에 대한 믿음이 없고, 포괄적인 망상에 의해 동기를 부여받지도 않기에, 그들은 폭탄을 설치할 수도, 혁명을 계획할 수도, 대의명분을 위해 피를 흘릴 수도 없다.

자신의 신도에게 그들이 달성할 수 있는 것 이상을 요구하는 종교와 똑같이, 비관론 역시 아무도 글자 그대로 실천할 수는 없는 이념의 집합이다. 비관론자가 병리적 사유 혹은 지적 반항을 한다고 비난하는 사람들은 그저 설명할 수 없는 것, 즉 개인들이 왜 그런 방식으로 그들 자신인가라는 미스터리를 설명할 능력이 있는 척 속이고 있을 뿐이다. 하지만 어느 정도까지는 어떤 개인들이 왜 그런 방식으로 그들 자신인가는 완전히 미스터리로 남아 있진 않다. 가계를 따라 이어져 내려오는 특성들, 즉 한 세대의 유전자 속에 도사리고 있다가 다른 세대의 유전자에 도움이 되거나 해를 미치는 유산이 있다. 그런 것에 관심 있는 사람들에 의해 철학적 비관론은 부적응으로 치부되었다. 이런 주장은 논쟁의 여지 없이 옳은 듯하다. 그렇다면 우리가 지금까지처럼 살아갈 수 있도록 자연이 우리 종으로부터 거의 다 배제시켰던, 철학적 비관론에 해당하는 유전 표지genetic marker가 있을 가능성도 고려해야 한다. 비관론이 유전적으로 취약하고 적응력이 떨어지기 때문에 줄곧 점점 약해진다는 이론을 고려하면, 평범한 사람들의 기질을 구성하는 유전자가 선천적 비관주의자들의 유전자에 대해 영원히 승리하여 가장 의식이 있는 종의 생존과 번식의 관습이 도전받으리라는 모든 근심의 근원을 제거했다고 축하하게 될 날이 올지도 모른다. 삽페가 옳은 게 아니라면, 의식 자체가 부적응적인 게 아니라면, 그리하여 철학적 비관론이 비록 살아 있음이 괜찮은 일이라고 생각하거나 그렇게 생각한다고 말하는 사람들 사이에서는 인기가 없지만 옳은 주장인 게 아니라면 말이다. 하지만 정신분석적 전기 작가는 멸종되어간다는 게 미심쩍은 비관론자 중에서 선택된 인물에 관해 쓸 때, 우리 종에게 무엇이 적응적이고 무엇이 비적응적인지는 대개 고려하지 않는다. 그들에게 인물의 기질은 두 가지로부터 시작된다. (1) 고난의 인생담. 비록 비관론적 계층에게만 해당하는 배타적인 슬픔이 있는 것은 아니지만 말이다. (2) 고치기 힘든 잘못된 생각. 이는 만약 대중에 대한 호소argumentum ad populum가 세상에서 가장 흔히 저지르는 오류가 아니었다면, 비관론자가 낙관론자를 상대로 할 수 있는 비난이다.

우리 종의 대다수는 '모든 일에는 이유가 있다', '쇼는 계속되어야 한다', '바꿀 수 없는 일이라면 받아들여라'와 같이 사람들의 기운을 북돋우는 격언을 비롯한 일상적인 주문mantra을 진지하게 재검토하지 않고, 어떤 트라우마든 견뎌낼 수 있는 듯하다. 하지만 비관론자는 이런 강령에 빠져들지 않고, 그 표어가 목에 걸리기 십상이다. 그들에게 신의 창조는 원칙적으로 불쾌하고 쓸모없는 행위이자, 가능한 최악의 소식이다. 너무나 나쁘고 그른 일로 보여서, 만약 그러한 권능이 부주의하게 그들의 손에 주어진다면, 그들은 비관론자로 판명될지 모를 존재를 만드는 일을 기소할 수 있는 위법 행위로 만들 것이다.

선천적으로 권리를 박탈당한 비관론자는, 항상 미래를 생각하는 긍정적 사고를 하는 이의 번식할 자유에 의해 이 세상에 강제로 끌려나왔다고 느낀다. 한 사람이 어떤 시점에 있든 간에, 현재가 과거보다 나아 보이듯, 미래는 항상 현재보다 나아 보인다. 오늘날에는 누구도 19세기 초 영국 수필가 토머스 드 퀸시Thomas De Quincey처럼 "인간이 겪는 고통의 4분의 1은 치통이다" 같은 글을 쓰지 않을 것이다. 역사가 이어지는 내내 인간 고통의 경감을 위해 진보해온 과정을 안다면, 누가 자신의 아이들에게 19세기 초로 혹은 치통을 앓는 호모 사피엔스가 끼니를 때우려 헤매며 추위에 떨던 시절인 그 이전으로 돌아가 비참한 치통을 앓으라고 저주하겠는가? 비관론자에게는 유감스럽게도, 우리의 원시시대 선조는 자신들이 살던 시대가 아이를 낳기 좋은 시기가 아님을 깨닫지 못했다.

그러면 사람들이 '**지금** 이 아이를 낳기에 좋은 시기구나'라고 말할 만하다는 걸 알게 된 때는 언제였을까? 인간 고통의 경감을 향한 진보가 충분히 이루어져서, 우리가 양심의 가책으로 인해 우리 존재가 찢어지는 고통 없이 아이를 낳을 수 있다고 생각하게 된 건 언제였을까? 파라오 치하에서나 고대 서양의 평온하던 시기? 중세 암흑시대의 나른한 나날들? 산업혁명과 그에 뒤이은 산업 주도 시대의 빛나던 수십 년? 치의학의 발전으로 인류가 겪는 고통의 4분의 1이 경감된 획기적인 시대?

하지만 아이를 낳는 데 양심의 가책을 느꼈던 사람은 지금껏 거의 없었다. 왜냐하면 모든 아이는 인류 역사상 **가능한** 최선의 시기에, 혹은 적어도 인간 고통의 경감을 위한 가장 큰 진보가 이루어진 시기에 태어났으며, 그 시기는 항상 우리가 살고 또 살아온 시대이기 때문이다. 우리는 언제나 이전 시대를 돌아보고 인간 고통의 경감을 위한 진보가 그 시대에 살고 싶을 만큼 충분하지는 않다고 생각해왔지만, 최초의 호모 사피엔스가 미래에 이루어질 인간 고통의 경감을 위한 진보에 대해 아는 바가 없듯이, 우리 또한 그런 진보가 이루어질 것이라 합리적으로 추측할 뿐이지 알 수는 없다. 그리고 그런 진보에 관해 추측할 수 있을지라도, 우리 혹은 우리 중 대다수가 그 이익을 누리지 못한다는 점에 울분을 품지는 않는다. 또한 미래의 사람들 역시 **그들의** 미래에, 즉 의학, 사회적 조건, 정치적 합의를 비롯하여 거의 보편적으로 인간 삶을 개선할 수 있다고 여겨지는 영역들에서 인간 고통의 경감을 위한 더 큰 진보가 이루어질 미래에 살지 못한다는 점 때문에 울분을 품지는 않을 것이다.

사람들이 솔직하게 '지금이 의심의 여지 없이 아이를 낳을 때야'라고 말할 수 있을 때, 인간 고통의 경감을 위한 진보는 끝나게 될까? 그리고 정말로 그때가 올까? 누구도 자신의 시대가 미래의 사람들이 돌아보면서, 인간 고통의 경감을 위한 진보가 거의 이루어지지 않았는데도 여전히 아이를 낳는 저런 야만적 시대에 살지 않아서 다행이라고 여기게 될 시대라고 말하지 않을 것이며, 심지어 그런 생각조차 하고 싶지 않을 것이다. 마치 누군가 신경을 쓰거나 앞으로 신경을 쓰게 될 것처럼, 비관론자는 이렇게 말할 것이다. '아이들을 낳아도 되는 때는 지금까지 없었고 앞으로도 없을 것이다. 지금은 영원히 아이 낳기에 좋지 않은 시기일 것이다.' 게다가 비관론자는 그렇게 먼 미래까지 내다보지 말라고 조언할 것이며, 이를 따르지 않으면 우리는 비존재의 환히 빛나는 안개 속에서 우리를 돌아보는 아직 태어나지 않은 아이들의 힐난하는 얼굴을 보게 될 것이다.

비관론 II

제임스 설리는 자신의 두꺼운 저서 《비관론Pessimism》(1877)에서 "삶에 대한 공정하고 정확한 판단은 (…) 선호와 불호 어느 한 극으로 쏠리지 않은 (…) 관점에서 찾아야 한다"고 썼다. 이 주장으로 인해 설리는 오류를 저질렀는데, 그렇지 않았다면 그는 자신의 주제에 대해 정밀히 분석할 수 있었을 것이다. 사람들은 비관론자 혹은 낙관론자 둘 중 하나다. 그들은 단호하게 어느 한쪽으로 '기울어지고', 그들 사이에 공통된 기반은 없다. 비관론자에게 삶은 존재해선 안 되는 것이다. 이 말은 그들이 **있어야 한다**고 믿는 것은 삶의 부재, 무, 비존재, 창조되지 않은 것의 공허라는 뜻이다. 삶은 반론의 여지 없이 존재해야 하는 것이라고(즉 태어나지 않거나, 멸종하거나, 비존재의 상태에서 영원히 나른하게 있는 편이 나을 수는 **없다**고) 목소리 높여 주장하는 사람은 낙관론자이다. 전부 아니면 전무다. 추상적으로 말하자면, 한쪽에 속하면 한쪽에선 배제된다. 실질적으로 말하자면, 우리는 인간 의식의 태동기 이래 줄곧 낙관주의자의 종족이었고, 선호 쪽 극을 향해 심하게 기울어져 있다.

설리보다 세련된 방식으로 비관론을 고찰한 이로 미국의 소설가이자 비非전업 철학자였던 에드거 솔터스가 있다. 그의 《환멸의 철학The Philosophy of Disenchantment》(1885)과 《부정의 해부The Anatomy of Negation》(1886)는 비관론적이거나 허무주의적인 혹은 패배주의적인 성격의 철학 이론이나 문학작품을 자신의 존재로부터 떼어놓을 수 없는 보물로 소중히 여기는 사람들을 위해 쓰인 책이다. 솔터스의 견해에 따르면, "인간 삶에 대한 공정하고 정확한 관점"은 인간 삶을 존재해서는 안 되는 것으로 공정하고 정확하게 결론 내릴 것이다.

앞에서 개괄한 비관론과 낙관론에 대한 절대주의적 기준에 반대하는 사람이 '영웅적' 비관론자, 아니 정확하게 말해 영웅적 '비관론자'다. 이들은 설리가 말한 불호 쪽 극을 고려하지만, 삶이 존재해서는 안 되는 것이라는 함의에는 충실하지 않은 자칭 비관론자다. 스페인 작가 미겔 데 우나무노는 《생의 비극적 의미Del sentimiento trágico de la vida》(1913)[†]에서, 의식을 합리성과 비합리성 사이에서 벌어진 갈등을 먹고 자라는 질병으로 표현한다. 합리성은 무엇보다 우리는 모두 죽게 될 거라는 의식의 결론과 동일시된다. 비합리성은 물질적이거나 비물질적인 상태에서의 불멸에 대한 보편적 갈망을 포함하여, 인류에게 필수적인 모든 것을 대표한다. 합리성과 비합리성의 공존은 인간의 경험을, 우리가 체념하며 고개를 숙일 수도 있고 헛된 영웅으로서 반항할 수도 있는 모순에 대한 논쟁으로 비화시킨다. 우나무노의 취향은 물리적으로나 심리적으로 싸울 용기를 갖추고 있다는 암묵적 전제하에 영웅의 길을 따르는 것이었다. 우나무노와 마찬가지로, 《비관론: 철학, 윤리, 정신Pessimism: Philosophy, Ethic, Spirit》(2006)의 저자 조슈아 포아 딘스태그 또한 낙담하게 만드는 삶의 진상을 상당 부분 직시하면서도, 급진적으로 비관적인 모든 전망을 그림에서 잘라내 버리고, 개인적으로나 정치적으로 실현할 수 있다고 믿는 미래를 향해 행진을 계속하는, 건전하고 영웅적인 비관론으로의 전향자이다. 또한 이 비관하지-마라never-say-die 그룹과 같

† 미겔 데 우나무노, 《생의 비극적 의미》, 장선영 옮김, 누멘, 2018.

은 편에 선 윌리엄 R. 브래시어는 그의 《실재의 폐허The Desolation of Reality》(1995)에서 인간 삶의 "명백한 무의미함"을 인정하지만, "그렇지 않은 듯 살아나가야 할 필요성, (…) 가치와 질서라는 근본적인 환상을 의도적으로 장려하고 유지해야 한다"는 점도 인정하는, 그가 "비극적 인본주의"라고 부르는 것을 고수함으로써, 비록 부분적이고 불완전하더라도 구원의 체제로 삼아야 한다고 결론짓는다. 우리가 삶에서 가치와 질서라는 환상을 장려하고 유지하는 방식은 삽페의 〈마지막 메시아〉에 설명되어 있다. 환상임을 뻔히 아는 것을 우리 사이의 불명예스러운 가식의 서약 없이 **뜻대로** 장려하고 유지할 방법에 대해서는, 지금껏 브래시어는 물론 이런 삶의 방식façon de vivre을 지지하는 누구도 설명한 적이 없다. 반反출생주의자antinatalist 삽페와 같은 부류의 비관론에 속하지 않는 우나무노, 딘스태그, 브래시어는 실존에 대해 비슷한 견해를 갖고 있어서, 어른답게 이를 묵묵히 감수함으로써 자신의 지위를 현상 유지하려는 지적이고 평범한 사람들과 안전하게 연대했다. 그들은 삶이 존재해서는 안 되는 것이라는 비관론의 태도에 동조하면서도, 그런 태도에 찬성하지는 않았다. 하지만 비관론자가 삶을 거부하는 데 대한 우나무노, 딘스태그, 브래시어의 해법은, 삽페가 인간 실존에서 보았던 것과 똑같은 역설적 속박에, 즉 살아 있음은 괜찮은 일이라는 가식 속에서 살아가야 하는 상황에 우리를 얽맨다. 단 하나 차이점이 있다면, 평범한 사람들은 깨닫기를 회피하는 가식을 우나무노, 딘스태그, 브래시어는 알면서도 받아들인다는 점이다. 적어도 대개는 보통의 필멸자마저 때때로 이런 가식을 억지로 받아들이는데, 이는 그들이 이런 가식을 철학적 자부심의 경지로 끌어올려 자화자찬을 할 만큼 오래 붙들고 있지 않기 때문이다.

우나무노, 딘스태그, 브래시어의 철학적 동료로 프랑스의 실존주의 작가 알베르 카뮈가 있다. 카뮈는 자신의 에세이 《시시포스 신화Le Mythe de Sisyphe》(1942)[†]에서, 삶을 끝내기보다 계속 버티기 위한 변명거리로 제목 속 주인공이 떠맡은 달성 불가능한 목표를 제시한다. 그가 바위를 산꼭대기까지 밀어 올리면, 항상 바위는 몇 번이고 다시 굴러떨어져 그를 절망에 빠뜨린다. 이 섬뜩한 비유를 논하면서 그는 "우리는 시시포스가 행복하다고 상상해야 한다"고 주장한다. 교부 테르툴리아누스의 "불합리하기에 나는 믿는다"라는 신조는, 카뮈의 살아 있음은 괜찮은 일이라는, 혹은 불합리할지 몰라도 충분히 괜찮은 일이라는 믿음의 맥락에 딱 맞아 떨어지는 듯하다. 사실 그 연관성은 간과되지 않았다. 카르타고 출신 교부의 비합리성과 프랑스 작가의 지성 사이에 끼어 있는 상황에서, 우리에게까지 이어져 온 인간종의 빛을 꺼뜨리자는 삽페의 제안은 존재론적 질병에 대한 해독제로서 테르툴리아누스나 그의 화신인 카뮈의 제안보다 훨씬 만족스럽다. 카뮈는 자살을 개인의 철학적 쟁점으로서 숙고했지만, 그 종의 전면적인 감소가 갖는 이점을 받아들이지는 않았다. 그러지 않았기에, 누군가는 카뮈를 실용적일 뿐이라고 결론지을지도 모른다. 하지만 결국 시시포스가 행복하다고 상상**해야 한다**는 그의 집요함은 역겨운 만큼 비실용적이기도 하다. 우나무노, 딘스태그, 브래시어처럼, 카뮈는 우리가 인간 실존의 비극, 악몽, 무의미함에 만족하게 할 인생관을 **상정할** 수 있다고 믿었다. 카뮈는 교통사고로 생을 마감하

† 알베르 카뮈, 《시지프 신화》, 김화영 옮김, 민음사, 2016.

기 전까진 이런 인생관을 상정할 수 있었겠지만, 그가 이를 세계의 가능성 혹은 의무로 제기한 것은 **분명** 농담이었으리라.

비관론적 작가가 좋은 평판을 얻지 못하는데다 선량한 양심과 좋은 동료 모두로부터 비난받을 수도 있다는 사실에 한탄하는 것은 미숙하다는 증거일 것이다. 비관론자를 비판하는 몇몇 사람은 벽에 기댄 채 경솔하게 이런 야유를 보낸다. '그 사람이 그렇게 생각한다면, 그는 자살하지 않으면 위선자로 비난받아야 할 것이다.' 비관론자가 자신의 이상에 충실하기 위해 자살해야 한다는 말에 대해서는, 대답할 가치도 없는 그 우매한 지성을 드러내 보여서 반격할 수 있을 것이다. 그렇지만 이에 대해 한 가지 답을 내놓는 일은 그리 수고스럽지 않다. 단지 누군가가 이 세상 속 고통의 총량은 차라리 태어나지 않는 편이 나을 정도로 많다는 결론에 도달했다고 해서, 그것이 그 논리나 진실성에 의해 강제로 자살해야 한다는 의미는 아닌 것이다. 그것은 다만 이 세상 속 고통의 총량은 차라리 태어나지 않는 편이 나을 정도로 많다고 결론을 내렸다는 의미일 뿐이다. 다른 사람들은 스스로의 만족을 위해 이 점에 반대할지도 모른다. **하지만 자신이 비관론자보다 더 강력한 논거를 지니고 있다고 생각한다면, 그건 착각이라는 것을 그들도 인정해야 한다.**

당연히 자살하는 비관론자도 있지만, 무엇으로도 그들에게 자살하라거나 이마에 위선자의 낙인이 찍힌 채 살라고 강요할 수는 없다. 자발적인 죽음은 전적으로 부정적인 행동 방침으로 보일 수도 있으나, 그렇게 간단하지만은 않다. 모든 부정은 긍정적인 정신에 의해 희석되거나 은연중에 개시된다. 명확한 '아니요no'는 소리 내어 말하거나 행동으로 옮길 수 없다. 루시퍼가 천상에서 했던 마지막 말은 "섬기지 않겠다Non serviam"였을지 모르지만, 누구도 신을 그만큼 충실히 섬기지 못했다. 왜냐하면 악마가 만든 생지옥이라는 주요한 볼거리가 없었다면, 구름 속에서 진행되는 신의 부차적인 여흥은 결코 손님을 끌지 못했을 것이기 때문이다. 오직 긴장증과 혼수상태의 환자만이 삶의 요란한 소음으로부터 위엄 있게 물러나 인내할 수 있다. 우리 마음속에 '예yes'가 없다면, 아무것도 행할 수 없을 것이다. 우리 존재를 한꺼번에 끝장낸다는 것은 가장 야심만만한 긍정일 것이다.

대부분의 사람은 생명력이 80대가 등산을 하거나 국가가 제국을 건설하는 데서 드러난다고 생각한다. 이런 사고방식은 다소 순진하지만 우리의 사기를 북돋우는데, 이는 우리가 80대에도 등산을 할 수 있다거나 제국을 건설한 국가의 국민으로 사는 것을 상상하기를 좋아하기 때문이다. 그러므로 비관론자는 자살하든지 위선자로 낙인찍혀야 한다는 비난자의 고발은, 낙관론 당파의 열성당원 혹은 비밀당원의 세상에서만 모든 면에서 타당하다. 일단 이 점을 이해하면, 비관론자는 '정상적인 사람들', 즉 음모를 유지하려 협력하는 정직한 생명체 연합의 수중에서 필요 이상으로 겪게 될 고통으로부터 벗어날 수 있다. 이는 그런 개인들이 그만큼 고통받지 않는다는 말이 아니다. 또한 어떤 경우에 그들은 종종 비관론자보다 더 높은 비율로 자살하기도 하는데, 그렇다고 그들이 태어나는 편이 낫다고 줄곧 말했으면서도 자살하기 때문에 위선자라는 말도 아니다. 이는 단지 정상적인 개인이 태어나는 편이 낫다고 말하다가 그 후에 자살했다면, 그들은 정상적인 개인의 자격을 상실한다는 말일 뿐이다. 왜냐하면 정상적인 개인은 자살하지 않고, 죽는 날까지 살아 있음은 괜찮은 일이라 믿으며, 또한 그들이 항상 자신만큼 정상일 거라 가정하는 새로 태어난 사람의 존재에게서 가장 두드러지는 것은 행복이리라 가정하기 때문이다.

실수하기

모든 비관론자가 동의하듯, 의식은 존재론적 부채, 삽페의 표현에 따르면 인류를 논리의 블랙홀로 끌어내린 맹목적인 자연의 실수이다. 이 삶을 견디기 위해, 우리는 자신의 본성을 지니지 않은 척을, 즉 역설의 비틀린 논리를 체화한 돌연변이로서 존재를 지속할수록 우리가 처한 곤경을 악화시킬 뿐인 모순된 존재가 아닌 척을 해야 한다. 이런 실수를 바로잡기 위해, 우리는 출산을 중단해야 한다. 실존적으로 말해서, 우리 자신이 스스로를 흔적도 없이 사라지게 하는 것보다 더 분별 있고 급박한 일이 무엇이겠는가? 최소한 이 실수 이론을 '사고 실험'으로 간주할 수 있을 것이다. 모든 문명은 쇠락한다. 모든 종은 멸종한다. 우주 자체에도 만기일이 있다. 분명 인류가 무언가 결딴나는 현상의 첫 대상은 아닐 것이다. 하지만 정말로 시체가 쌓이기 전에, 자신의 내리막길을 가파르게 만들어 단축시키는 첫 번째 사례는 될 수 있다. 앞서 살았던 모든 이의 삶을 가장 상세한 세부 사항까지 알 수 있다면, 우리는 그들이 줄곧 우리 종이 실수하게 만드는 노력을 기울여 온 것에 고마움을 느끼게 될까? 그들을 무덤에서 파내어 되살릴 수 있다면, 우리는 그 뼈만 남은 언데드의 손을 붙잡고 감사의 마음을 담아 악수하며 미래 세대에게 살아 있음이 축

복임을 전하겠다고 약속하게 될까? 확실히 그것이야말로 그들이 듣고 싶어 할 말, 아니면 적어도 그들이 듣고 싶어 할 거라고 우리가 생각하고 싶은 말이다. 그리고 먼 후대에 살고 있는 생판 모르는 후손이 뼈만 남은 언데드인 우리와 악수할 때, 우리가 듣고 싶은 것도 바로 그 말이리라.

자연은 실수를 통해 나아간다. 그게 자연의 순리다. 또한 그건 우리의 순리이기도 하다. 우리가 의식을 실수로 간주함으로써 실수를 저질렀다면, 왜 그걸로 소란을 피우는가? 이 행성에서 우리 스스로를 제거하는 일은 여전히 대단한 진전이자, 태양마저 빛바랠 정도로 찬란한 위업일 터인데. 잃을 게 무언가? 우리가 이 세상을 등져도 어떤 악도 뒤따르지 않을 것이며, 우리가 아는 허다한 악도 우리와 함께 멸종할 것이다. 그렇다면 우리 존재에 단 한 번뿐일 가장 칭찬할 만한 신묘한 일획을 그을 사건을 왜 미루는 건가?

물론 실수로 간주되는 의식 이외의 현상도 생명 자체와 함께 시작되었다. 예를 들어 미국 소설가 H. P. 러브크래프트는 소설 《광기의 산맥At the Mountains of Madness》(1936)[†]에서, 등장인물의 입을 통해 "별에서 내려와 장난 혹은 실수로 지구상의 생명을 창조했다는 고대 신들Great Old Ones"에 관한 "원시 신화"를 언급했다. 쇼펜하우어는 일단 우주의 모든 것이 삶에의 의지로부터 활력을 얻는다는 자기만의 신화의 밑그림을 그린 뒤, 삶을 고통의 집합체로 표상하는 상식적인 비관론으로 선회했다.

† H. P. 러브크래프트, 《광기의 산맥》, 《러브크래프트 전집 2》, 정진영 옮김, 황금가지, 2009.

삶은 그 자체를 즐기기 위한 선물이 아니라, 수행해야 할 과업이자 고역으로 드러낸다. 그리고 이에 따라 우리는 크고 작은 보편적인 필요, 끊임없는 돌봄, 지속되는 압박, 끝없는 투쟁, 강요된 행위 속에서, 육체와 정신의 전력을 다해 극도로 노력하는 모습을 보게 된다. 즉 수백만 명이 모여 국가로 연합하고, 공동선을 위해 분투하며, 각 개인이 자기 이익을 위해 노력하는 것이다. 하지만 이를 위해 수천 명이 희생된다. 이제 무의미한 망상, 음모를 꾀하는 정치가 사람들이 서로 전쟁을 벌이도록 선동한다. 그러면 어떤 개인의 이념을 실행하거나 그들의 잘못을 속죄하기 위해, 엄청나게 많은 사람의 땀과 피가 흘러야 한다. 평화 시기에는 산업과 무역이 활발해지고, 발명이 기적을 일으키며, 바다를 항해하고, 세상 끝 곳곳에서 산해진미가 모여들지만, 바로 그 물결이 수천 명을 집어삼킨다. 모든 추진력과 동력 및 다른 힘들이 작용한다. 그 혼란은 이루 말할 수 없을 정도다. 하지만 그 모든 것의 궁극적인 목적은 무엇인가? 그것은 가장 운 좋은 경우라도 참을 만한 정도의 결핍과 어느 정도의 아픔으로부터의 해방을 통해 덧없고 고통받는 개인들을 아주 짧은 시간 동안이나마 지탱하는 일이지만, 여기에는 금세 권태가 뒤따른다. 그런 다음에는 우리 종의 번식과 분투가 재개된다. 이런 수고와 보상 사이의 명백한 불균형이라는 관점에서 보면, 우리에게 삶에의 의지는 객관적으로는 어리석음으로, 주관적으로는 망상으로 드러난다. 즉 살아 있는 모든 것이 무가치한 어떤 것을 위해 전력을 다해 분투하고 있는 것이다. 하지만 이를 더욱 면밀히 숙고하면, 우리는 여기서 맹목적인 압력, 전적으로 근거나 동기가 없는 경향성 또한 발견하게 될 것이다(《의지와 표상으로서의 세계》, R. B. 홀데인Richard B. Haldane과 J. 켐프John Kemp 함께 옮김).

쇼펜하우어는 여기서 "덧없고 고통받는 개인"의 망령으로서 삶에의 의지를 지닌 인류에게, 존재는 악마적 광기의 상태라는 인식을 직설적으로 드러낸다. 그는 자신의 저작 여러 곳에서, 의식을 "생명의 우발적 사고"라고 명명했다. 실수하기. 그 실책. 우리의 웃음과 눈물 이면에는 진화적 착오 이외의 다른 무언가가 정말 있을까?

비유

쇼펜하우어의 비관론은 위대한데, 이는 특히 비관론적 상상 특유의 모티프를 드러내기 때문이다. 앞서 살펴보았듯 쇼펜하우어의 통찰은 인간을 스스로에게 해로운 지경까지 고양시키는 보지 못하고, 듣지 못하며, 말하지 못하는 힘인 '의지' 혹은 '삶에의 의지'에 중점을 둔 철학적 상부구조에 얽매여 있다. 여느 체계적 철학자처럼 쇼펜하우어의 사상 체계도 쉽게 소화할 수는 없으나, 지적인 사람이라면 모든 살아 있는 것이 그 자유로운 접합 속에서 그의 철학에 **정확히** 호응하여 행동한다는 사실을 못 알아볼 리 없다. 어떤 힘(이를 의지, 엘랑 비탈élan vital[생의 약동], 아니마 문디anima mundi[세계의 영혼], 생리적 혹은 심리적 과정, 자연, 혹은 다른 어떤 말로 부르든 간에)에 의해 장난감처럼 태엽이 감긴 유기체는 그 태엽이 다 풀릴 때까지 명령받은 대로 계속 달린다. 비관론 철학에서는 오직 그 힘만이 실재할 뿐, 그에 의해 구동되는 것은 실재하지 않는다. 그들은 단지 꼭두각시일 뿐인데, 만약 그들에게 의식이 있다면 자기 태엽을 스스로 감는 사람으로서 스스로 잘해 나가고 있다고 착각할 것이다.

쇼펜하우어에게 두드러졌던 비관론적 상상 특유의 모티프가 여기 있다. **삶의 무대 뒤에 우리 세계를 악몽으로 만드는 위협적인 무엇이 있다는 것**. 삽페에 따르면, 의식의 진화적 돌연변이가 우리를 비극으로 이끌었다. 미켈슈테터에 따르면, 자기애philopsychia의 "신"이 개인에게 스스로에 대한 긍정적인 환상을 받아들이거나 그러지 않으려면 아예 스스로를 받아들이지 말라고 강요하기 때문에, 그 개인은 오직 그들이 만들어진 대로 만들어졌을 뿐 스스로를 만들 수는 없는 비실재로만 존재할 수 있다. 마인랜더에 따르면, 쇼펜하우어의 삶에의 의지가 아닌 죽음에의 의지가 우리를 묶은 줄을 당기는 오컬트occult적 주인 노릇을 하면서, 우리가 스스로를 살해한 신의 소멸이 남긴 후방 난기류에 붙들린 꼭두각시처럼 발작하듯 춤추게 만든다. 반젠에 따르면, 목적 없는 힘은 모든 것에 검은 생명을 불어넣고서 한 조각 한 조각씩 먹어 치우고, 스스로를 되새김질하여, 그 성찬의 약동하는 형태를 매번 새롭게 한다. 존재의 생혈 속에 있는 무엇, 형언할 수 없는 그 무엇이 잘못되었다고 의심하는 다른 모든 사람에 따르면, 안심하게 하는 거짓말이 내뿜는 그릇된 빛 속으로 그들을 쫓아오는 고통과 죽음의 일그러진 그림자가 있다.

비관론자가 삶의 무대 뒤에서 감지하는 위협적인 '무엇'에 대한 비유로, 초자연적 공포소설의 세계를 다스리는 사악한 행위자들이 있다. 사실 비관론자마다 인간의 대실패를 각자 다르게 다루듯, 작가마다 그런 행위자를 각자 다르게 다루기 때문에, 초자연적 공포소설의 수많은 세계들이라고 해야 더 적절할 것이다. 심지어 단일 작가의 작품들 속에서도 우리 세상의 악몽으로 만드는 위협적인 무엇의 근원은 바뀌는데, 그 공통된 연결 고리는 현실에 대한 우리의 개념을 나쁜 쪽으로 전복시키는 사태가 일어난다는 점이다.

예를 들어 20세기 영국 소설가 앨저넌 블랙우드의 〈버드나무 The Willows〉[†]에서, 작가는 자연 속에 적대적인 힘이 깃들어 있다고 암시한다. 이 광대한 힘이 무엇인지는 작중 인물에게 그들을 불안하게 만드는 불가사의한 징조와 소리로만 제시된다. 그들은 작은 배를 타고 다뉴브 강을 따라 내려가다 버드나무가 우거진 어느 섬에서 야영을 하게 되는데, 그 나무는 자연이 가장 위협적인 면모를 드러내는 지역의 상징적 중심이 된다. 화자는 다뉴브 강을 따라 형성된 혹독한 기후 조건의 좀 더 즉각적인 위험과 분명히 구분되는, 유난히 자신에게 위협적으로 보이는 버드나무 숲의 실체를 설명하려 애쓴다.

> 불어난 강물은 언제나 불길한 무언가를 암시하는 듯하다. 눈앞의 작은 섬들 가운데 상당수는 어쩌면 아침 무렵에는 떠내려가 버렸을지도 모를 일이었다. 걷잡을 수 없이 쏟아져 내려오는 강물은 깊은 경외감을 불러일으켰다. 그러나 경외와 경이의 감정보다 훨씬 더 깊은 곳에 불안이 깔려 있음을 나는 자각하고 있었다. 아니, 내가 느꼈던 감정은 그런 게 아니었다. 그 감정은 휘몰아치는 바람과 직접적인 관련이 없었다. 이 노호하는 돌풍은 수 에이커 넓이의 임야에 자라난 버드나무들을 뽑아 올려 풍경 너머로 지푸라기처럼 흩뿌릴 수 있을 정도였다. 평지에는 거칠 것이 없었기 때문에,

† 앨저넌 블랙우드, 〈버드나무〉, 《러브크래프트 전집 6 외전 (하)》, 정진영 옮김, 황금가지, 2015.

바람은 마음 내키는대로 즐길 뿐이었고, 나도 유쾌한 흥분과 더불어 그 엄청난 장난을 함께 하는 듯 느꼈다. 하지만 이 새로운 감정은 바람과 아무 상관 없었다. 사실 내가 느꼈던 괴로움은 너무 모호한 탓에, 그 근원을 찾아 적절히 대처하는 것이 불가능했다. 비록 그 감정이 주위를 둘러싼 악천후의 억제되지 않은 힘 앞에서 우리가 실로 하찮기 그지없다는 사실과 연관이 있다는 건 깨달았지만 말이다. 엄청나게 불어난 강물도 그 감정, 우리가 그 위력에 언제나 무력할 수밖에 없는데도 강대한 자연의 힘들을 경시해왔다는 모호하고 불쾌한 생각과 관련이 있었다. 여기서 정녕 그 힘들은 거대하게 함께 뛰놀고 있었고, 그 광경은 상상력을 자극했다.

하지만 내가 이해하는 한 내 감정은 특히 버드나무 숲, 수 에이커의 들판에 한데 모여 시야가 닿는 곳까지 지면을 뒤덮고, 강을 질식시키려는 듯 강물 위로 드리우며, 하늘 아래 수 마일 너머까지 빽빽하게 자란 채, 보고 듣고 기다리는 그 버드나무와 특히 밀접한 연관이 있는 듯했다. 그리고 악천후와는 별개로, 그 버드나무 숲은 내가 느낀 불쾌감과 미묘하게 연결된 채, 자신들의 엄청난 수를 통해 교묘하게 마음을 뒤흔들고, 생소하고 막강하되 우리에게 전혀 호의적이지 않은 힘을 어떤 식으로든 상상하도록 도모했다.

버드나무 숲으로 표상되는 위협적인 무엇의 불가사의는 결코 규명되지 않는다. 그러나 이야기의 끝에서 두 여행자는 한 남자의 시신이 강의 급류 속에서 거듭 뒤집히며 떠내려가는 광경을 본다. 남자의 몸에는 “그들의 낙인”, 그들이 전에 섬의 모래밭에서 보았던 움푹 패인 모양, 두 사람이 섬에서 야영하던 밤 동안 생겨나 점점 커졌던 깔

때기 모양 자국이 있었다. "우리에게 전혀 호의적이지" 않은 정체 모를 그 힘은 희생제물을 확보하고 만족했던 것이다. 두 사람은 다른 이의 죽음을 대가로 목숨을 구했다. 우리 세계를 악몽으로 만드는 것이 아주 잠깐 모습을 드러냈다가, 다시 한번 삶의 무대 뒤로 물러났다.

바로 이것이 초자연적 공포의 모티프다. 즉 그 존재 자체로 무시무시한 무엇이 모습을 드러내어, 우리의 현실 혹은 우리가 오롯이 우리만의 현실이라고 생각하는 것에 대한 자신의 지분을 주장하는 것이다. M. R. 제임스Montague Rhodes James의 유령 이야기에 등장하듯, 그것은 저승으로부터 건너온 특사이거나 비의秘儀적 괴물일 수도 있다. 아서 매켄의 〈위대한 신, 판The Great God Pan〉에서처럼 과학 실험의 의도치 않은 결과가 야기한 산물일 수도, 같은 작가의 〈백색 인간The White People〉에서 등장하는 지금껏 들어본 적 없는 존재일 수도 있다.† 로버트 W. 체임버스의 〈노란 표식The Yellow Sign〉††에서처럼 신화적 서적에서만 드러나는 다른 차원의 섬뜩한 증표일 수도 있다. 아니면 에드거 앨런 포의 세계, 즉 그 자체로 순수한 병적 상태인 세계, 이름 없는 파멸의 근원적 예감으로 충만한 세계일 수도 있다.

초자연적 공포를 다루는 여러 작가의 작품에 반영되곤 하는, 비관론 사이에서도 쇼펜하우어를 두드러지게 하는 특유의 모티프를

† 아서 매켄, 〈위대한 신, 판〉, 《아서 매켄 단편선 1》, 이미경 옮김, 와이드마우스, 2020; 〈백색 인간〉, 《아서 매켄 단편선 2》, 김정주 옮김, 와이드마우스, 2022.

†† 로버트 W. 체임버스, 〈옐로 사인〉, 《황의를 입은 왕》, 정진영 옮김, 아라한, 2023.

가장 일관되게 널리 알린 것은 러브크래프트이다. 러브크래프트는 상상할 수 없는 것을 상상한, 혹은 적어도 대부분의 필멸자가 상상하고 싶어 하지 않는 것을 상상한 작가 가운데 모범이다. "모든 무한의 중심에서 끓어오르는" "중심의 혼돈"인 아자토스Azathoth를 상상하면서, 러브크래프트가 쇼펜하우어의 의지를 염두에 둔 것도 무리는 아니다. 러브크래프트의 작품에서 예시하듯, 우리 세계의 악몽을 만드는 위협적인 무엇은 언어적으로 우리 우주 너머 혹은 바깥으로부터 온 기형적 존재로 특징지어진다. 유령이나 언데드처럼, 그들의 존재 자체가 존재해야 할 것과 존재해서는 안 될 것의 경계에 대한 위반으로서, 초자연적인 공포를 전형적으로 보여주는 알려지지 않은 존재 양식과 으스스한 창조를 암시하여 우리를 두렵게 한다.

생명-원리

철학적으로 러브크래프트는 뼛속까지 과학적 유물론자였다. 그렇지만 다른 맥락에서라면, 그는 '영적'이거나 '종교적'이라 할 만한 환희를 이해하는 사람의 적절한 예이기도 하다. 유년 시절부터 줄곧 그는 맹렬한 무신론 지지자였다. 윌리엄 제임스는 자신의 강의록 선집 《종교적 경험의 다양성The Varieties of Religious Experience》(1902)[†]에서, "존재론적 경이"와 "우주적 감정"의 감각이 종교적 믿음의 정당성을 입증한다고 주장한다. 러브크래프트의 창의적인 글과 서신 모두

† 윌리엄 제임스, 《종교적 경험의 다양성》, 김재영 옮김, 한길사, 2000.

에서 제임스가 묘사했던 감정에 대한 표현을 볼 수 있는데, 이는 철학자이자 심리학자인 제임스의 주장에 대한 예외를 형성한다.[9] 러브크래프트에게 우주적 경이와 "공포가 깃든 고요함"(영국의 정치 사상가이자 미학자 에드먼드 버크Edmund Burke가 그런 경험을 가리켜 표현했듯이)은, 살아 있음에 대한 그의 관심사의 기초를 이룬다. 우주에 대한 자신의 인식을 **움직이는 무**無로 승화시키면서, 그는 또한 **"놀라움, 발견, 기이함, 그리고 우주적이고 법칙을 벗어난 신비한 것이 알려진 것들의 단조로운 영역을 침식하는**"(러브크래프트의 강조) 몽상으로 자신의 주의를 산만하게 하여 자기 삶을 좀먹는 지루함을 완화시켰다.

정서적이고 영적인 균열의 반대편에서, 프랑스의 과학자이자 기독교 철학자인 블레즈 파스칼은 자신의 존재에 대한 감각을 이렇게 기술했다. "내가 전혀 알지 못하며 나를 전혀 알지 못하는 우주의 무한한 광대함이 집어삼킬 때, 나는 공포에 사로잡힌다. (…) 이런 무한한 우주의 영원한 침묵이 내게 두려움을 불어넣는다"(《팡세》, 1670).[†] 파스칼의 감각은 자신을 알지 못하는 무한한 우주에 대해 공포를 느끼는 사람에게 부자연스러운 반응이 아니다. '공허 공포증kenophobia'은 광대한 공간과 빈 공간에 대한 두려움을 의미한다. 러브크래프트가 미지의 외우주外宇宙를 숙고할 때 느꼈던 "존재론적 경이"와 "우주적 감정"을 묘사하기 위해, 어쩌면 공허 **애호증**Keno*philia*이라는 단어를 창안해야 할지도 모른다.

앞에서 서술한 바와 같이 복잡하고 모순적인 인물인 러브크래프트는 존재의 가치에 관해 판단을 내릴 때가 되면 자주 애매한 태

† 블레즈 파스칼, 《팡세》, 이환 옮김, 민음사, 2003.

도를 취하는 듯하다. 잡지 《위어드 테일스Weird Tales》의 초대 편집장 에드윈 베어드Edwin Baird에게 보낸 편지에서, 그는 몇몇 발언을 통해 평범한 사람들이 알고 있는 모든 안식으로부터 멀어진 비관론자의 편을 드는 명료한 입장을 드러냈다. 이 글은 길게 인용할 가치가 있다.

> 유명 작가들은 정상성과 관습을 전적으로 거부하고, 평범한 관점이나 선입견을 완전히 배제한 뒤 주제에 접근해야만 참된 예술을 달성할 수 있다는 사실을 인식하지 못하며 명확히 인식할 수도 없습니다. 그들의 겉보기에는 기이한 산물은 거칠고 '다르게' 보일 수도 있지만, 그 괴기함은 단지 외양에 그칠 뿐이고, 근본적으로 똑같이 낡은 관습적 가치와 모티프와 관점을 반복하죠. 선과 악, 목적론적 환상, 달콤한 감상, 인간 중심적 심리학 같은 범속하고 피상적인 상투성, 그리고 이 모두를 관통하는 영원하고 불가피한 진부함…. 지금껏 누가 인간은 우주의 오점이기에 일소되어야 한다는 관점에서 소설을 쓴 적이 있나요? 예를 들어 얼마 전에 알게 된 한 젊은이가 제게 말하기를, 지구를 정복하려는 한 과학자에 관한 이야기를 쓸 작정이라더군요. 그 과학자는 목적을 이루기 위해 병균을 양성하고 과도하게 발달시켜서… 이집트에 내린 재앙처럼 병균 군대를 이끌려 한답니다. 그래서 제가 대답하기를, 가능성 있는 주제이긴 하지만, 과학자에게 평범한 동기를 부여함으로써 완전히 진부해졌다고 했죠. 지구를 정복하고 싶어 한다는 동기에는 아무 색다른 점이 없거든요. 알렉산드로스, 나폴레옹, 빌헬름 2세도 그러고 싶어 했죠. 대신 저는 그 친구에게 이렇게 대답했습니다. 생명-원리life-principle 자체에 대해 병적이고 광기 어린 오싹해지는 증오

심을 품은, 이 행성으로부터 자신을 포함하여 동물과 식물을 막론한 생물학적 유기체의 모든 자취를 일소하기를 바라는 사람을 상상해야 한다고요. 이렇게 하면 그런대로 독창적이겠죠. 하지만 어쨌든 간에, 독창성은 작가에게 달려 있습니다. 인류의 무대로부터 완전하게 심리적 거리를 두지 않으면, 그리고 병적인 환영 특유의 기괴하고 불안한 왜곡 같은 주제와 양식으로 충만한 상상력의 마술적 프리즘 없이는, 아무도 진정 힘 있는 기이한 이야기를 쓸 수 없습니다. 오직 냉소주의자만이 공포를 창조할 수 있습니다. 왜냐하면 이런 종류의 모든 걸작의 배후에는, 인류와 그들의 환상을 경멸하며 인류를 산산조각 내고 조롱하기를 갈망하는 추진력 있는 악마적 권능이 있어야 하기 때문입니다.

이 편지에서 두드러지게 흥미로운 점은, 러브크래프트가 우주적 환멸에 관해서 완벽주의자였음을 보여준다는 것이다. 하지만 우주적 환멸주의자로서의 러브크래프트로부터 상대적으로 분리되어 있는 또 다른 러브크래프트가 있는데, 그는 자신의 또 다른 에고ego의 성향과는 너무나도 이질적인 보호주의적 환상에 푹 빠져 있었다. 이 후자의 정체성에서 그는 스스로 자신의 냉소주의(또한 "우주적 비관론")라고 특정했던 것으로부터 벗어날 피난처를 여러 해 동안 축적해온 산만함과 고착의 세계에서 찾았다. 그중에는 과거에 대한 그의 정서적 몰입이 있다. 특히 그에게는 17세기와 18세기 뉴잉글랜드의 건축 유산으로 표상되는 전통적인 생활양식이 중요했다. 구불구불한 거리가 있는 구시가지, 문에 반원형 채광창이 난 주택, 그리고 러브크래프트로 하여금 때때로 피와 흙[†]의 신비주의로 향하게 하는 미학적 현상으로서의 지난 시절의 사진을 떠올리게 하는 양키덤[††] 지역의 엽서 그림이 여기 해당한다. 자랑스러운 뉴잉글랜드 사람으로서 러브크래프트는 자신이 이상화했던 과거의 풍부한 유산에 둘러싸인 채 자라나고 살았다. 그의 역사적 뉴잉글랜드에 대한 애착은 저 먼 시공간에 대한 심취를 상쇄하여 균형을 잡아주었다. 그도 잘 알고 있듯, 그 시공간에 비하면 그가 너무도 열광했던 철 지난 문화적 흐름은 내제된 미덕이 없는 지엽적이고 덧없으며 우연한 형태에 불과했다. 러브크래프트에게 작은 유리 여러 장을 끼운 예스러운 유리창과 인간 관습으로부터의 과감한 소외 양쪽 모두에는 그가 자신의 삶에서뿐만 아니라 작품에서도 진심으로 소중히 여겼던 매력이 있었으며, 이는 심지어 그가 냉소주의와 비관론으로 가장 암울했던 시기에도 유지됐다.

우리 대부분처럼, 러브크래프트는 조작된 가치들로 자신의 주

† Blood-and-Soil(독일어로 Blut und Boden). 정착지(흙)와 통합된 인종(피) 사이의 신비적 연결을 강조하는 정치적 구호로, 원래 19세기 독일에서 낭만적 민족주의와 인종주의를 고취시키는 소책자 등에 사용되었다. 자연스레 여러 인종과 문화가 복잡하게 섞인 도시 문화를 폄하하고, 문화적 순수성이 잘 유지되어 있다고 간주되는 농촌과 그곳의 생활양식을 찬미했다.
러브크래프트의 작품 세계 전반에 걸쳐 '흙'에 해당하는 것은 유서 깊은 뉴잉글랜드 지역의 역사와 문화다. 그는 결혼 직후 1924년부터 1926년까지 뉴욕으로 이주하여 정착하려 노력했지만 경제적 어려움과 건강 문제로 인해 뜻을 이루지 못했고, 로드아일랜드로 귀향할 수밖에 없었다. 그래서 그 시기 집필된 작품들에는 뉴욕 시에 대한 혐오감(〈레드 훅의 공포〉, 《러브크래프트 전집 4》, 정진영·류지선 옮김, 황금가지, 2012)과 외국인과 그 문화에 대한 두려움(〈크툴루의 부름〉, 《하워드 필립스 러브크래프트》, 김지현 옮김, 현대문학, 2014) 등 자전적 경험이 투영되어 있다.

†† Yankeedom. 미국의 북동부, 특히 뉴잉글랜드 지역을 지칭한다.

의를 산만하게 했고, 장암과 신장염으로 죽음에 이르기 전까지 그런 태도를 유지했다. 러브크래프트는 우주 속에서의 자기 위치에 관한 인류의 거창한 환상을 산산조각 내버린 소설가로 간주되지만, 그는 자신이 옳다고 받아들일 수 있다면 어떤 환상이든 환영했다. 철학자 쇼펜하우어가 말한 "삶의 허영과 고통"을 잊기 위해 기꺼이 주의를 돌리는 것을 추구했던 삽페와 쇼펜하우어 자신처럼 말이다. 말년에 러브크래프트는 비존재로 향하는 널빤지 위를 걸어가는 동안 확연히 부드러워졌다. 자신의 친구와 동료에게 보낸 편지에서, 그는 냉소주의와 비관론을 버렸고 "무관심주의자indifferentist"가 되었다고 선언했는데, 이는 물리적 우주에서 악의가 아닌 입자의 흐름만을 보는 자를 뜻한다. 초자연적 공포 애호가에게는 다행스럽게도, 러브크래프트의 무관심주의 철학은 그에게 자기 존재에 관해 알게 된 사람의 온전한 정신을 위태롭게 하는 유해한 현상에 대한 글쓰기를 중단하게 만들지는 않았다. 러브크래프트는 우리 세계를 악몽으로 만드는 위협적인 무엇(그것이 우리에게 무관심하든 우리를 파멸시키길 매우 원하든 관계없이)이라는 발상에 고무되었다. 무관심주의자로서의 러브크래프트는, 자기 친구에게 "생명-원리 자체에 대해 병적이고 광기 어린 오싹해지는 증오심을 품은, 이 행성으로부터 자신을 포함하여 동물과 식물을 막론한 모든 생물학적 유기체의 자취를 일소하기를 바라는 사람"에 관해 쓰라고 조언하는 인지 양식을 지닌 개인으로서의 러브크래프트와 그리 멀리 떨어져 있지 않은 듯하다. 그런 소원을 이룰 수 있는 사람이 있다면 얼마나 좋을까. 그러면 〈더니치 호러The Dunwich Horror〉[†] 속 등장인물 윌버 웨이틀리가 자기 수기에 썼던 바와 같이, 지구는 마침내 "정화될" 수 있으리라.

사람들이 러브크래프트 및 그와 동류인 작가들의 글쓰기에 매료되는 이유는, 인간 기질의 자연스러운 측면, 즉 평범한 실존의 한계를 초월하고자 하는 우리 정신의 건강한 소망에 기인한다고 해석된다. (잔뜩 으스대는 필명인) 노바디Nobody 교수라고만 알려진 학자는 초자연적 공포에 대한 일련의 짧은 해설 중 한 장인 "병적 상태에 관하여"에서, 무시무시하고 기이한 것에 대한 다수의 건전한 동기에 편승하지 않는 이례적인 개인, "생명-원리 자체에 대해 병적이고 광기 어린 오싹해지는 증오심을 품은 사람"에 대한 분석을 제시한다. 그 사람에게도 초자연적 공포를 자극하는 무언가가 있기는 하지만, 그것은 모든 살아 있는 것에 대한 반감으로 그를 기쁘게 하는 긍정적이기보다는 부정적인 촉진이다. 이제 교수를 위해 자리를 비켜주자.††

> 고립, 정신적 압박, 감정적 노력, 환영을 보게 하는 심취, 잘 수행된 흥분, 안녕에 대한 거부. 이것은 우리가 '병적인 인간'이라 부를 표본이 수행하는 여러 활동 가운데 일부일 뿐이다. 그리고 우리의 초자연적 공포라는 주제는 그의 프로그램 중 필수적인 부분이다. 건전하고 분별 있는 세상, 혹은 적어도 매일 그런 일용품에 투자를

† H. P. 러브크래프트, 〈더니치 호러〉, 《러브크래프트 전집 1》, 정진영 옮김, 황금가지, 2009.

†† 이어지는 내용은 토머스 리고티 본인의 단편 〈노바디 교수의 짧은 강의Professor Nobody's Little Lectures〉(《죽은 채 꿈꾸는 자의 노래Songs of a Dead Dreamer》 개정판, Penguin Books, 2015)의 한 꼭지인 "병적 상태에 관하여On Morbidity"의 인용이다.

하는 세상으로부터 물러나, 병적인 인간은 삶의 무대 뒤의 그림자를 쫓는다. 그는 스스로 냉기와 수 세기 동안 묵은 곰팡내로 가득한 구석으로 물러난다. 그 구석에서 그는 자기 상상력의 부서진 돌로 폐허의 세계를, 지하 무덤 냄새를 풍기는 것들로 가득 찬 역겨운 세계를 구축한다.

하지만 이 세계는 영혼 속의 어둠을 위한 낭만적인 성소가 아니다. 그러므로 잠시 이 세계를, 낙담의 깊은 곳을 정죄定罪하자. 병적인 인간의 '죄sin'라고 부를 만한 것을 지칭하는 이름은 없지만, 그것은 여전히 어떤 뿌리 깊은 도덕성을 위반하는 듯하다. 병적인 인간은 그 자신이나 타인에게 어떤 선을 행하는 것 같지 않다. 그리고 우리 모두는 울적한 의기소침과 애처로운 되새김질이 존재에 딸린 곁들임 요리로서 꽤 구미에 맞는다는 것을 알지만, 그는 그 곁들임 요리를 대표 요리로 변모시킨다! 하지만 결국 그는 간단한 한 마디, '그래서 어쨌다고?'라는 질문으로 인해 비행에 대한 대가를 치르게 될지도 모른다.

이제 그런 반응은 병적 상태를 특정한 부류의 악덕, 즉 변명하지 말고 추구해야 하며 그 장점과 단점을 **법의 테두리 바깥에서** 즐기거나 견뎌야만 하는 악덕으로 간주한다. 하지만 오직 자기 자신의 영혼 속에서라면, 악덕의 씨를 뿌리는 자로서 병적인 인간은 이러한 비난에 직면한다. 즉 그가 존재의 개인적 영역과 집합적 영역 모두에서 부패의 징후 또는 원인이라는 비난을. 그리고 부패는 생성의 다른 모든 과정이 그렇듯, 모두에게 해를 끼친다. '좋다!'라고 병적인 인간이 소리친다. '좋지 않다!'라고 군중이 대꾸한다. 양쪽 입장 모두 의심스러운 기원을 부인한다. 한쪽은 울분에서 나오고, 다른 한쪽은 공포에서 나온다. 그리고 이 문제에 관한 도덕적인 논쟁이 결국 막다른 골목에 이르거나 진실을 찾다가 너무 뒤엉켜버리면, 심리학적 논쟁이 시작될 수 있다. 나중에 우리는 이 문제를 공략할 수 있는 다른 각도의 관점들을 발견하게 될 것이며, 이는 남은 삶 동안 우리를 사로잡기 충분할 것이다.

그러는 동안, 병적인 인간은 **지상에서의 시간**을 계속 무익하게 허비하다가, 결국 미친 듯이 부는 바람, 어스름한 달빛, 창백한 유령 사이에서 다른 모든 사람이 자신의 시간을 사용하는 것과 똑같은 방식으로 자신의 시간을 써버린다. 끝장이다.

무효화 III

사람들에게 '나는 행복하다—이는 참인가 거짓인가'라는 진술에 답해달라고 요구하면, 압도적으로 '거짓'보다 '참'이라고 말한다. 만약 누군가 행복하지 않다고 털어놓는 일이 다소 체면을 깎는다고 해도, 그것이 자신의 주된 기분은 행복이라고 공언하는 사람들이 새빨간 거짓말을 하고 있다는 의미는 아니다. 사람들은 행복해지고 싶어 한다. 그리고 행복해야 한다고 믿는다. 어떤 철학자가 사람들은 자신의 의식으로 말미암아 필연적으로 불행하기 때문에 결코 행복해질 수 없다고 한다면, 그 철학자는 대화에 끼지 못하게 될 것이다. 특히 결코 행복해질 수 없는 아이를 낳는 일을 중단함으로써(논점을 확장하자면, 그들이 존재함을 겪지 않게 하면 결코 불행해질 수도 없다), 우리 종을 멸종시키는 일에 관해 떠들어댄다면 더욱 그렇다. 삽페에게 물어보자.

> 그래서 제가 태어나지 않는 편을 선택할 것인지 물으시는 건가요? 사람이 선택을 하려면 일단 태어나야 하고, 그 선택은 파괴를 초래합니다. 하지만 저기 의자에 앉은 제 형제에게 물어보세요. 그래요, 의자는 텅 비어 있습니다. 제 형제는 그렇게 오래 살지 못했거든요. 그렇지만 마치 그가 하늘 아래 부는 바람처럼 여행하고, 해변으로 밀려와 부서지고, 풀밭의 향기를 맡고, 살아 있는 먹잇감을 뒤쫓으며 자기 힘을 만끽하기라도 하는 양, 그에게 물어봅시다. 당신은 그가 오슬로 주택저축협회의 대기열에 올라갈 운명을 이룰 능력이 안 돼서 세상을 일찍 등졌다고 생각하십니까? 당신은 그를 그리워한 적이나 있었나요? 오후에 붐비는 노면전차에 올라타, 그 차에 탄 지친 노동자들을 둘러보세요. 그리고 그들 중 한 사람을 골라, 당신이 그를 이 세상에 데려올 사람으로 뽑는 추첨을 용납할 수 있을지 곰곰이 생각해보세요. 한 사람이 내리고 두 사람이 타도 아무도 신경 쓰지 않습니다. 전차는 계속 나아갈 뿐이에요. (〈인터뷰 단편들〉, 《아프텐포스텐》, 1959)

출생이 부재하면 행복을 박탈당할 사람이 아무도 없다는 점은 몹시 뚜렷하다. 낙관론자에게, 이런 사실은 그들의 존재에 관한 계산에 아무 영향도 미치지 않는다. 하지만 비관론자들에게, 이는 공리公理이다. 어느 비관론자가 우리에게 배에 칼이 꽂힌 상태라도 '영웅적으로' 살라고 촉구하든, 삶에는 살 만한 가치가 없다고 선언하든, 그건 중요하지 않다. 중요한 것은 철학이 관찰할 의무가 있는 상황, 즉

해악이 '거대한 문제'가 되는 것을 그가 개의치 않는다는 점이다. 하지만 이 문제는 해악과 행복 사이의 불균형을 확립해야만 해결될 수 있는데, 이는 우리가 원칙상 존재와 비존재 중 무엇이 더 바람직한지 말할 수 있게 해줄 것이다. 비록 인간 삶이 바람직하지 않음을 보여주는 빈틈없는 논거는 아직 없지만, 비관론자는 여전히 그런 논거를 세우기 위해 녹초가 되도록 애쓴다. 낙관론자는 그에 비견할 만한 사명이 없다. 그들도 인간 삶의 바람직함을 보여주는 빈틈없는 논거를 세운 적이 없는데도 불구하고, 비관론자가 인간 삶이 바람직하지 않다고 주장할 때만 그에 맞서 인간 삶이 바람직하다고 주장한다. 낙관론은 인간 문명에서 언제나 암묵적인 방침이었고, 이는 유기적인 사상 체계라기보다 생존하고 번식하려는 우리의 동물적 본능으로부터 자라난 것이다. 그것은 우리 피를 따라 흐르는 기본 조건이어서, 우리 마음이 효과적으로 추궁할 수도 우리 고통이 엄중한 의문을 제기할 수도 없다. 이런 점은 어떤 시점에든 철학적 비관론자보다 식인종이 더 많은 이유를 설명해줄 것이다.

낙관론자에게는 얼마나 많은 해악이 쌓이든 상관없이 인간 삶을 정당화할 필요가 전혀 없는데, 그 이유는 그들이 항상 스스로에게 상황이 더 나아질 거라고 말할 수 있기 때문이다. 만약 인류가 오해로 인한 게 아닌 행복 같은 것을 얻을 수 있다고 해도, 비관론자에게는 아무리 많은 행복도 삶의 해악을 보상해줄 수는 없다. 어떤 비관론자는 최악의 사례로 천재지변이나 인간에 의한 대재앙으로 발생한 해악을 언급할 수도 있다. 낙관론자가 그런 대재앙에 수반되는 공포에 대응하는 쾌락주의적 대응물을 제시하려면 어느 정도 재간이 필요하겠지만, 하려면 못할 것도 없다. 그리고 그런 일이 가능한 이유, 즉 낙관론자와 비관론자 사이의 영원한 교착 상태에 빠지는 이유는, 세상 속 해악과 행복의 비율과 종류를 측정할 수 있는 공식을 수립할 수 없기 때문이다. 만약 (물론 해악과 행복 사이에 대립적인 비교가 이루어진다는 전제하에) 그런 공식을 수립할 수 있다면, 비관론자든 낙관론자든 상대방에게 굴복해야 할 것이다.

문제의 불균형을 수립하는 한 가지 공식이 남아프리카공화국의 윤리철학자 데이비드 베너타에 의해 제기되었다. 베너타는 자신의 저서 《태어나지 않는 것이 낫다: 존재하게 되는 것의 해악Better Never to Have Been: The Harm of Coming into Existence》(2006)†에서, 행복의 부재가 태어날 수 있었지만 태어나지 않은 이에게서는 아무것도 박탈하지 않는 반면에, 태어난 모든 이는 어느 정도 고통을 겪는 게 불가피하기 때문에, 저울이 아이를 낳지 않는 쪽으로 기울어 있음을 증명하려 한다. 그러므로 출산하는 사람은 타인에게 해를 입히는 죄를 지었기 때문에 생각할 수 있는 모든 도덕과 윤리의 체계를 위반한다. 베너타에게 항상 발생하는 해악의 정도는 중요치 않다. 일단 갓난아기를 낳음으로써 해악이 확정되면, 도덕적-윤리적 행위로부터 비도덕적-비윤리적 행위로 선을 넘게 된다. 베너타는 모든 출산 사례에서 이런 도덕과 윤리의 위반이 발생한다고 보았다.

그렇지만 세상의 "이상적인 인구는 0명"이라고 주장하는 베너타 같은 사람은 건전하지 않은 정신을 지니고 있다고 배척받는다. 이런 불건전하다는 추정을 더 두드러지게 만드는 것은, 출산이 그냥 해

† 데이비드 베너타, 《태어나지 않는 것이 낫다: 존재하게 되는 것의 해악》, 이한 옮김, 서광사, 2019.

로운 정도가 아니라 어떤 행복으로도 상쇄될 수 없기 때문에 터무니없이 해롭다고 여겨야 한다는 베너타의 논증이다. 이 세상에 해를 끼치는 것으로서, 다른 모든 해악을 수반하는 해악보다 나쁜 것은 없다. 윌리엄 제임스에게 이런 큰 해악 가운데 하나로서 그가 "우울 melancholy"이라고 이름 붙인 것에 대한 그의 견해를, 그리고 어떻게 그 해악이 건전한 성인의 삶에서 대개 간과되는지를 물어보자.

> 악으로부터 시선을 돌리고 선의 빛 속에서 단순하게 살아가는 방법은, 그것이 효과가 있는 한 훌륭하다. 그 방법은 많은 사람에게 효과가 있을 것이다. 그리고 우리 대부분이 대뜸 생각하는 것보다 훨씬 더 일반적으로 효과가 있을 것이다. 그 방법이 효과적으로 작동하는 영역 내에서는, 종교적 해결책으로서 이에 대해 반대한다고 말할 수 있는 것은 아무것도 없다. 그러나 우울이 찾아오자마자 그 방법은 무력하게 무너져버린다. 어떤 이의 자아가 우울로부터 멀리 벗어났다고 해도, 건전한 정신은 철학적 원리로 부적합하다는 점에는 의심의 여지가 없다. 건전한 정신이 명확하게 설명하기를 거부하는 악한 사실들은 실재의 진정한 일부이기 때문이다. 그리고 어쨌든 그런 사실들은 삶의 중요성을, 또 어쩌면 우리에게 진리의 가장 깊은 층위까지 직시하는 눈을 열어줄 유일한 수단일 수도 있다.
>
> 삶의 정상적 과정은 광적 우울로 가득한 삶만큼이나 나쁜 시기들, 근원적 악이 기회를 잡고 날뛰는 시기들을 포함한다. 광인의 공포어린 환상은 모두 일상적 사실이라는 재료로부터 도출된다. 우리 문명은 난장판 위에 세워져 있고, 모든 개별 존재는 무력한 괴로움

이 홀로 경련하는 가운데 소멸된다. 이에 반대한다면, 내 친구여, 그대가 직접 거기 도착할 때까지 기다리길. (《종교적 경험의 다양성》, 1902)

제임스 자신도 우울을 겪으며 고통받았지만, 완전히 회복된 다음에는 살아 있음에 관해 긍정적으로 혹은 적어도 모호하게 생각하기 시작했으며, '삶에는 살 가치가 있는가?'라는 질문에 그렇다고 답하게 되었다. 하지만 자신의 지적 성실성으로 인해, 그는 이런 견해가 다른 견해만큼이나 방어할 필요성이 있다는 점을 알고 있었다. 이는 어떤 논리로도 지지될 수 없다. 사실 논리는 삶에는 살 가치가 있다는 모든 느낌을 좌절시키는데, 제임스는 이런 느낌을 존재의 더 높은 차원에 대한 자의적인 믿음으로만 불어넣을 수 있다고 말한다. 따라서 살아 있는 개의 생체 해부라는 제임스의 예시를 들자면, 만약 자신의 고통이 인간 존재의 더 높은 차원에 봉사한다는 유익한 결말을 이해할 수 있다면 그 짐승에게 그 고통이 견딜 만한 가치가 있어 보이게 된다는 식으로, 모든 고통이 견딜 만한 가치가 있는 듯 보일 수도 있다. 제임스는 자신의 강의 "삶에는 살 가치가 있는가Is Life Worth Living"에서, 개와 달리 인간은 실제 자신의 차원보다 더 높은 존재의 차원, 필멸자의 삶에서 겪는 최악의 고난을 정당화할 수도 있는 차원을 상상할 수 있다는 견해를 밝혔다. 제임스는 논리를 신뢰하지 않는 보기 드문 철학자였다. 그리고 그런 입장을 취한 것은 확실히 현명한 처사였는데, 이는 자신의 견해를 논리로 방어하려는 사람들의 운명이 부러워할 만하지 않기 때문이다.

당연히 '태어나지 않는 편이 낫다'가 아닌 '태어나는 편이 낫다'라는 견해를 지닌 사람에게는, 베너타의 전자의 명제에 대한 논리는 결함이 있는 것으로 거부되며, 그 결론이 평범한 사람들의 합의에 의해 지지되지 않는다는 점에서 더욱 그러하다. 그러한 논리에도 불구하고, 베너타의 번식에 대한 도덕적-윤리적 비판은 초현대화된 세계에서도 인류의 지속 자체가 보편적으로 바람직하게 받아들여지진 않는다는 점을 여실히 증명한다. 그것은 또한 아무도 모든 개인의 출생 혹은 어느 개인의 출생이 그 자체로 좋은 일이라고 주장할 수 없음을 우리에게 상기시킨다. 그리고 **그 주장**은 적어도 논리적으로뿐만 아니라 도덕적이고 윤리적으로도 정당화될 필요가 있다. (이 점에 대해 더 많은 논의는, 〈히죽 웃는 순교자의 종단〉 장의 "압박을 받다" 절을 보라.) 대부분의 사람이 살아 **있음**이 괜찮은 일이라고 믿는다면(즉 이 믿음에 대한 대안이 그들에게 호소력이 없다면), 새로운 사람들을 살아 있게 **만드는** 것이 올바른 일인지는 단지 의견의 문제일 뿐이게 된다.

억압

삽페는 〈마지막 메시아〉에서 이렇게 썼다. "오늘날 우리 눈앞에 보이는 삶의 총체는 사회적으로든 개인적으로든 가장 깊은 곳부터 가장 바깥까지 억압 기제에 얽매여 있다. 그것이 일상의 가장 진부한 공식으로 이어지는 자취는 즉시 찾아낼 수 있다." 삽페가 개인적이고 사회적인 억압 기제로 지목했던 네 가지 공식은 어쩌면 그가 선택할 수 있는 가장 진부한 것이었을 터이다. 그의 입장에서 이 선택은 의도적이었을 텐데, 왜냐하면 그것들은 일상생활 속에서 너무나 익숙하고 뚜렷이 알아볼 수 있기 때문이다. 이런 기제는 무의식적 억압에 관한 정신분석 이론과 관련 있지만, 또한 위험하게도 의식적인 마음에 접근할 수도 있다. 그리고 그 기제가 의식에 접근할 때, 그 누구도 태연하게 받아들일 수 없다. 그럴 때 과체중인 사람이나 흡연자는, 컵케이크나 담배에 탐닉할 때 그 해악을 모른 척해야 한다는 걸 태연하게 받아들일 수 없다. 그럴 때 전장의 군인은, 자신의 국가나 신 등등의 정당화를 위해 자기 목숨과 팔다리를 잃을 위험을 깨닫지 못해야 한다는 걸 태연하게 받아들일 수 없다. 그럴 때 고통받고 죽게 될 누군가(즉 모든 사람)는, 필멸성과 죽음에 앞서 겪을 불쾌함에 관한 생각에 시달리기보단 가능한 한 오랫동안 케케묵은 똑같은 게임을 하고 있음을 자발적으로 털어놓지 않으리란 걸 태연하게 받아들일 수 없다. 그리고 그럴 때 예술가는 틀림없이, 자신이 '생기를 불어넣은' 실재에 의해 발목 잡힐까 두렵기 때문에 미학적 거리를 유지한다는 걸 태연하게 받아들일 수 없다.

일단 억압 기제가 은폐한 사실에 접근하게 되면, 그 사실을 우리 기억에서 잘라내야 한다(혹은 새로운 억압 기제가 이전 기제를 대체해야 한다). 그래야 우리는 자기 거짓의 고치 속에서 계속 보호받을 수 있다. 이렇게 하지 않으면, 우리는 매일매일 모든 면에서 점점 더 나아지고 있다고 되뇌는 대신, 아침 점심 저녁 내내 훌쩍이며 "불쌍히 여기소서"†를 읊조리게 될 것이다. 비록 지금 우리 행태를 이어가기 위해 사용하는 음험한 수단을 이따금 인정해야 할지도 모르지만, 이것은 우리가 정말 실재하는 어떤 메타-실재meta-reality의 위치에 서 있다는 증거가 아닌, 단지 더 높은 수준의 자기기만과 역설일 뿐이다. 우리는 이 삶에서 우리에게 무엇이 닥쳐올지 안다고 말하며, 그에 따라 행동한다. 하지만 우리는 **알지** 못한다. 우리가 생존하고 번식하려면 모를 수밖에 없다.

종의 이익을 위해 스스로를 과대포장하려는 인류의 노력에 주석을 다는 일은 자기기만, 부인, 억압에 관한 방대한 연구 작업이다.[10] 당연히 이 학문 분야에서 활동하는 사람 중 어느 누구도 인간 삶이 자기기만, 부인, 억압으로 이루어진 난국이기에, 우리는 어느 길로 가야 할지 모른다고 믿지 않는다. 하지만 삽페의 자기기만, 부인, 억압에 관한 분석에 따르면, 우리는 이런 지식을 얻기 위해 큰 대가를 치르지 않으면 어느 길로 가야 할지 알 수가 없다. 잊었을지 모를 사람을 위해 부연하자면, 우리 중 상당수가 자신의 의식을 어지럽혀야 우리가 할 수 있는 것보다 훨씬 덜 의식적이게 될 수 있는데, 이는 인간종의 비극이다. 이런 묘기를 해내지 못하는 사람은 그 후과에 시달리게 될 것이다.

자기기만, 부인 등등을 연구하는 사람은, 우리 동료의 행복을 침해하지 않으면서 우리의 행복은 촉진한다면 건전한 관습이라고 믿는다. 그들은 자기기만, 부인 등등을 '유용한 허구' 혹은 '긍정적인 환상'으로 평가하며, 개인과 사회 모두에게 중요한 요소라고 떠들썩하게 선전한다. (대니얼 골먼은 그의 책 《불가결한 거짓말, 단순한 진실: 자기기만의 심리학Vital Lies, Simple Truths: The Psychology of Self-

† Miserere. 구약성서 〈시편〉 50편의 첫 구절 "주여, 저를 불쌍히 여기소서 Miserere mei, Deus"나, 여기에 곡을 붙인 성가를 가리킨다.

Deception》(1996)에서, 사람들과 집단들이 정직이라는 예의를 어떤 식으로든 강요하면 완화될 수 있는 적개심과 불안을 억누르기 위한 인위적인 기획에 어떻게 협조하는지 연구했다.) 한편 다른 사람들은 자기기만적인 관습이 지나치게 복잡해서 유효한 분석을 할 수 없다고 생각한다. 이는 자기기만적인 관습이 흉악한 행위에 대한 기발한 부인을 통해 그 행위를 지지하지 않는다는 의미는 아니다(스탠리 코언, 《부인하는 국가: 잔혹 행위와 고통에 관해 이해하기States of Denial: Knowing about Atrocities and Suffering》, 2001).† 다만 이런 경우에 자기기만이 어떤 식으로 작용하는지 알 수 없다는 의미일 뿐이다. 결국 자기기만을 연구하는 여러 학자는, 우리가 어떤 것을 의식적으로 아는 동시에 그것을 의식적으로 모를 수는 없기 때문에 자기기만을 할 수 없다고 믿는다. 그런 상태는 우리를 역설에 빠뜨릴 것이기 때문이다.

하지만 다른 사람들은 이렇게 추정되는 역설을 우회하는 방법을 추론했다. 그런 추론의 한 예시는 켄트 바크Kent Bach(〈자기기만 분석An Analysis of Self-Deception〉, 《철학과 현상 연구Philosophy and Phenomenal Research》, 1981)가 제시한 주체의 의식에 접근 가능한 원치 않는 생각을 회피하는 세 가지 수단, 즉 **합리화**rationalization, **회피**evasion, **교란**jamming이다. 이것은 삽페가 인간 삶 속에서 찾아낸 고립, 고착, 산만함이라는 수단과 동일하다. 각각의 수단은 주체가 실제 상황에 관한 자기기만 상태에 머물게 한다. 물론 바크의 저술은 자기기

† 스탠리 코언, 《잔인한 국가 외면하는 대중: 왜 국가와 사회는 인권침해를 부인하는가》, 조효제 옮김, 창비, 2009.

만의 세 가지 범주를 삽페처럼 전체 인간종까지 확장시키지는 않는다. 기억하는 바와 같이, 삽페에게 우리 모두는 본성적이고 필연적으로 그릇되고 역설적인 존재이다. 그래서 우리는 실재에 대한 이방인으로서의 우리 존재를, 즉 있는 그대로 살 수도 다른 식으로 살 수도 없는, 비극적이게도 우리 제정신이 우리 의식에 의존한다는 이유로 그 의식을 억제해야 하는 우리 존재를 종결시켜야 한다.

데이비드 리빙스턴 스미스는 자신의 저서 《왜 우리는 거짓말을 하는가: 기만과 무의식의 진화Why We Lie: The Evolution of Deception and the Unconscious Mind》(2007)[†]에서, 진화심리학의 관점으로 개인적이고 사회적인 양 측면에서 자기기만과 부인의 기제를 탐구한다. 이런 접근법은 이런 기제에 대한 그의 분석을, 인류는 역설적이라는 삽페의 진단에 상응하는 결론으로 이끈다. 스미스의 명제는 먼 과거 어느 시점에 인간 심리가 적응을 위해 자신과 다른 사람을 더 잘 속일 수 있도록 의식적 과정과 무의식적 과정이라는 두 개의 층위로 갈라졌다는 것이다. 스미스의 부인 과정에 관한 가설은 억압에 대한 정신분석 이론에 상당하는 것으로, 이를 통해 개인은 자신에 관한 구미에 맞지 않는 사실을 스스로에게, 그리고 나아가 다른 사람에게 부인한다. 스미스는 사실 정신분석가인데, 이는 이런 진술에서 잘 드러난다. "항상 존재하는 기만의 가능성은 모든 인간관계에서 아주 중요한 차원이며, 특히 우리와 우리 자신의 자아 사이의 관계에서 가장 핵심이다." 이런 기만을 수행하려면 그 기만을 인지하는 의식을 억압해야

† 데이비드 리빙스턴 스미스, 《거짓말쟁이는 행복하다》, 정명진 옮김, 부글북스, 2007.

하는데, 이는 의식 자체와 그 의식이 인간 삶에 관해 폭로하는 것에 관한 자기기만을 배제하지 않는다. 따라서 사실상 스미스는 삽페와 같은 입장에 선다. 즉 인간은

> 의식의 유해한 과잉에 대한 다소 자의식적인 **억압**[삽페의 강조]을 수행한다. 그 과정은 우리가 깨어서 활동하는 시간 동안 거의 일정하게 유지되며, 이는 사회 적응력과 흔히 건전하고 평범한 생활로 간주되는 모든 것을 위한 요건이다.
> 정신의학은 심지어 '건전하고' 생존에 적합한 것이 개인에게 가장 가치 있다는 전제 위에서 작동한다. 우울증, '삶에 대한 공포', 섭식 거부 등등은 예외 없이 병리적 상태의 징조로 간주되어 치료 대상이 된다. 하지만 종종 그런 현상은 더 깊고 더 즉각적인 삶의 의미로부터 나온 메시지이자, 반反생물학적 경향의 근원에 있는 온화한 생각이나 감정의 쓰디쓴 결실이다. 그것은 영혼이 병든 게 아니라, 영혼에 대한 방어가 실패하거나 거부되는 것인데, 그 이유는 그것이 (정확히 표현하자면) 에고의 가장 높은 잠재력에 대한 배신으로서 경험되기 때문이다. (페테르 베셀 삽페, 〈마지막 메시아〉)

비록 삽페는 정신분석학을 또 다른 형태의 고착으로 간주했지만, 억압 기제가 우리 의식에 접근 가능한지 혹은 전적으로 무의식적인지는 그리 중요치 않은 듯하다. 스미스와 삽페 모두에게 그것은 같은 것으로, 즉 실재의 폐색occlusion으로 이어진다. 스미스와 삽페가 공유하는 다른 한 가지는, 인류에 관한 그들의 관념이 과학적으로 검증 불가능하며 설사 가능해진다 해도 가까운 시일 내는 아니리라는

점이다. 증거를 접시에 올려 내놓지 않는 이상, 과학자와 철학자 그리고 평균적인 필멸자가 받아들이기 쉽지 않은 관념의 소유자는 다른 사람이 귀담아듣지 않을 것을 각오해야 한다. 스미스는 이를 이해하지 못하는지, 그의 저서 말미에 인류가 언젠가는 사람들이 흔히 말하듯 "현실을 직시"할 거라는 희망을 드러낸다. 삽페는 〈마지막 메시아〉의 말미에 이런 일이 이뤄질 수 있는지에 대한 무조건적인 비관론을 표명했는데, 이는 명백히 그가 취할 수 있는 유일하게 합리적인 입장이었다. 인류가 억압당해야 하며 자기기만적이고 비현실적이어야 할 나름의 이유가 언제나 있으리라는 점을 감안하면, 스미스 자신도 우리가 현실을 직시할 거라는 그의 희망에 관한 "현실을 직시"해야 했다. 우리가 현재 억압해야 하는 현실들을 더 이상 부인하지 않는 유토피아는 현실적으로 바랄 수 없다. 그리고 비관론자를 제외한 누가 그런 유토피아를 바라겠는가?

의식적 억압 기제의 효과는 여러 각도에서, 특히 죽음의 공포와 관련하여 분석되었다. 죽음 공포증thanatophobia과 씨름하는 전통적 전략의 목록은 토머스 S. 랭너의 《삶을 위한 선택: 죽어감의 공포와 맞서기Choices for Living: Coping with Fear of Dying》(2002)에 실려 있다. 죽어감의 공포에 초점을 맞추는 듯 보이는 부제와는 달리, 이 책은 짧은 삶 혹은 꾸물거리며 죽음으로 나아가는 삶에 수반되는 고통과 공포가 아닌, 죽음의 공포에 좀 더 집중하고 있다. 이런 종류의 여러 다른 책처럼, 사실 랭너의 책은 한 개인이 살아 있는 동안에는 그저 불확실한 우발적 사건으로 보이는 죽음이나 죽어감보다는 살아 있음에 집착한다.

의사: 유감입니다만, 당신 몸속에 수술로 치료할 수 없는 종양이 있어서 오래 살지 못할 겁니다.

환자: 그럴 리 없어요. 저는 완전 건강한데요.

경찰관: 부인, 이런 소식 전하게 되어 유감입니다만, 부군께서 교통사고를 당하셨습니다. 돌아가셨어요.

아내: 그럴 리 없어요. 그이는 겨우 10분 전에 집에서 나갔는데요.

물론 잠시 시간이 주어지면, 저 암 환자와 남편을 잃은 여자는 각자의 현실로 돌아온다. 미쳐버리거나 다른 병리학적 방식으로 반응하지 않고, 자신이 새롭게 처하게 된 상황을 받아들이는 것은 흔한 과정인 듯하다. 물론 그 개인이 수술로 치료할 수 없는 종양으로 죽기 전에, 죽음을 받아들이기 충분한 기간 동안 살아 있다는 조건에서만 가능한 이야기지만. 매체와 온갖 오락거리에서, 우리 모두의 삶은 그런 불운에 노출되어 있다. 하지만 우리는 여전히 '최선을 바라되, 최악을 대비하라'는 오래된 격언을 귀담아듣지 않는다. 대신 우리는 최선을 바라면서, 최선을 달성할 가능성이 아주 높다고 생각한다. 우리가 정말 최악을 예상한다면, 최악이 우리 자신과 우리의 소유물에 닥치기 전에 미쳐버리거나 다른 병리학적 방식으로 반응해도 무리가 아니다. 그리고 그런 상황이야말로 최악일 것이다.

고통 I

죽음에 관해 글을 쓴 대부분의 철학자는, 침대 머리맡에 있는 꼴사나운 물건들은 괄호 안에 넣거나 무시한 채 죽음이라는 주제를 추상적으로 연구한다. 철학자들이 죽어감을 정식 연구 주제로 삼는다면, 이는 분명 논리학, 인식론, 존재론 등등에 비해 상대적으로 가벼운 인지적 소일거리로 치부되는 도덕철학과 윤리학을 다루는 사상가 외에는 거의 논하지 않는 '고통의 의미'의 하위 항목으로서 연구될 것이다. 인간 고통을 중심 연구 주제로 삼는 철학은 분석철학을 다루는 부류에게 거의 관심을 끌지 못하며, '고통의 의미'라는 주제는 불교와 기독교 같은 종교나 비관론자에게 남겨진다. 어느 철학자가 고통에 관해 끝까지 연구할 준비가 되어 있지 않다면, 쇼펜하우어와 전근대의 다른 선대 철학자들처럼 인간 삶 전체가 고통과 불가분의 관계라는 단호한 관점을 받아들일 준비가 되어 있지 않다면, 그는 고통에 관해 말하기를 주저하게 될 것이다.

이를 조금도 주저하지 않았던 한 사람은 오스트리아 출신의 영국 철학자 칼 포퍼로, 그는 자신의 저서 《열린사회와 그 적들The Open Society and Its Enemies》(1945)[†]에서 인간 고통에 관해 꽤 많은 견해를 밝혔다. 간단히 말해 그는 19세기 영국 철학자 존 스튜어트 밀의 공리주의를 혁신했다. 밀은 이렇게 썼다. "어떤 행동이 행복을 증진시킨다면 그 정도에 비례하여 옳고, 불행을 증진시킨다면 그 정도에 비례하여 그르다." 포퍼는 적극적 공리주의를 요약한 이 문구

† 칼 포퍼, 《열린사회와 그 적들 I》 개정판, 이한구 옮김, 민음사, 2006.

를 **소극적** 공리주의로 재구성했는데, 그 입장을 간단히 정리하면 이렇다. “우리 요구를 소극적으로 공식화한다면, 즉 행복의 증진보다 고통의 제거를 요구한다면, 이로써 윤리학 분야는 더욱 명료해진다”(《열린사회와 그 적들 1》, 9장 각주 2). 이 논리적이고 가장 인도주의적인 결론을 받아들인다면, 포퍼의 요구는 지금 고통을 겪는 사람들뿐만 아니라 태어남으로써 고통을 겪게 될 ‘반反사실적counterfactual’ 존재도 제거하는 것이 유일한 목표일 수 있다. “고통의 제거”가 그것의 완전한 소멸이 아니라면, 다른 어떤 의미일 수 있을까? 당연히 포퍼는 고통을 제거하려면 종으로서 우리의 제거가 필요하다고 제안하기 한참 전에, 자신이 탄 말의 고삐를 당겼다. 하지만 니니언 스마트R. N. Smart의 유명한 논의(〈소극적 공리주의Negative Utilitarianism〉, 《마음Mind》 Vol. 67 No. 268, 1958년 10월)에 따르면, 이것이 소극적 공리주의로부터 도출할 수 있는 유일한 결론이다.

삽페는 〈마지막 메시아〉에서 고통의 제거에 관해 낙관적이지 않으며, 카타리파와 보고밀파처럼 인간종의 불꽃을 꺼뜨려 멸종되는 집단적 해결책을 강구할 정도로 비현실적이지도 않다. (그는 자살에 대한 사회적 혹은 종교적 금지라는 야만을 격렬히 비난하지만, 이런 형태의 개인적 구원을 추구하는 주창자는 아니다.) 마땅한 유감을 품고 다시 말하자면, 삽페의 사상은 무엇보다도 의식이 있는 존재가 너무 불쾌해서 생존보다 멸종이 바람직하다고 결의한 여러 학파와 개인의 사상에 대한 부록이다. 한편 그의 사상은 이런 오래된 질문에 새로운 대답을 진전시켰다는 가치도 있다. ‘왜 태어나지 않은 세대가 인간 탈곡기로 들어가는 것을 막아야 하는가?’ 하지만 철학 입문서를 온통 채우고 있는 탐욕적으로 법칙 명명하기의 전통에 따라 사람들이 '삽페의 역설'이라고 부를 만한 것은, 생명을 옹호하거나 반대하는 다른 사상가나 그저 무엇이 실재이고 우리가 그 실재에 도달할 수 있는지 파악하기 위해 개념들로 묘기를 부리는 여느 사상가의 주장만큼 쓸모없다. 이는 우리가 마치 그 질문이 제기되지 않은 듯이 계속 나아갈 수 있다는 뜻이다. 어느 철학자의 사상을 판단하는 척도는 사상이 제공하는 해답이나 제기하는 문제가 아니라, 얼마나 이런 해답과 문제를 잘 다뤄서 다른 사람의 마음을 고취시키는지에 달려 있다. 따라서 레토릭의 중요함(과 무용함)은 여기에 달렸다. 여느 강고한 비관론자에게 물어보라. 하지만 당신이 그의 말을 진지하게 받아들일 거라고 그가 기대하리라 생각하진 마라.

고통 II

아마도 철학적 비관론에 대한 가장 심각한 공격은 그 유일한 주제가 인간 고통이라는 지적일 것이다. 인간 고통은 우리 종이 집착하는 것의 목록에서 마지막 항목이며, '선善'과 '미美' 그리고 '깨끗하게 반짝이는 변기' 같은 우리에게 중요한 모든 것으로부터 시선을 돌리게 한다. 비관론자에게 인간 고통으로부터 고립된 모든 것, 또는 인간 고통의 기원, 본성, 제거의 동기를 지니지 않은 모든 인식은 기본적으로 오락거리이다. 그것이 게임이론 파고들기 같은 개념적 탐구의 형태든, 우주여행 같은 육체적 활동의 형태든 상관없이 그렇다. 그리고 '인간 고통'을 통해서, 비관론자는 특정한 고통과 그 경감에 대해 생각하는 게 아니라, 고통 자체와 더불어 생각한다. 특정 질병은 그

치료법을 발견할 수도 있고, 사회정치적 야만성은 교정될 수도 있다. 하지만 이것은 그저 임시방편일 뿐이다. 인간 고통은 인간이 존재하는 한 해결되지 않은 채 남을 것이다. 고통에 대해 진정으로 효과 있는 한 가지 해결책이 삽페의 〈마지막 메시아〉에 언급된다. 그 해결책은 임시방편에 만족하는 세상에서는 환영받지 못하겠지만, 우리가 수행할 마음만 있다면 고통을 영원히 끝낼 것이다. 비관론자의 신조 혹은 신조들 중 하나는, 비존재는 누구에게도 해롭지 않지만 존재는 모든 이에게 해롭다는 것이다. 우리 자아는 의식의 망상으로 말미암은 창조물일지 모르지만, 우리 고통은 분명한 현실이다.

생존이 행복인 종으로서, 우리의 성공은 우리가 수명을 연장시킨 햇수로 산정되며, 이 목표에 비해 고통의 경감은 그저 부수적일 뿐이다. 어떤 상황에서도 살아남는다는 것은 우리에게 질병이다. 죽음을 늦추는 수단으로서 '건강에 유의하는' 것보다 더 해로운 것은 없다. 우리가 마지막 가쁜 숨을 미루려 온갖 노력을 다하는 것은 그저 죽음이라는 사건에 대한 병적인 두려움만 보여줄 뿐이다. 셰익스피어의 에드거 또한 "최악은 아니다 / 우리가 '이것이 최악이다'라고 말할 수 있는 한"†이라는 명대사를 읊을 때 그랬다. 공식적으로, 죽음보다 더 나쁜 운명은 없다. 비공식적으로, 그런 운명은 허다하다. 어떤 사람들에게는 자신이 죽게 되리라는 생각에 사로잡힌 채 사는 것이 죽음 자체보다 더 나쁜 운명이다.

장수는 의심의 여지 없이 우리 삶의 최상위 가치이고, 필멸성을 고칠 방법을 찾는 일은 우리의 강박적인 과업이다. 우리가 현세에서

† 윌리엄 셰익스피어, 《리어왕》 제4막 1장.

누리는 수명을 연장시킬 수 있다면 어떤 일이든 허용된다. 우리는 이런 식으로 스스로의 노력을 이용한다. 이제 우리의 삶을 20년 또는 30년 안에 욱여넣을 필요 없이, 70년, 80년, 90년, 혹은 그 이상의 기간에 욱여넣을 수 있다. 가축화되지 않은 포유류의 수명은 전혀 변하지 않았지만, 우리 수명은 비약적으로 늘어났다. 이는 인간종에게 얼마나 대단한 승리인가. 자신이 얼마나 오랫동안 살지 모르는 다른 온혈동물은 상대적으로 게으름뱅이다. 다른 모든 생물에게 그렇듯 사실 우리에게도 시간은 모자르지만, 적어도 우리는 자신이 죽을 때를 **고를** 날을 꿈꿀 수 있다. 그때 우리 모두는 아마도 **악성으로 쓸모없는**MALIGNANTLY USELESS 세상에서의 우리의 지속성에 질렸다는 똑같은 이유로 죽을 수 있을 것이다.

이 맥락에서는 '쓸모없는useless' 보다 '가치 없는worthless' 이 더 익숙한 형용사이다. 이 연극조로 강조된 문구에서 '가치 없는'의 자리에 '쓸모없는'을 대신 사용한 이론적 근거는, '가치 없는'이 바람직함과 유용함이라는 개념과 연결되어 있으며, 그런 **개념을 평가절하함으로써** 실존적으로 뒤죽박죽인 상태를 도입한다는 데 있다. 반면 '쓸모없는'은 이런 개념을 끌고 들어오지 않는다. 이 책 다른 곳에서 '가치 없는'은 비관론의 언어와 연결되어 있고, 그것이 가할 수 있는 피해를 입힌다. 하지만 성가신 점은 사실 '가치 없는'이 존재의 특성에 관해 비관론적으로 말할 때 끝까지 밀어붙이기에는 충분하지 않다는 점이다. '삶에는 살 가치가 있는가?'라는 질문은 너무 많이 제기되었다. 이런 '가치worth'의 사용은 많은 경험이 그 한계 내에서 분명히 바람직하고 유용하다는 인상을 불러일으키며, 삶이 전혀 가치 없지는 않다고 암시하는 식의 또 다른 인상으로 이어질 수 있다. '쓸모없는'을 사용하면, 바람직함과 유용함이라는 희미한 유령은 쉽게 고개 들지 않는다. 당연히 존재하거나 존재할 수 있는 모든 것의 **쓸모없음**은 존재하거나 존재할 수 있는 모든 것의 **가치 없음**과 같은 거부 대상이 될 수 있다. 이런 이유로 부사 '악성으로malignantly'가 '쓸모없는'에 붙음으로써 조금 더 의미가 확장되고 유독성이 증가한다. 하지만 모든 것의 쓸모없음의 감각을 적절하게 표현하기 위해서는, 비언어적 양식이 필요할 것이다. 이 비언어적 양식은 모든 쓸모없음의 점진적 단계를 혼합하고 어떤 가능한 조건하에서도 존재의 헛됨을 우리에게 말없이 전하는 꿈으로부터 흘러나오는 어떤 유출물이다. 그런 의사소통 수단이 부족하기에, 존재하거나 아마 존재할 수 있는 모든 것의 쓸모없음은 효과가 미미하더라도 이야기되어야 한다.

예상 가능하듯 아무도 모든 것이 쓸모없다고 믿지는 않는데, 여기에는 그럴 만한 이유가 있다. 우리 모두는 상대적 준거틀 안에서 살고 있으며, 그런 준거틀 안에서 쓸모없음은 규범으로부터 한참 떨어져 있다. 감자 으깨는 도구는 감자를 으깨고 싶은 한 쓸모없지 않다. 어떤 사람들에게는 영원한 복락의 내세를 포함하는 존재 체계가 쓸모없지 않은 듯하다. 그들은 그런 체계가 자신에게 현생을 견디는 데 필요한 희망을 주기 때문에 절대적으로 쓸모 있다고 말할지도 모른다. 하지만 영원한 복락의 내세는 그저 당신에게 필요하기 때문에 절대적으로 쓸모 있는 것이 아니며 그럴 수도 없다. 감자 으깨는 도구가 단지 상대적 준거틀의 일부일 뿐이며 감자를 으깨야 할 때만 쓸모 있듯이, 그러한 내세도 상대적 준거틀의 일부이며 그 너머에는 아무것도 없다. 일단 당신이 현생을 견뎌내고 영원한 복락의 내세에 이르게 되면, 당신에게 그 내세는 쓸모없어질 것이다. 그 일을 이뤄

내면, 당신이 가질 수 있는 건 영원한 복락의 내세, 즉 경건한 쾌락주의자와 신심 깊은 난봉꾼을 위한 낙원뿐이다. 그게 무슨 소용인가? 현생에서든 영원한 복락의 내세에서든, 당신은 전혀 존재하지 않는 편이 나았을 것이다. 어떤 종류의 존재도 쓸모없다. 그 무엇도 자기를 정당화할 수 없다. 모든 것은 감자 으깨는 도구처럼 상대적인 의미에서만 정당화될 뿐이다.

감자 으깨는 도구의 상대주의에 격분하지 않는 사람이 있는 반면에, 격분하는 사람도 있다. 후자는 단지 절대적인 감자 으깨는 도구와 같은 의미가 아니라, 진짜 절대적인 절대에 관하여 생각하길 원한다. 기독교인, 유대교인, 무슬림은 존재의 감자 으깨는 도구식 존재 체계로 인해 실제 문제를 겪는다. 불교도에게는 절대가 없기 때문에 감자 으깨는 도구식 체계로 인한 문제는 없다. 그들이 깨달아야 할 것은 '연기緣起, dependent origination'의 진실, 즉 항상 서로 상호작용하는 감자 으깨는 도구식 거대한 그물망 속에서 모든 것은 다른 모든 것과 연결되어 있다는 것이다. 불교도가 겪는 단 한 가지 문제는, 모든 것이 감자 으깨는 도구식 거대한 그물망이라는 절대적으로 쓸모 있는 깨달음을 좀처럼 얻을 수 **없다**는 점이다. 그들은 자신이 이 난관을 극복하면 영원히 고통으로부터 해방될 것이라 생각한다. 적어도 그들은 깨달을 수 있길 바라며, 그것은 그들이 현생을 견뎌내는 데 필요한 전부이다. 불교 신앙에 따르면, 세상이 **악성으로 쓸모없는** 감자 으깨는 도구식 그물망임을 깨닫지 못하는 모든 자는 고통을 받는다. 그러나 그것이 불교도를 기독교인, 유대교인, 무슬림보다 더 우월하게 만들어주진 않는다. 다만 그들이 삶을 견뎌내는 다른 체계, 즉 할 수 있는 일이라고는 활기 없는 그림자가 우리를 위한 준비를 마치고서 우리 이름을 부르길 기다리는 것뿐인 체계와는 다른 체계를 가지고 있다는 의미일 뿐이다. 그런 일이 일어난 뒤에는, 절대적으로 쓸모없는 것이 아닌 무언가가 필요할 사람은 아무도 없을 것이다. 무신론자에게 물어보라.

생태 학살

삽페는 철학자로 활동했지만(철학이 직업은 아니었고, 시, 극본, 소설, 유머러스한 짧은 글을 써서 생계를 꾸렸다), 그가 널리 알려진 건 인간 외에 다른 생물의 이익을 포함시켜 철학의 범위를 확장시킬 원리를 명명하는 "생학生學, biosophy"이라는 용어를 대중화시킨 초기 생태학자로서였다. 생태학자로서 그는 지구와 그곳에 거주하는 유기체의 안녕에 관해 염려하는 환경운동가에게 영감을 불어넣었다. 여기에서도 우리는 진짜 문제를 외면하는 대의(이 경우에는 환경보호론의 대의)에 찬동함으로써, 삶의 불쾌한 사실을 가릴 방벽을 세울 음모를 꾸미는 우리 자신(그리고 그가 인정했듯 삽페 자신)을 발견하게 된다. 환경 파괴 행위는 인류가 존재의 아가리를 들여다보길 거부하는 것의 부차적인 측면에 지나지 않는다.

사실 우리는 이 세상의 자연환경 속에 한쪽 발만 들여놓은 상태다. 다른 세상들은 언제나 자연으로부터 동떨어진 곳에서 우리를 부르고 있다. 우리는 흙, 공기, 물, 야생동물로 이루어지지 않은 비실재의 서식지에서 살고 있으며, 매번 안락한 망상이 침울한 논리를 쳐부순다. 하지만 좀 더 전투적인 환경보호론자 중 일부는 우리가 존재하기를 그쳐야 한다는 삽페의 주장에 동의했다. 하지만 인간의 약탈로부터 지구를 구하기 위한 전략으로서의 전 세계적 자살에 대한 그들의 옹호는 〈마지막 메시아〉에서 전혀 언급되어 있지 않으며, 아마도 삽페가 이 에세이를 쓸 당시에는 염두에 두지 않았을 것이다. 보편적 자살 서약이 호소력 있을지도 모르지만, 왜 단지 이 행성을, 우주의 어둠 속에 떠 있는 이 흐릿한 전구를 보호하기 위해 거기 참여해야 하는가? 자연은 우리를 낳았거나, 적어도 우리의 진화를 보조했다. 자연은 무기물의 황무지로 쳐들어와 작업장을 차렸다. 진화한 것은 아무것도 쉬지 않고 생명의 생성과 폐기가 끊임없이 진행되는 전 세계적인 강제 노역장이었다. 그렇다면 어떤 미덕에 의해 이 원죄에 대한 사면을 받을 자격이 주어지는가? 번식이 한 개인의 죽음이라는 범행이 일어나기 이전에 이미 한 사람을 공범으로 만든다면, 거꾸로 어떤 미덕에 의해 중범죄를 사면받을 자격이 주어지는가?

그 과정에 자연은 수많은 실수를 저질렀다. 이런 실수의 산물은 자연의 습성에 따라 죽게 내버려졌다. 아마도 이것이 우리가 가게 될 곳, 즉 자연사일 것이다. 하지만 자연이 인류를 위한 특별한 계획을 가지고 있으며, 마인랜더의 자기 파괴적 신과 비슷하게 우리가 스스로를 폐지하는 길을 가도록 설계했다는 것은, 부질없는 이론화일지 모른다. 이의를 제기할 여지 없이 기묘한 발상이지만, 우리가 지금껏 듣거나 살아온 방식 가운데 가장 이상한 생각은 아니다. 우리는 적어도 가설을 세우고, 어떤 결과로 이어지는지 확인할 수는 있다. 그 가설이 실행 불가능하다고 증명된다 해서, 무엇이 해롭겠는가? 하지만 그때까지는 더 나은 삶을 살기 위한 역설적 수단으로서 지구를 약탈하거나, 적어도 **우리 본성**이 시키는 대로 살아가는 것을 포함하는 자연의 계획에 끌려 다녀서는 안 된다.

우리는 스스로를 만들지 않았고, 고통 없이 작동하지 않는 세상을 빚어내지도 않았다. 그곳은 막대한 고통 속에서 작은, 너무도 작은 기쁨으로 우리를 묶어두는 세상, 모든 유기체가 생존 기회를 높이고 더 많이 번식하기 위해서 평생 가차 없이 고통에 압박받는 세상이다. 제지하지 않고 내버려 두면, 이 과정은 단일 세포가 태양계의 정화조, 은하계의 변기에서 고동치는 동안 지속될 것이다. 그렇다면 자연의 자살을 거들어주지 않을 이유가 있을까? 끔찍한 고통이 있는 세상을 설명하기 위해 필요한 신이 부재하니, 자연에게 우리 문제에 대한 비난을 전가하자. 우리 종에게 적합하지 않은 환경을 만든 것은 우리가 아니라 자연이다. 사람들은 자연이 우리를 멸절시키려 하거나, 실수로 우리가 우연히 의식을 갖게 하여 우리 모두를 자살시키려 한다고 생각할 것이다. 자연은 무슨 생각을 했을까? 우리는 자연을 의인화하고 낭만화해서, 우리 마음에 새기려 한다. 하지만 자연은 거리를 유지한 채, 우리가 멋대로 행동하도록 내버려 뒀다. 그렇다면 그리 내버려 두어라. 생존은 양방향 도로다. 일단 우리가 외계에 정착하면, 우주에서 이 행성을 폭파시킬 수 있다. 그것이 그 행성의 악취가 우리를 따라오지 않도록 하는 유일한 방법이다. 할 수 있다면, 그 행성이 스스로를 구하게 하라. 그 수형자는 형벌을 회피하기 위해 곡예를 부리는 것으로 유명하다. 하지만 그 행성이 스스로 만든 것과 무위로 돌릴 수 있는 것을 파괴할 수 없다면, 고통으로 내몰았던 다른 모든 생물과 함께 사멸하기를. 우리가 아는 한 지금까지 그 어떤 종도 고통에 굴복한 나머지 존재를 포기하는 지경에 이르지는 않았지만, 이는 자주 칭송받는 현상은 아니다.

희망 없음

삽페의 〈마지막 메시아〉에서는, 제목에 나오는 바로 그 인물이 마지막에 등장해 소크라테스 흉내를 내고 성서 구절을 패러디한 선언을 한다. "너 자신을 알라. **생육하지 말고 너희 이후로 땅이 고요케 하라**"(삽페의 강조). 삽페가 묘사하는 장면에서, 마지막 메시아의 말은 제대로 수용되지 않는다. "그가 말을 마치면, 고무젖꼭지 제조자와 산파가 이끄는 무리가 손톱을 세운 채 달려들어 그를 묻으리라." 의미론적으로 말하자면, 마지막 메시아는 메시아가 아니다. 그는 어떤 살아 있는 영혼도 구하지 못했고, "고무젖꼭지 제조자와 산파"가 우두머리인 자경단에 의해 인류의 기억에서 지워질 것이기 때문이다. 게다가 마지막 메시아의 미래에서 부활은 최후의 순간에나 이루어질 듯하다.

인류가 더 이상 지상에 머물러서는 안 되는 이유를 설명하는 것과, 이런 주장을 다른 사람이 받아들이리라 믿는 것은 전혀 다른 문제다. 삽페의 에세이 종결부에 기보된 희망 없음의 음표로 인해, 우리는 인류의 자기 제거를 실행할 수 있는 세상을 상상하는 걸 단념하게 된다. 그 노르웨이인 자신도 〈마지막 메시아〉에서 굳이 그렇게 하려고 애쓰지 않았다. 그는 그럴 이유가 없었다. 왜냐하면 그걸 위해서는 그가 우선 새로운 인류를 상상해야 하는데, 이는 있는 그대로의 사실이 아니라 사실주의라는 이념의 매개체인 문학의 외부에서 흔히 실행되는 것이 아니기 때문이다.

그러나 이 새로운 인간은 엄청나게 진화해야 하거나, 아니면 먼 미래에 사는 괴물 같은 유기체일 필요는 없을 것이다. 다만 삽페처럼 이 세상이라는 무대에서 물러나는 것이 아직 태어나지 않은 사람들에게 유익한 자애로운 과정임을 인식하기만 하면 될 것이다. 멸종하는 것은 무리한 요구로 보이지만, 극복할 수 없을 정도로 시간이 소요될 일도 아니다. 삽페는 그 새로운 인류가 몇 세대만에 존재로부터 탈출할 수 있을 거라고 낙관적으로 전망했다. 그리고 실제로 그들은 그럴 수 있다. 그들의 수가 점점 줄어들면, 우리 종의 막다른 길에 다다른 사람들은 역사상 가장 큰 특권을 누리는 개인으로서, 한때 훌륭한 혈통이나 유산계급인 사람만 누리던 물질적 안락을 공유할 수 있게 된다. 새로운 인류에게 개인의 경제적 이득은 한물 간 동기일 것이기 때문에, 노동을 격려하는 걸 옹호할 이유는 단 한 가지뿐일 것이다. 바로 마지막까지 서로를 지켜보게 하는 것, 모든 이를 바쁘게 만들어서 최후를 기다리는 동안 허공만 바라보고 있지 않게 만드는 과업이다. 이렇게 존재하길 강요받지 않을 이들의 이타적인 후원자들 사이에는 밝은 미소마저 오갈 것이다. 일단 안락사가 합법화되어 인도적이고 심지어 즐거운 방식으로 제공된다면, 얼마나 많은 사람이 멸종 과정을 가속시킬까?

인류에 관한 책을 덮게 되다니, 이 얼마나 다행스럽고 편안한 일인가. 그러나 너무 힘껏 닫을 필요는 없을 것이다. 인구가 서서히 수십억에서 수백만으로 다시 수천으로 줄어드는 동안에도, 커플들은 여전히 새 생명을 태어나게 할 수 있다. 새로운 세대는 과거에 대해 배우게 될 테고, 어쩌면 여전히 카우보이와 인디언, 경찰과 도둑, 경영자와 노동자 놀이를 하면서도, 이전 세대처럼 편리함과 치료법이 부족했던 시대에 태어나지 않은 걸 다행으로 여길 것이다. 인류 최후의 인간은 이 지구를 배회했던 이들 중 최고의 인물이자, 우리 자신이 언제나 신규 인력 시장에 던져진 군중의 일원에 불과하다는 현실에 눈을 뜨기 전에 우리가 되길 꿈꿨던 인류의 위대한 모범일지도 모른다.

아주 자연스럽게도 한 멸종론자의 언약에 담긴 이런 말세의 묘사는 더 나은 미래를 희망하며 지금을 살고 있는 사람들에게 혐오스러워 보일 것이다(그들이 바라는 미래는 반드시 인간 고통의 경감을 향한 영광스러운 진보를 이루진 못했더라도, 최소한 젊은이에게 운명지어진 해악에 대해 개의치 않는 저열함에서는 어느 정도 벗어난 미래일 것이다). 그런 말세는 또한 낭만화된 유토피아처럼 보일 수도 있는데, 이는 인류의 자아 개념에 중대한 재조정이 일어날 거라 예견하는 사람들(칼 마르크스 등등)이 종종 그들의 '진실'이 실현되면 윤리에서도 혁명이 꽃피울 거라 믿기 때문이다. 좋든 나쁘든 인간 고통에 대한 해결책이 최종적이라면, 새로운 인류라는 계획은 이 땅에 머무르는 기간을 제한하려는 보편적인 목표를 품은 종에게 사회적이고 심리적인 피난처가 되기보다는 멸종을 추구하는 과격분자들이 운영하는 폭압적 과두정을 위한 연막이 될지도 모른다. 만약 삽페가 〈마지막 메시아〉의 논제를 공식화하려 쓸모없는 고심을 했다면, 그는 절망적인 결말을 맺을 만큼 충분히 예리했을 것이다. 조금의 불확실성도 없다면, 인류는 지금도 또 앞으로도 언제나 자신의 구원을 책임지기에는 적합하지 않을 것이다. 미망은 영원히 우리와 함께할 것이며, 그로 인해 고통과 공포 그리고 바로 눈앞에 있는 것에 대한 부인이 삶의 방식으로서 선호되고 무수히 많은 세대를 거쳐 전해질 것이다.

마이클 퍼싱어Michael Persinger라는 캐나다 과학자의 연구가 받아들여진 방식은 옛 방식 안에 스스로를 가두는 인류의 특별한 재능을 보여준다고 할 수 있다. 1980년대에 퍼싱어는 모터사이클 헬멧을 개조해 착용자 두뇌의 자기장에 영향을 미쳐, 여러 가지 이상한 감각을 유발시켰다. 여기에는 피험자가 유령이나 신 같은 초자연적 현상을 근접했다고 느끼는 경험이 포함되었다.

무신론자는 퍼싱어의 연구를 초자연적 감각의 주관성 논쟁에 못을 박는 근거로 사용했다. 뒤처질세라 신앙인도 자기장 발산 모터사이클 헬멧이 우리 뇌에 '내장된' 신의 존재를 증명했다고 주장하는 책을 썼다. 이 실험과 다른 연구실 실험들을 중심으로 신경신학神經神學, neurotheology이라는 학문 분야가 성장했다. 당신이 독실한 반대파의 머리를 가격해 정신을 잃게 할 곤봉이 되어줄 데이터를 이용한 과학 이론을 수립할 수 있다 해도, 그들은 (투옥, 고문, 공개 처형은 정조대가 간 길을 뒤따라 사라졌기에) 당신의 평판을 깎아내릴 준비가 되어 있을 것이다.

초자연적 공포소설 작가가 이런 교착 상태로부터 얻는 이익은, 분명 인류의 상당수가 공포에 빠진 상태에 머무르리라는 점이다. 왜냐하면 아무도 자신의 존재론적 지위를, 혹은 신과 악마, 외계 침략자와 기타 온갖 무서운 것들의 존재론적 지위를 장담할 수 없기 때문이다. 불교도라면 우리가 발명하거나 예지한 저 도깨비bogeyman가 실재하는지 아닌지는 잊어버리라고 충고할 것이다. 그렇다면 중요한 질문은 이것이다. **우리**는 실재하는가?

논쟁 가능성

삽페의 이론을 우리 삶 속에서 감지할 수 있다 해도, 우리는 사실 인간이 그릇되고 역설적인 존재라고 지각하지 못하거나, 적어도 아직까지는 강하게 지각하지 못한다. 만약 지각했다 해도, 어째서 그것이 우리가 멸종되어야 하고 지금까지처럼 살아가서는 안 된다는 의미가 되는가? 신경과학자와 유전학자는 우리의 생각과 행동이 대부분 우리 개인 혹은 우리라고 생각하는 개인에 대한 인격적 통제보다는 신경망과 유전에 기인한다는 사실을 조금씩 밝혀나가고 있기 때문에, 절벽으로 달려갈 이유가 충분하다고 생각할 것이다. 하지만 그들의 연구실 실험 결과가 인간 본성은 꼭두각시의 본성에 지나지 않을 수도 있다고 알려준다고 해서, 그들이 자살을 의무로 느끼게 되는 건 아니다. 그들의 등줄기를 타고 오르내리는 것은 으스스함이나 공포의 미세한 따끔거림이 아니라, 오직 발견의 전율뿐이다. 그들 대부분은 번식을 하며, 그 행위에 의문스러운 점이 있다고 믿지도 않는다. 시신 한 구를 수술대에서 일으켜 앉힐 수만 있다면, 그들은 '살아 있다!'라고 환호하며 소리칠 것이다. 그리고 우리도 그럴 것이다. 인류가 끈적이는 물질로부터 진화해온 걸 누가 신경 쓰겠는가? 우리 혹은 우리 대부분은 그런 사실을 알고도 살아갈 수 있다. 사실 우리는 아마도 우리 자신에 대한 어떤 개념을 갖고 있든 꽤 오랫동안 살아갈 수 있을 것이다. 비록 긍정적 사고의 힘이 약해지는 국면을 거칠지도 모르지만, 적어도 우리가 미래를 내다볼 수 있는 한 과학적 발견이나 다른 어떤 것도 우리를 오랫동안 괴롭히지 못할 것이다. 의식이 있는 종으로서, 우리는 나름의 불편을 겪는다. 하지만 이런 불편은 우리가 인간 꼭두각시에 불과하다는, 즉 스스로 잘해 나가고 있는 게 **아니며** 한때 자신이 생각하던 존재가 아니라는 끔찍한 깨달음과 함께 살아야 하는 오인된 정체성을 지닌 사물에 불과하다는 사실을 우리 내면 깊숙이 느끼는 것에 비하면 사소한 일이다. 이 시점에선 거의 아무도 이 사태를, 즉 우리가 최악의 상황에 이르러서 우리의 억압과 부인을 다시는 되살릴 수 없다는 것을 깨닫고 절망하는 사태를 상상할 수 없다. 잃어버린 망상이 떠오르는 날이 오기 전까지(그날이 오기나 한다면 말이지만), 우리 모두는 그런 걸 상상할 능력조차 없을 것이다. 하지만 그런 일이 일어난다 해도, 그건 엄청나게 더 많은 세대가 삶을 겪은 이후의 일일 것이다.

거기 누구냐?

으스스함 I

지금껏 어느 철학자도 이러한 질문에 대해 만족스러운 답변을 내놓지 못했다. '왜 아무것도 없는 것이 아니라 무엇인가 있어야 하는가?' 이는 겉보기에 충분히 그럴듯한 질문처럼 보인다. 하지만 우리 가운데 일부에게는 이런 질문의 제기 자체가 불가해하고, 심지어 불합리하게 여겨질 수도 있다. 이 질문이 암시하는 바는 '무엇인가 있음'에 대한 우리의 불안이다. 일단 '아무것도 없음'에 대해서는 숙고할 만한 게 없기 때문에, 문제될 것도 없다. 반면 '무엇인가 있음'은 으스스한 것the uncanny에 대한 우리의 경험을 허용하거나 필요로 한다. 우리가 논의하고자 하는 무엇이 자연스레 진화했든 아니면 엄지 손가락과 나머지 손가락이 맞닿는 인류의 손이 만들어냈든, 살아 있든 살아 있지 않든 간에, 그 무엇은 존재해야 하는 것과 존재해서는 안 될 것에 관한 우리의 관념을 위반하여 우리에게 으스스하게 다가올 수 있다.

우리 대부분이 도덕 관념상 무엇이 옳고 그른지에 관한 일반적인 감정 패턴을 공유하는 것과 마찬가지로, 우리는 또한 세계와 우리 자신에 관해 무엇이 옳고 그른지에 관한 일반적인 감정 패턴도 공유한다. 즉 어떤 내적 권위가 존재나 사건이 현실 관습에 속하는지 벗어나 있는지를 판단한다. 으스스한 것을 경험할 때는 무언가 **잘못되었다**는 느낌이 든다. 위반이 일어나면, 무엇이 일어나거나 존재하거나 행해져야 하는 방식에 관한 우리의 내적 권위에서 경고 신호가 울린다. 우리의 세계 개념 혹은 자아 개념에 대한 위배가 저질러진 것이다. 물론 우리의 내적 권위 자체가 잘못되었을 수도 있다. 아마도 그 권위는 우리 내면에만 기록된 규칙의 집합에 기초한 의식의 구성물이며, 진정한 의미에서 무엇이 옳거나 그른지를 판단하는 탐지기는 아닐 것이기 때문이다(사실 진정한 의미에서 정말로 옳거나 그른 것은 없다). 무언가 잘못되었다는 우리의 판단이 틀릴 수 있다는 사실 자체가 우리의 내적 권위에 따르면 잘못된 것이다. 그러면 내적 권위는 자신의 그 잘못에 대해 으스스하다는 신호를 보낼 테고, 다시 그 권위가 알고 있는 모든 것이 틀렸다는 원칙에 따라 '무엇인가 있음'이 항상 잘못되었다는 신호로 답하게 될 것이다. 비록 '무엇인가 있음'에 대한 우리의 불안감이 드러나도록 만드는 일은 항상 벌어지고 있지만, 우리는 그에 대한 안전장치를 지니고 있다. 즉 우리 기능이 잘 작동하도록, 우리는 그런 일을 인식할 수 없으며, 이런 능력 결여는 으스스한 잘못에 대한 신호가 계속 순환하면서 생겨나는 역효과를 막아준다. 하지만 우리는 여전히 옳음과 그름 중에 그름 쪽에 속하는 다른 현상을 감지할 수 있다. 우리가 응당 그래야 한다고 느끼는 방식에 비춰보면, 일어나거나 존재하거나 행해서는 안 되는 것들을.

가장 평범한 것마저 이런 식으로 우리에게 깊은 인상을 남길 수 있다. 별안간 그것은 평상시처럼 보이기를 그치고 다른 무엇, 우리가 이름 붙일 수 없는 무엇으로 보일 수 있다. 그 무엇(예를 들어 꼭두각시 인형)이 지닌 특성과 의미의 불안정성은 우리의 지속적인 조사를 거부하며, 오래 조사할수록 우리는 한때 알았고 친숙하던 것에 관한 앎과 모름의 역설적인 상태 속에서 길을 잃게 된다. 그리고 바로 그때 '왜 아무것도 없는 것이 아니라 무엇인가 있어야 하는가?'라는 질문은, 으스스한 것에게 우리 정신을 빼앗기지 않고 그 문제를 해결하고자 하는 불가해하고 심지어 불합리한 야심 속에서 길을 잃게 될 것이다.

흥미롭게도 일상의 사물은 우리가 그것을 매일 보고 그것이 어떠해야 하고 어떠해선 안 되는지 '알기' 때문에, 으스스하게 인식되기 쉬운 듯하다. 어느 날 당신 옷장 바닥에 놓인 신발이 이전에는 결코 없던 방식으로 시선을 끌지도 모른다. 왠지 그 신발은 당신 세계로부터 추상화되어서, 분간할 수 없는 외관, 고정된 특성과 의미가 없는 물질 덩어리가 된다. 그것을 바라보면서 당신은 당혹감을 느낀다. 저건 뭐지? 저것의 본질은 무엇이지? 왜 아무것도 없는 것이 아니라 무엇인가 있어야 하지? 하지만 당신의 의식이 더 많이 질문하기 전에, 당신은 의식을 제한하여 자신의 신발이 다시금 친숙하고 그 존재가 으스스하지 않은 것으로 보이게 할 것이다. 당신은 그날 신을 신발 한 켤레를 고른 다음, 자리에 앉아 신는다. 바로 그때 당신은 자신이 신고 있던 스타킹 한 켤레를 인식하고, 그것이 감추고 있는 발에 관해… 그리고 감춰진 발에 연결된 신체의 나머지 부위에 관해… 그리고 그 신체가 수많은 다른 으스스한 형체와 함께 떠도는 우주에 관해 생각한다. '이제 어쩌지?' 존재의 이면으로부터 들려오는 목소리가 말하는 듯하다. 그리고 거기서 가장 일상적인 물체인 당신 자신을 살펴보면서, 보이는 것 혹은 보고 있는 것에 특성과 의미를 부여하는 데 어려움을 느낀다면 어떡해야 하는가. 정말 이제 어째야 하나.

으스스함 II

으스스한 것의 감각은 여러 조건 아래에서 평범한 필멸자에게도 활성화될 수 있다. 앞 절 마지막에 가볍게 다뤘듯, 이런 조건 가운데 가장 중요한 것은 우리가 스스로 생각하는 그대로의 존재가 아니라는 느낌을 유발하는 것이다. 독일의 의사이자 심리학자인 에른스트 옌치Ernst Jentsch는 혁신적인 에세이 〈으스스한 것의 심리학에 관하여On the Psychology of the Uncanny〉(1906)에서, 이런 감정과 그 기원을 분석한다. 옌치가 자신의 에세이에서 제시하는 으스스한 경험의 예시 가운데 하나는, 개인이 자신의 정체성으로 통합되어 보이길 그치고, 기계 장치의 모습을 취하는 것이다. 즉 그 개인이 본질적으로 변하지 않는 불변의 존재라기보다는, 사물이 만들어진 대로 만들어진 것이자 모두가 시계태엽 장치의 부품 같은 것으로 드러나는 경우다.

옌치는 이렇게 설명한다.

> 논의 중인 감정[으스스한 것]이 특히 사물의 살아 있다는 혹은 살아 있지 않다는 본성(혹은 더 정확히 표현하자면 인간의 전통적인 관점에 의해 이해된 살아 있음의 특성animatedness)에 대한 의구심에 의해 유발된다는 사실은, 문외한인 대중이 대부분의 정신병이나 다수의 신경 질환이 발현되는 광경을 접하면 대개 충격을 받는 데서 확인된다. 그런 문제로 시달리는 몇몇 환자는 대다수의 사람에게 확실히 으스스하다는 인상을 남긴다.
>
> 우리가 다른 사람의 일상적 경험으로부터 항상 추측할 수 있는 것은, 대체로 타인과의 관계에 기초하는 그들의 정신 작용이 이루는 상호 관계적 심리 조화이다. 비록 이 균형에서 어느 정도의 편차는 우리 대부분에게 가끔 나타나긴 하지만 말이다. 이런 행동은(…) 인간의 개성을 구성하고 그에 대한 판단 근거를 제공한다. 대부분의 사람에게는 강한 심리적 특이성이 나타나지 않는다. 기껏해야 그런 특이성은 격한 정동을 느낄 때만 확연히 드러나는데, 이로써 인간 정신의 모든 것이 초월적 기원을 갖는 것은 아니며, 그런 만큼 심지어 우리의 직접 지각을 위해서 근원적인 것이 여전히 그 안에 존재한다는 사실이 문득 분명해진다. 물론 현재 그런 많은 사례는 흔히 일반 심리학의 용어로 충분히 설명된다.
>
> 하지만 만약 관찰자가 이런 상호 관계적 심리 조화를 이루는 일이 두드러지게 방해를 받는다면, 만약 하찮은 사건으로 인해 발생한 상황이 사소하지 않게 혹은 우스꽝스럽지 않게 보이거나 (예컨대 알코올 중독처럼) 그다지 친숙하지 않다면, 사전 지식이 없는 관찰

자에게는 이전에 통합된 정신으로 여기곤 했던 것에서 기계적 과정이 진행되고 있다는 어두운 깨달음이 싹트게 된다. 따라서 뇌전증을 인간 세상이 아닌 불가해한 외부 영역으로부터 유래한 병인 모르부스 사케르morbus sacer['신성한 질병']라고 부르던 건 부당하지 않다. 왜냐하면 관찰자에게 평범한 상태의 인간 신체는 그 의식의 지시에 따라 기능하는 매우 의미 있고 합당하며 단일한 것으로 보이는 반면에, 뇌전증 발작을 일으킨 인간 신체는 대단히 복잡하고 연약한 기계 장치로 드러나기 때문이다. 뇌전증 발작이 그것을 목격한 사람에게 악마적 효과를 일으킬 수 있는 주요 원인이 바로 이것이다. (로이 셀라스Roy Sellars 옮김)

옌치가 든 예시의 탁월한 점은, 으스스한 것을 외부 세계에 존재하는 무엇의 객관적 특성이 아니라, 외부 세계를 지각하는 사람이 겪는 주관적 체험으로 설명한다는 것이다. 이것이 현실에서 으스스한 것이 존재하는 방식이다. 으스스한 것은 우리 마음의 효과일 뿐, 다른 무엇이 아니다. 그럼에도 불구하고 적어도 이 사례에서 평균적인 구경꾼에게 으스스한 것은 객관적 자극, 즉 그 자체가 힘을 가지고 있는 듯한 무엇으로부터 효과적으로 유래한다. 주어진 예시에서 객관적 자극은 "인간의 전통적인 관점에 의해 이해된 살아 있음의 특성"을 거스르는 행동을 하는 것으로 관찰된 살아 있는 개인이며, 그 위반자는 발작 도중에 비정상적인 신체 움직임을 보이는 뇌전증 환자이다. 으스스한 것의, 외견상으로 객관적인 자극에 대한 주관적 반응은 개인의 작용에 관한 "어두운 깨달음"을 얻는 것인데, 이 작용에는 발작 중인 뇌전증 환자를 지켜보는 구경꾼도 포함된다. 범위를 더 확장해서 기술하자면, 구경꾼에게는 뇌전증 환자가 으스스하다고 인식될 뿐만 아니라(그가 "전통적인 관점"을 따르지 않고 현대 의학에 비추어 뇌전증 발작을 이해하는 의사가 아닌 이상), 그 구경꾼 자신도 으스스하다고 인식된다. 왜냐하면 그 구경꾼은 모든 인간 육체의 기계적 본질을 인식하고, 추론을 통해서 "이전에 통합된 정신으로 여기곤 했던 것에서 기계적 과정이 진행되고 있다는" 사실을 인식하게 되었기 때문이다. 신경과학자는 이제 이런 몇몇 기계적 과정에 익숙하며, 삽페도 마찬가지로 〈마지막 메시아〉에서 이렇게 기술했다. "모든 것은 인과 속에서 한데 얽히고, [인간이] 파악하고자 하는 모든 것은 그 시험하는 사고 앞에서 용해된다. 이윽고 그는 심지어 지금까지 완전하고 소중했던 것 속에서, 사랑하는 사람의 웃음 속에서 기계적인 면을 보게 된다." 우리가 스스로 생각하던 이상화된 존재, 통합적이고 분열되지 않은 존재가 아니라는 깨달음은 의사와 신경과학자를 비롯한 일부 사람들에게 두렵게 다가온다. 그러나 우리 자신이 평소에 인식하는 자아와 같지 않더라도, 우리 존재가 언제 어디서나 변형될 수 있는 것으로 가득 찬 세계 속의 으스스한 기계장치라는 감각만 잠재울 수 있다면, 우리는 익숙한 방식으로 계속 살아나갈 수 있다. 그렇게 잠재우는 일은 이른바 현실 세계에서는 보통 문제가 되지 않는다. 하지만 초자연적 공포의 세계에서라면 **반드시** 문제가 된다.

공포에 대한 예술적 호출은 으스스한 것을 불러내는 현상을 묘사할 때 대개 성공하는데, 이는 뇌전증 발작을 보는 누군가라는 옌치의 예시와 달리, 내부와 외부 모두에서 진정 위협으로 다가온다. 이런 종류의 공포는 초자연적인 것이 으스스한 것과 결합할 때만 불러일으킬 수 있으며, 이는 현대 의학이나 다른 그 무엇에 비춰 보더라도 의사와 신경과학자조차 초자연성을 편안하게 받아들일 수 없기 때문이다. 이런 맥락에서 피에 목마른 흡혈귀와 굶주린 좀비는 최고의 예시로, 이는 언데드로서의 본질적 초자연성이 그들을 주관적으로 으스스한 감각을 일으키는 객관적으로 으스스한 것으로 만들기 때문이다. 그들은 한때 인간이었으나 섬뜩한 부활을 겪으면서 생존 자체를 위해 생존한다는 단일 기능만을 갖춘 기계장치가 되었기 때문에, 그 자체로 으스스하다. 필연적으로 흡혈귀와 좀비는 또한 그들을 인식한 사람들에게 으스스한 것에 대한 주관적 감각을 일깨우는데, 그 이유는 인류가 본질적으로 변하지 않는 불변의 존재라기보다 그저 시계태엽의 작용이자 기계장치이기에, 흡혈귀와 좀비가 만들어진 대로 인간도 만들어졌고 다시 만들어질 사물이라는 "어두운 깨달음"을 폭로하기 때문이다. 으스스한 기계장치로서 흡혈귀와 좀비는 대개 진지한 고민이 거의 혹은 전혀 없이 기계적인 재생산 행위를 수행한다. 그 종의 복제는 그들을 통제하여 몰아붙이는 충동에 수반되는 부수 현상이다. 이 두 번째 결과는 외부와 내부 모두로부터 온 으스스한 위협을 가하는 현상을 제시한다는 초자연적 공포소설의 필요조건을 충족시킨다. 그 위협은 자신과 자신의 가족에게 오직 자연스럽고 익숙한 세상에서 자연스럽고 익숙한 방식으로 살아가길 원하는 평범한 사람들에게 제기되는 궁극적 위협이다. 설령 그런 익숙함이 효력을 잃을지도 모를 허위임을 어렴풋이 깨달았다 할지라도 말이다.

으스스한 것의 두 가지 필요조건은 〈신체 강탈자의 침입Invasion of the Body Snatchers〉(1956; 1978년과 2007년에 리메이크)과 존 카펜터의 〈괴물The Thing〉(1982) 같은 공포영화에서 잘 드러나는데, 두 작품은 SF 장르에 살짝 걸쳐 있으면서 으스스한 것과 유사한 초자연적 공포 장르에는 확실하게 속해 있다. 고전영화 〈신체 강탈자의 침입〉에서 인류는 외계 세력에 의해 외계인의 물리적 복제물로 대체된다. 이는 비전문가가 뇌전증을 인식하는 방식에 대한 옌치의 분석에서 말하는 "인간 세상이 아닌 불가해한 외부 영역으로부터 유래한" 위협적인 무엇이다. 이런 외계 세력이 우리 행성에 무슨 일을 벌이고 있는가? 그들은 **우리** 형상을 본떠 스스로를 재창조함으로써 종의 생존을 도모하고자 왔다. 그리고 이는 우리가 알아야 하는 그들의 구조와 의도에 관한 모든 것을 말해준다. 즉 그들은 우리와 똑같으며, 다만 우리 종의 생존과 번식을 그들 종의 생존과 번식으로 대체하겠다고 위협할 뿐이다. 이 외계 세력의 방법론은 우리가 잠든 뒤 우리를 복제하여, 다시는 우리 자신으로 깨어나지 못하도록 전혀 다른 존재로 변이하게 만드는 것이다. 이런 변이로 인해, 신체 강탈자에게 몸을 빼앗기지 않은 모든 사람은 두 가지 소름 끼치는 불확실성으로 고통받게 된다. 하나는 타인이 겉보기와 달리 인간이 아닐 수도 있다는 것이다. 다른 하나는 일단 잠들면 그들 자신도 변이될 수 있다는 것이다. 하지만 바람직한 존재 양식이 아닌 흡혈귀나 좀비로의 변이와는 달리, 영화 제목에는 복수형["Body Snatchers"]으로 표기되긴 하지만 유달리 개별화된 존재들이 된다기보다는 벌 떼의 일원이 되는 듯 보이는 신체 강탈자로의 변이는 객관적으로 그리 나빠 보이지 않는다. 일단 외계 세력에게 흡수되면, 인간일 때 가졌던 모든 특성을 한 가지를 제외하고 모두 잃게 된다. 잃지 않는 한 가지는 바로 만족감, 혹은 당신이 원한다면 행복이라고 부를 수 있는 특성이다. 그들은 자신의 존재 속에서 정적주의자靜寂主義者, quietist가 되는데, 영화에서 이는 자신이 아는 삶의 요란함을 선호하는 인간이 가장 원치 않는 일로 표현된다. 이런 반응은 이해할 만하다. 아무도 자신과 다른 존재, 혹은 자신이라고 생각하는 것과 다른 존재가 되길 원하지 않는다. 당신이 당신 자신이길 멈추게 되는 변이, 이야말로 죽음보다 못한 운명이다. 동화된 상태로 사느니 죽는 게 낫다. 그것이 경악과 공포에 취약하지 않은 영원히 차분하고 평온한 상태더라도 말이다. 우리의 으스스한 것에 대한 감각은 우리가 우리 자신이라고 생각하는 존재가 아닐 수도 있는 존재인 우리에게 너무나 깊숙이 스며들어 있다. 하지만 우리는 어떤 외계 세력의 종이 아닌 우리 자신의 종의 생존과 번식을 위해 필사적으로 버티는 존재일 것이다.

존 카펜터의 〈괴물〉은 그 존재론적 얼개에서 〈신체 강탈자의 침입〉과 매우 유사하다. 〈괴물〉 속 '그것the Thing'의 동기 또한 신체 강탈자의 동기와 마찬가지로 생존과 번식이다. 다만 그 방법이 다른데, 이로 인해 이 영화에는 앞서 다룬 영화보다 다소 강도 높은 으스스함이 담겨 있다. 제목이 지칭하는 생명체인 '그것'은 대상이 모르는 사이에 어떤 생물로든 변신할 수 있는 능력을 지닌 데다, 변이된 이는 그 본질이 외계에서 온 으스스한 괴물이 된 뒤에도 이전 원본의 외양, 기억, 행동을 유지하기 때문에, 영화의 등장인물들은 누가 '그것'이고 누가 아닌지 장담할 수 없다. 이런 상황은 아주 오래전 불시착한 '그것'의 우주선 근방에 위치한 남극 연구 기지의 연구원들이 자신들 중 누가 '그것'이고 누가 겉보기처럼 여전히 사람인지 의심하게 만든다. 자연스럽게 남극 기지의 연구원들은 그들 자신이 '그것'이라는 모든 의식을 애써 억누른다. 마치 뇌전증 발작 중인 누군가를 목격한 사람이, 자신은 본질적으로 변하지 않는 불변의 존재라기보다 완전히 시계태엽 작용을 따르는 만들어진 대로 만들어진 부품으로 구성된 사물이라는 생각을 애써 억누르듯이 말이다. (이 가능성을 머릿속에서 지워버리는) 고립을 통해, 뇌전증 발작 목격자는 자신이 이상화된 존재이고, 통합되어 있고 분열되지 않았으며, 기계장치 즉 스스로를 모르는 인간 꼭두각시가 아니라는 감각을 유지할 수 있다. 그들은 또한 모든 등장인물이 현실일 리 없는 으스스한 파멸을 겪는 영화를 봄으로써, 인류에 관한 아연실색할 뉴스로부터 주의를 돌려 산만하게 할 수 있다. 왜냐하면 그 소식은 "불가해한 외부 영역"으로부터의 침입으로 표상되며, 그들은 우리 자신이 누구인지 그리고 다른 모든 사람이 누구인지 아는(즉 생존과 번식을 위해 존재하는 종의 구성원이자, 초자연성이나 으스스한 것과 전혀 관계없으며, 모든 주인공이 자신의 생명과 인간성을 지키려 싸우면서 죽음이나 변형을 겪는 〈신체 강탈자의 침입〉과 〈괴물〉 같은 허구에 담긴 비관론에 저항하는 평범한 사람들임을 아는) 우리 세계에는 그런 일이 들어설 자리가 없다고 믿기 때문이다.

평범한 사람들의 사고방식에 저항하기 위해, 구제불능으로 괴팍한 노바디 교수를 다시 불러보자. 그는 자신의 "비관론과 초자연적 공포—제1강"에서, 평균적이고 낙관론적인 필멸자에 대한 응수를 우리에게 제공하며, 우리가 당면한 작업의 주요 주제 가운데 일부를 떠올리도록 돕는다.†

† 이어지는 내용은 토머스 리고티 본인의 단편 〈노바디 교수의 초자연적 공포에 관한 짧은 강의〉(《죽은 채 꿈꾸는 자의 노래》)의 한 꼭지인 "비관론과 초자연적 공포—제1강Pessimism and Supernatural Horror—Lecture One"의 인용이다.

광기, 혼돈, 뼛속까지 스며든 무질서, 헤아릴 수 없이 많은 영혼의 유린. 우리가 비명 지르며 죽어가는 동안, 역사는 손가락에 침을 묻혀 책장을 넘긴다. 고통의 생생함과 공포의 지속 효과라는 면에서 현실 세상과 도저히 경쟁이 안 되는 허구는 나름의 방식으로 이를 벌충한다. 어떻게? 광포한 종말을 향하는 더욱 기괴한 수단을 발명함으로써. 물론 이런 수단 가운데 초자연적인 것도 있다. 자연적 고난을 초자연적 고난으로 변화시키는 과정에서, 우리는 자신의 공포를 인정하는 동시에 부인하고, 음미하는 동시에 고통받는 힘을 발견한다.

그러므로 초자연적 공포는 존재라는 근본적으로 분열된 종의 소유다. 이는 자연계 전체에서 우리와 가장 가까운 근연종조차 지니고 있지 않은 특질이다. 우리가 지금의 우리 자신이 되었을 때, 우리는 음울한 유산의 일부로서 그것에 참여했다. 일단 인간의 곤경을 인식하면, 우리는 우리 자신을 정확히 반으로 갈라 곧장 두 방향으로 서둘러 떠난다. 한쪽 절반은 의식이라는 우리 새 장난감을 변론하고 심지어 축하하는 데 전력을 다하게 되었다. 다른 쪽 절반은 이 '선물'을 비난하고 때때로 직접 공격했다.

초자연적 공포는 우리로 하여금 둘로 나뉜 자아와 더불어 살아가게끔 해주는 방식 가운데 하나였다. 그 방식을 채택함으로써, 우리는 우리의 자연스러운 삶 속에서 우리를 해치는 모든 것을 취해, 그것을 우리의 공상적인 삶 속 악마적인 즐거움의 재료로 전환시키는 방법을 발견하게 되었다. 이야기와 노래 속에서, 우리는 현실의 고통 위에 우리 종에게 비현실적이고 무해한 고통을 덮어 씀으로써, 우리가 상상할 수 있는 최악을 즐길 수 있다. 우리는 초자연적인 공포의 땅을 침범하지 않고도 이런 속임수를 쓸 수 있지만, 그러면 우리 삶터로부터 너무 가까운 곳에서 불행을 맞닥뜨릴 위험을 무릅써야 한다. 공포는 우리를 움찔하거나 벌벌 떨게 만들 수 있지만, 사물에 대한 연민으로 울게 만들지는 않을 것이다. 흡혈귀는 삶과 죽음 모두에 대한 우리의 공포를 상징할 수 있지만, 우리 중 누구도 상징으로 인해 뿌리 뽑힌 적은 없다. 좀비는 육체와 그 욕구에 대해 우리가 느끼는 역겨움을 개념화할 수 있지만, 누구도 개념 때문에 병들어 죽은 적은 없다. 초자연적 공포라는 수단을 통해, 우리는 무너지지 않고 우리를 옭아맨 운명의 줄을 당길 수 있다. 우리 자신의 피로 입술을 붉게 칠한 타고난 꼭두각시로서.

배우들

상식적인 현실과 개인적 능력의 한계 안에서, 우리는 이 세상에서 원하면 무엇이든 하기로 선택할 수 있다… 한 가지 예외를 제외하면. 우리는 우리가 무엇을 선택할지를 선택할 수는 없다. 그러기 위해서는 우리 자신을 단순히 선택만 하는 개인이 아니라, 자기가 무엇을 선택할지를 선택할 수 있는 자기 주도적인 개인으로 만들 수 있어야 한다. 예를 들어 우리는 보디빌더가 되기를 원할 수 있으며, 그렇게 하기로 선택할 수 있다. 하지만 우리가 보디빌더가 되기를 원치 않는다면, 우리 자신을 보디빌더가 되길 원하는 사람으로 만들 수는 없다. 그러기 위해서는 우리 내면에 우리로 하여금 보디빌더가 되길 원하도록 선택하게 만들 또 다른 자아가 있어야 한다. 그리고 그 자아 안에는 계속해서 우리가 보디빌더가 되길 원하게 만드는 선택을 하기를 원하게 만드는 또 다른 자아가 있어야 할 것이다. 이런 무한히 계속되는 선택의 연쇄는 그 모든 선택을 내리는 자아 너머에 무한한 수의 자아가 존재한다는 역설을 초래한다. 전술한 입장은 결정론determinism이라는 철학 사상의 한 계통에 기초한 것으로, 그중에서도 가장 강력한 유형이다. 그 자신도 결정론자인 영국의 철학자 갤런 스트로슨Galen Strawson은 이런 입장을 비관론이라고 기술한다(〈운이 모든 것을 삼킨다Luck Swallows Everything〉, 《타임스 문예 부록Times Literary Supplement》, 1998년 6월 28일). 그런 입장은 인간 이미지를 꼭두각시 이미지로 바꿔놓기 때문에 비관론이라 할 수 있다. 그리고 인류의 꼭두각시 이미지는 비관론의 특징 가운데 하나다.

결정론의 비관론적 형태를 가장 격렬하게 반대하는 사람은 자유의지주의적 비결정론자libertarian indeterminist이다. 그들은 우리에게 절대적인 자유의지가 있어서, 스스로를 어떤 선택은 하고 다른 선택은 하지 않도록 바라는 것을 선택할 수 있는 개인으로 만들 수 있다고 주장한다. 미켈슈테터는 우리가 그런 인간이 될 수 없다고 절망했지만, 그들은 우리가 바로 그런 인간이라고 생각한다. 즉 우리는 흔들리지 않는 자기통제적 개인이며, 또한 우리가 통제할 수 없는 요인이 개인으로서 우리가 누구이고 최종적으로 어떤 선택을 내릴지를 이미 결정했기 때문에 다른 많은 선택이 아닌 오직 한 가지 선택만 할 수 있게 만드는 일련의 결정 불가능한 사건과 조건의 산물이 아니다.

철학 연구의 역사에서, 결정론을 옹호하는 주장은 전통적으로 가장 많은 반론을 받아왔다. 결정론이 인간 이미지를 꼭두각시 이미지로 바꿔놓는다는 사실을 제쳐두면, 그 이유는 무엇일까? 결정론을 주장하는 건 도덕적 책임에 대한 신성불가침의 신념을 짓밟기 때문이다. 평균적인 무신론자마저도 누군가가 우리에게는 아무런 자유도 없으며 도덕적 책임은 현실이 아니라고 말할 때마다 선을 긋는다. 열성적인 불신자로서, 그들은 도덕 법칙이 우리 감각으로 인식할 수 없는 더 높은 차원에서 내려왔다는 입장은 거부할지 모른다. 그러나 납세하는 시민으로서, 그들은 여전히 현세 문명의 기준에 맞춰 살아야 한다. 그리고 이런 일은 자유의지와 도덕 실재론이 그 나라의 법이어야만 가능하다.

물론 범법자의 불법 행위가 여러 결정력이 작용한 결과라고 판단되는 드문 경우도 있다. 그러면 자유의지와 도덕적 책임은 유보되며, 피고는 교도소보다는 정신병원으로 보내지거나 처벌을 면하게 된다. 왜냐하면 특정 사회의 특정 재판관과 배심원이 도덕 실재론의 개념을 제쳐두고 일시적으로 강경한 결정론자가 됨으로써, 피고가 지닌 인간 이미지가 꼭두각시 이미지로 바뀌기 때문이다. 하지만 이는 극히 이례적인 경우다. 사건이 평범하게 진행되면, 결정론자와 비결정론자는 모두 일종의 실용적 도덕을 증진시키는 데 뜻을 함께한다. 도덕 실재론이 비결정론자에게 그렇듯 객관적 **실재**라고 여겨지든 결정론자에게 그렇듯 주관적 '실재'라고 여겨지든 상관없이, 도덕 수호자로서 그들은 그 도덕 실재론이 필수적인 진실이어야 한다고 느낀다. 이런 **진실** 혹은 '진실'이 없다면, 우리는 언제나처럼 살아갈 수도, 살아 있음은 괜찮은 일이라고 믿을 수도 없게 된다.

어떤 사람은 결정론자로 만들고 다른 사람은 비결정론자로 만드는 결정을 우리 정신이 내렸다는 것이 도저히 일어날 법하지 않은 일로 보이진 않는다. 이런 결정이 어떻게 작용하는지 알 수만 있다면, 우리는 결정론과 자유의지가 겨루는 논쟁에서 한 가지 흥미로운 질문, 즉 '왜 이쪽 아니면 저쪽을 지지하는가?'에 답할 수 있을 것이다. 이 질문에 대한 답은 이 문제를 둘러싼 모든 대립을 중단시킬 터인데, 왜냐하면 그 답은 어떤 철학자가 자기 분야에서 다루는 대다수의 다른 논쟁보다 더 헛된 논쟁에 참여하게 되는 이유를 밝혀줄 것이기 때문이다. 하지만 우리가 이 질문에 대한 답을 언젠가 얻는다면, 그 반향은 도덕 **실재론** 혹은 '실재론'의 문제를 한참 넘어설 것이다. 사실, 단 하나의 반향만 있을 것이다. 모든 철학적 경향의 문제가 그런 경향을 드러내는 개인의 심리학의 문제로 축소되는 것이다. 리처드 더블은 그의 《메타철학과 자유의지Metaphilosophy and Free Will》(1996)에서, 자유의지를 옹호하는 글을 쓰는 분석철학자들에 관해 논한다.

> 자유의지에 관한 이런 종류의 글쓰기는 정확성 측면에서 큰 이득이 있지만, 불리한 점도 있다. 첫째, 우리는 기술적인 나무들을 보느라 철학적인 숲을 보지 못할 수도 있다. 둘째, 첫째에서 이어지는 문제인데, 우리는 정직함을 희생시켜서 심리적 위안을 얻을 수도 있다. 이론들의 미묘한 차이에 함몰되다 보면, 우리는 더 크고 무시무시한 질문으로부터 주의를 돌리게 될 수도 있다. 세부 사항에 대한 집중으로 우리의 시간과 기력을 소진하여 우리가 하려는 일이 가능한지에 대한 질문에 신경 쓰지 않게 될 때, 그 집중은 불성실한 활동이 될 수 있다. 세심한 정확성은 불안하게 만드는 큰 그림

으로부터 우리 눈을 돌리는 대가로, 우리로 하여금 다른 데 정신을 팔고 행복하게 지내도록 해줄 수 있다.

어쩌면 언젠가는 인지심리학자들이 한 개인이 자유의지나 결정론 가운데 어느 한쪽을 지지하는 이유를 최종적으로 밝혀낼지 모른다. 또한 어떤 철학적 문제의 한 측면 혹은 다른 측면에 집착하는 사람에 관한 연구가 수행될지도 모른다. 이는 어떤 철학적 질문을 진전시키진 못하겠지만, 일단 질문 이면에 있는 논쟁의 동기를 드러내어 그 질문 자체를 사라지게 할지도 모른다.

일상 세계에는 철저한 결정론자 같은 건 없다. 왜냐하면 일상의 사람들은 자유의지를 지니고 있다는 감각을 떨쳐낼 수 없기 때문이다. 우리가 할 수 있는 최선은, 우리가 세상 만물 사이의 인과율을 관찰하고 이 법칙을 우리 자신에게 적용하는 것에 기초하여 결정을 내린다고 **추론하는** 것이다. 하지만 우리는 스스로를 결정된 존재로 **느낄** 수 없다. (한 철학자는 "**정말** 미치지 않고서 결정론을 믿을 수 있을까?"라고 말했는데, 아마 더 많은 철학자가 같은 생각을 했을 것이다.) 생각과 행동이 결정되어 있다는 것은 경험적으로 인식할 수 없으며, 다만 추상적으로 추론할 수 있을 뿐이다. 누군가 '나는 인간 꼭두각시에 불과하다'라고 말하는 건 불가능할 것이다. 단 한 가지 예외는 외계 세력에 의해 조종당하고 있다는 감각을 유발하는 정신병을 앓는 개인일 것이다. 이 개인이 '나는 인간 꼭두각시에 불과하다'라고 말한다면, 아마도 그는 자신이 외계 세력에 의해 외면이나 내면 혹은 양쪽 모두를 조종당하는 인간 꼭두각시라는 공포에 사로잡혀, 즉시 가장 가까운 정신병원으로 끌려갈 것이다.

우리 가운데 누군가의 생각과 행동이 결정되어 있는 정도에 대해서는 논리적으로 논할 수 있을지도 모르나, 직접 경험으로 알 수는 없다. 결정론자는 자유의지가 종이 위에 쓰인 환상이라면 우리 삶에서 이를 극복할 수 없다는 것을 지나치게 잘 알고 있을 뿐이다. 우리의 환상을 혐오하거나 애지중지하는 일은, 우리를 그 환상에 더 단단히 얽매이게 할 뿐이다. 그런 문제에 연연하는 사람들의 입장에서는, 우리 세상을 무너뜨리지 않고선 그런 환상에 맞서 싸울 수 없다. 그리고 그 문제에 정말 연연하는 사람은 특정 형태의 도덕 **실재론** 혹은 '실재론'에 대한 신봉자일 수밖에 없다. 그 도덕 **실재론** 혹은 '실재론'은 대부분의 사람이 집이라고 부르는 낙관적 본성을 지탱하고, 자신이 자신으로 존재하기 위해 필요한 모든 것(당신의 나라, 당신이 사랑하는 사람들, 당신의 직업 혹은 소명, 당신의 골프 클럽, 그리고 모든 의미에서 당신의 '삶의 방식')을 보강한다.

인격 흉내

자유의지 논쟁에서, 자유의지의 **실재** 혹은 '실재' 여부는 별 상관없는 문제인데, 왜냐하면 그것은 우리 각자가 자아self(종종 대문자 자아Self)로서 존재하거나 그런 자아를 보유하고 있다는 느낌에 기생하기 때문이다. 이 자아는 마치 추가된 내장 기관인 양 논의되는 실체 없는 존재이지만, 우리 모두에게 해부학적 부위들의 합 이상으로 받아들여진다. 우리가 중요한 무엇인지 아무것도 아닌지, 인간인지 꼭두각시인지 판단을 내리는 일은 가장 중요한 과제이므로, 모든 것은 자아로 회귀하고 또 회귀해야만 한다. 자아로서 존재하거나 자아를 보유하고 있다는 감각이 없다면, 우리가 자유로운지 결정되어 있는지 아니면 그 사이 어디쯤 있는지 논쟁할 필요도 없을 것이다. 우리가 자아 감각을 지닌 이유에 대해 다양한 설명이 제기되었다. (한 가지 설명은 이 장의 "비非실체" 절을 보라.) 이런 감각을 지니고 있기 때문에 자유의지 대 결정론 논쟁이 테이블에 올라오는 것이다. 더 나아가 이로 인해 세상만사가 테이블에, 혹은 적어도 인간 존재를 다루는 테이블에 올라오게 된다. 왜냐하면 인간 외의 다른 어떤 존재도 자기 뜻대로 무언가를 하거나 하지 않을 수 있는 자아로서 존재한다는 감각을 지니고 있지 않기 때문이다.

당신은 자신이 자아를 지니고 있지 않으며 자신의 행동은 이미 결정되어 있다고 **추론할** 수 있다. 하지만 당신이 자아로서 존재하거나 자아를 보유하고 있다고 **느낀다**면, 아마 자신의 뇌를 스쳐 지나가는 모든 생각이나 새끼발가락의 미미한 움직임에 대한 책임이 자아에게 있다는 걸 부인하는 데 시간이 걸릴 것이다. 이는 당신이 때때로 어떤 논리나 물리법칙에도 책임을 떠넘길 수 없는 무엇에 대한 책임감을 느끼기 때문이다. 누가 당신의 배를 주먹으로 때린 뒤 얼마 지나지 않아 그가 진단되지 않은 간암으로 죽었다고 해서, '나를 해코지한 데 대한 응보야'라고 말할 수는 없다. 그러나 사람들은 그런 상황에서 그런 말을 한다. 그래도 사람들은 대개 자신의 배를 주먹으로 때린 사람이 그와 무관한 이유로 죽은 일에 책임이 있다고 느끼는 것이 이치에 맞지 않음을 깨달을 수 있다.

그렇지만 어떤 논리나 물리법칙에도 책임을 떠넘길 수 없는 책임감을 느낄 때, 개인은 이것이 이치에 맞지 않음을 깨닫지 못하는 경우가 더 많다. 예를 들어 당신이 친구나 친척에게 전화해 변기 수리를 도와달라고 해서, 그가 차를 몰고 당신 집에 오는 길에 18륜 대형 트럭과 충돌해 죽었다고 치자. 당신이 전화해서 변기 수리를 도와달라고 하지 않았더라면 그가 오는 길에 18륜 대형 트럭과 충돌해서 죽지 않았을 것이므로, 당신이 친구나 친척의 죽음에 대해 책임감을 느낀다 해도 이상한 일은 아니다. 이런 상황에서, 아직 살아 있는 당신 친구나 친척이 당신에게 그 친구나 친척이 교통사고로 죽은 일에 대한 책임이 없다고 납득시키기는 어려울 것이다. 그 치명적인 충돌 사고를 초래한 요소는 여러 가지가 있을 수 있지만, 당신은 여전히 당신 친구나 친척에게 전화해서 차를 몰고 집에 와달라고 했다는 단 하나의 중대한 요소만 없었더라면 당신과 무관한 다른 일을 하고 있었으리라는 느낌을 지울 수 없을 것이다. 물론 이런 식으로 느끼는 건 착각일 터이다. 하지만 당신이 착각했다는 사실을 **추론할** 수 있다고 해도, 그 자체가 벌어진 일에 대해 **느껴지는** 책임감을 덜어주지는 못할 것이다. 그리고 착각에서 비롯된 끔찍한 책임감을 무덤까지 가져갈지도 모르는데, 이는 다른 자아에게 전화해서 변기 수리를 도우러 당신 집에 와 달라고 한 자아가 바로 당신이기 때문이다. 그럴 때 당신은 스스로를 탓하는 만큼이나, 고장 난 자신의 변기를 탓하거나 태초까지 거슬러 올라가는 수많은 원인을 탓하는 편이 나을 것이다. 요점은 이렇다. 만약 당신이 자신의 책임으로 돌리는 착각 혹은 극히 미미한 인과적 책임 이상을 느끼는 착각을 할 수 있다면, 당신은 또한 다른 것에 대해서도 착각할 수 있다. 예컨대 자유의지를 지닌 자아로서 존재한다는 착각처럼 말이다. 그러나 당신이 자아로서 존재하거나 자아를 보유하고 있다고 **느낀다**면, 아마 자신의 뇌를 스쳐 지나가는 모든 생각이나 새끼발가락의 미미한 움직임에 대한 책임이 자아에게 있다는 걸 부인하는 데 시간이 걸릴 것이다.

다른 사람은 이 끔찍한 사건은 당신 잘못이 아니라고 말하면서, 당신 친구나 친척의 죽음에 대해 위로하려 할지도 모른다. 그러면서도 사람들이 이따금 심장마비를 일으킨 이에 대해 건강을 유의하라는 건강하지 않은 권고를 따르는 데 태만했기 때문이라고 비난하듯, 그들은 몰래 당신을 비난할지도 모른다. 하지만 당신도 교통사고로 당신의 친구나 친척이 죽은 일로 당신이 비난받아서는 안 된다고 말하는 사람들을 믿지 않을 가능성이 높은데, 이는 아마도 그들이 몰래 당신을 비난하는 것을 당신이 눈치 챌 수 있을 것이기 때문이다. 하지만 그것은 그리 중요하지 않다. 자신이 자아라고 느끼는 사람으로서, 당신은 어떤 논리나 물리법칙에도 책임을 떠넘길 수 없는 것, 혹은 극히 미미한 인과적 책임만 있는 것에 대해 아마도 책임감을 느낄 것이다. 이는 심지어 당신이 당연히 **도덕적** 책임을 느껴서는 안 되는 일에 대해서 그런 책임을 느낄 수 있는 상황을 고려한 것조차 아니다. 바로 여기가 자유의지를 지닌 자아로서 존재한다는 느낌이 실제로 밀려오는 지점이다.

당신이 자신의 친구나 친척에게 당신 변기를 고치는 걸 도와달라고 부탁한 이유가, 변기를 고치는 일에 도움이 필요해서가 아니라, 지난주에 그가 새집으로 이사하는 걸 도와달라고 부탁했던 일에 대한 보상을 받기 위해서였다고 가정해보자. 당신이 새집으로 이사할 때처럼 이사 업체를 부르면 되는데 굳이 당신을 불러서, 이사 도중에 무거운 가구가 새끼발가락 위에 떨어져 부러진 일에 대한 보상이라고 말이다. 도덕적으로는 앞서 말한 이유로 그저 보상을 받고자 당신 친구나 친척을 번거롭게 하는 행동은 올바르지 않으며, 그게 아니라도 당신의 친구나 친척의 자동차가 18륜 대형 트럭과 충돌하는 교통사고를 당한 이후에는 그렇게 느끼게 마련이다. 당신이 그런 일이 일어나길 바란 건 아니었다. 그저 부러진 발가락의 고통에 대한 사소한 보상, 일종의 앙갚음을 기대했을 뿐이다. 게다가 이런 식의 비례적인 앙갚음은 불법도 아니고 특별히 부도덕한 일도 아니다. 하지만 만약 당신이 친구나 친척의 교통사고에 대해 특히 도덕적 의미에서 책임이 없다고 느끼고자 한다면, 행운을 빈다. 이 불행한 사고에서 당신의 역할이 인과적으로 결정되어 있었고 당신 잘못이 아니라고 **추론할** 수는 있다. 하지만 당신이 자아로서 존재하거나 자아를 보유하고 있다고 **느낀다**면, 아마 당신은 벌어진 일에 대해 책임을 부인하는 데 시간이 걸릴 것이다. 만약 이렇게 느끼지 않을 경우, 당신이 여전히 자신을 어떤 괴물 같은 **그것**이 아닌 사람이라고 느낀다고 가정할 때, 그 일은 당신을 어떤 종류의 사람으로 만들 것인가?

자아와 관련해 가장 으스스한 점은, 아직 아무도 자아가 존재한다는 최소한의 증거조차 제시하지 못했다는 것이다. 오래전 존재하기를 그치고 비유적 표현으로만 남은 영혼처럼, 자아는 느낄 수는 있지만 결코 발견되지 않을지도 모른다. 그것은 숙주 유기체로부터 실재를 빨아먹고, 그것을 감싸고 있는 신체 구성 물질과 더불어 자라나는 유령 촌충이다. 그것은 심지어 물질적 한계 너머까지 자라날 수도 있다. 어떤 사람은 큰 자아Big Self가 우리의 모든 작은 자아들little selves을 감싸고 있다고 믿는다. 작은 자아들이 더 작은 자아들을 지니거나, 수많은 독립적 자아들의 숙주 역할을 할 수 있다고 믿는 사람은 훨씬 적거나 전혀 없다. 영아는 자아를 지닐까? 태아는 어떨까? 언제 우리는 자아를 얻게 되며, 어떨 때 우리는 자아를 잃거나 빼앗길 수 있을까? 허튼소리를 제쳐두자면, 우리 가운데 일부는 다른 사람보다 자아에 대해 더 강하게 확신한다. 그리고 우리 가운데 다른 무엇보다 자기 주도적인 사람이 되길 간절하게 원하는 사람은 얼마나 많을까?

자아와 인격에 대한 끈질긴 감각이 없다면, 우리는 지금까지처럼 살아갈 수 없다. 어떤 인격신이 모든 사람의 우주로부터 축출당하더라도, 인간은 여전히 자신의 지위를 유지할 것이다. 감각 지각, 기억, 통증, 환희—이런 현상이 동일한 가죽 부대 안에서 일어나기 때문에, 우리는 자신이 지속되고 반복되는 존재로서, 전쟁, 로맨스, 육상경기 및 다른 모든 인간 활동 양식을 위한 토대 역할을 한다고 간주한다. 우리는 단지 경험하는 것이 아니라, 그 경험을 **소유한다**. 이것이 한 명의 인격이 된다는 것의 의미이다. 의심할 여지 없이 영향력 있는 인물은 누구든 이런 신조를 지녔는데, 이는 18세기 스코틀랜드 철학자 데이비드 흄처럼 자아의 실재를 논리적으로 해체하는 일을 훌륭하게 해낸 인물도 마찬가지다. 하지만 논리가 자유의지라는 환상을 제거할 수 없듯, 논리는 거울 속에서 당신을 응시하는 '나'(에고)를 퇴치할 수 없다. 어떤 사람이 자기의 오래된 자아를 느끼지 못한다고 말할 때, 우리의 생각은 형이상학이 아니라 심리학으로 향한다. '자아는 허상이다'라고 추론하거나 그것을 신조로 삼는 것은 우리가 에고라는 최악의 함정을 비껴가도록 돕겠지만, 이러한 완화는 해방으로부터 몇 광년이나 떨어져 있다.

모든 혹은 거의 모든 (〈구원이라는 괴물〉 장의 "에고-죽음" 절을 보라), 우리는 가장 실재적인 대상인 듯하다. 누구도 우리 외부의 세계가 어떤지 확언할 수 없지만, 우리 내면에 관해서는 자기 확신을 느낀다. 어떻게 이런 일이 일어날 수 있을까? 지금까지는 아무도 모른다. 물론 인지심리학자, 심리철학자, 신경과학자는 각자 나름대로 이론을 갖고 있다. 그 가운데는 순간적 자아와 시간을 초월한 자아, 정신물리학적 자아, 신경학적 자아, 객관적 자아, 주관적 자아, 사회적 자아, 초월적 자아, '그것'이 아닌 하나의 과정으로서 자아를 논하거나, 심지어 자아가 존재하는 동시에 비존재한다고 논하는 이론도 있다. 하지만 이것들을 포함하는 수많은 자아 개념은, 우리가 온전하고 손상되지 않은 것으로 항상 알고 경험하는 자아를 남겨둔다. 우리 모두 혹은 거의 모두는 여전히 자신이 전통적인 자아로서 존재하거나 그런 자아를 보유하고 있다고 느낄 것이다. 그러므로 '자아는 우리가 항상 믿어왔던 식으로 존재하지 않는다'라는 이론을 전개하는 인지심리학자, 심리철학자, 신경과학자는 '자아는 존재하지 않는다'라는 이야기를 하는 것이 아니다. 그들은 다만 자아의 존재에 대한 의문으로부터 자아를 지켜내는 복잡한 자아 구조를 퍼뜨리고 있을 뿐이다. 그리고 자아가 우리 눈 뒤에서 세계를 지켜보고 있지 않음을 입증하려 하는 사람들은, 차라리 우리가 몸을 '신체 강탈자'에게 빼앗겼다거나 '그것'에게 흡수당했다고 말하는 편이 나을 것이다.

우리 삶을 이루는 구성물(가족, 국가, 신)의 위계 내에서, 자아는 논란의 여지 없이 가장 높은 지위를 차지한다. 자아 바로 아래에는 국가나 민족에 대한 소속보다 더 오래 지속된다고 증명된 가족이 있으며, 이어서 국가나 민족은 유지력 면에서 신의 형상보다 윗자리를 차지한다. 따라서 아마 인류의 구원으로 향하는 진전은 바닥으로부터 시작될 것이다. 우리 신들이 냉장고 자석이나 정원 장식품의 지위까지 평가절하되었을 때 말이다. 신들이 죽어가며 내는 그르렁거림에 뒤이어, 국가나 민족 공동체가 묘지로 향하는 줄에 서게 될 것이다. 국가와 신 그리고 가족에 대한 충실함을 떨쳐버리고 나서야, 우리는 가장 위험에 덜 노출된 구성물, 즉 자아와 맞붙을 궁리를 할 수 있다. 하지만 과학이 자아성에 관한 질문에 침투하게 되면, 이런 위계는 시간이 흐르면서 바뀔 수 있다. 그리고 만약 그 연구 결과가 부정적이라면, 진행 과정이 뒤집혀, 자아의 소멸이 가족, 국가나 민족에 대한 소속, 신들의 소멸보다 앞서게 될 수도 있다. 결국 우리의 자아와 관습으로부터 우리 자신을 해방시키는 전형적인 순서는 붓다의 전설에서 묘사된다. 설화에 따르면, 왕자로 태어난 선각자 고타마 싯다르타는 먼저 자신의 가족, 신들, 사회적 지위 모두를 단번에 버림으로써 자신의 에고를 무효화하는 여정에 나섰다고 한다. 하지만 붓다의 수행은 거의 인간을 넘어선 헌신을 요구하는데, 우리 가운데 그 정도의 끈기를 지닌 사람은 거의 없다. 그렇기에 전 세계적인 범위에서 일어나는 구성물의 신속하고 효율적인 해체는 과학의 개입 없이는 요원해 보인다. 이미 특정 질병을 일소하는 데 예방 접종을 사용한 모범 사례에 뒤이어, 과학은 미래의 어느 날 '자아'의 발달을 막는 예방 접종을 제공할 수 있을 것이다.

자아와 관련된 유일한 중대사는 아마 이것일 터이다. 우리가 스스로 생각하는 그대로의 존재라고 생각하게 만드는 게 무엇이든 그것은 우리에게 의식이 있다는 사실에 기초한다는 점, 우리에게 보편적으로 합의된 '인간'에 대한 정의가 없기에 그 의식은 그 의미가 무엇이든 우리가 의미 있는 누군가라는, 특히 의미 있는 **인간**이라는 감각을 부여한다는 점이 그것이다. 하지만 실제적으로 보자면 우리 모두 자의식이 있기 때문에, 우리 모두가 실제 살아 있는 자아라는 데 동의하게 된다. 그리고 일단 우리가 어떤 식으로든 (즉 이름, 국적, 직업, 성별, 혹은 신발 치수 등 무엇을 통해서든) 우리 자아에게 자격을 부여하는 모든 문을 통과했다면, 우리는 모든 공포의 근원인 의식의 문 앞에서 서게 된다. 그리고 그것이 우리 존재의 전부다.

동물원 우리에 갇혀 있는 어떤 동물도 존재한다는 것이 무엇인지 알지 못하며, 동물이든 식물이든 광물이든 다른 유형의 존재보다 우월하다며 우쭐해하지도 않는다. 인간의 경우, 우리는 특별하다는 감각을 거리낌 없이 드러낸다. 우리 가운데 가장 의식 있다고 칭송받는, 즉 세련된 유형의 세뇌가 필요한 사람들은 인간이 된다는 게 어떤 의미인지 연구해왔다. 우리가 특별히 대안을 고려하지 않기에, 우리 육체가 살면서 생존과 번식의 길을 가는 동안, 이 주제에 관한 그들의 서로 엇갈리는 헛소리가 우리 뇌 속에서 윙윙댄다. 인간이 된다는 게 아주 이상하고 끔찍한 무엇, 매우 으스스한 무엇을 의미할 수 있다는 생각은 잠시도 고려되지 않는다. 만약 그렇다면, 우리에게 무슨 일이 일어날지 누가 알겠는가? 우리는 한 줄기 연기 속으로 사라지거나, 이면에 아무것도 없는 거울 속으로 추락할 수도 있다. 당연하게도 우리가 지금까지처럼 계속 살아간다면, 그런 가능성들은 우리에게 필요한 방식으로 우리 정신을 고양시키지 않을 것이다.

비非실체

자기중심주의와 에고학egology에 대한 연구에서 최전선에 서 있는 학문은 아마 신경과학 분야일 것이다. 이 분야에서라면 일상적 자아의 일상 세계와는 상반되는 밀도 높고 기술적인 문헌을 찾을 수 있을지도 모른다. 예를 들어 독일의 신경철학자 토마스 메칭거는 《아무것도 아닌 사람 되기Being No One》(2004)에서, 어떻게 뇌가 개별적인 "자아들"로서의 우리 존재라는 주관적 감각을 만들어내는지에 관한 이론을 제시한다. 메칭거가 설명하듯, 비록 우리는 "의미 있는 존재 되기"라는 환상을 창조하는 편이 실존적 의미에서 유리한 정보 처리 체계로 보다 엄격히 분류되겠지만 말이다. 메칭거의 도식에서 인간은 "인격"이 아니라, 기계적으로 작동하며 인격을 모방하는 "현상적 자아 모형"이다. 우리가 이런 모형을 조사할 수 없는 이유는, 우리가 그 모형을 **통해서** 보기 때문에 그 모형 자체의 과정은 볼 수 없어서다.[1] 만약 볼 수 있다면, 우리에게는 모형밖에는 아무것도 없음을 알게 될 것이다. 이것은 '메칭거의 역설'이라고 할 만하다. 당신은 자신이 사실 어떤 존재인지 알 수 없다. 왜냐하면 그럴 경우 당신은 알아야 할 대상이 존재하지 않는다는 것과, 그런 사실을 아는 자도 존재하지 않는다는 것을 알게 되기 때문이다.(이제 어쩌지?) 그래서 우리는 아무것도 모르는 존재가 되기보다는, 메칭거가 "소박실재론素朴實在論, naïve realism"이라고 묘사한 상태에 존재하게 된다. 그것은 사물이 그 본연의 모습을 알 수는 없지만, 모든 과학자와 철학자는 알고 있는 무엇인 상태이다.

메칭거의 중심 명제에 대한 앞선 개요는 분명 불충분하지만, 지금의 맥락에서 이는 필연적이다. 메칭거는 의식의 본질과 그 작용에 관한 논증과 직관을 통해 자신의 분야에서 독보적인 입지를 차지하며, 언젠가는 그의 사변적 연구로 실재의 양식을 입증해낼 사상가로서 깊은 인상을 남긴다. 그는 논증과 분석을 통해, 21세기 초에 이용 가능한 자원을 최대한 동원해 의식에 관한 연구를 수행했다. 메칭거가 스스로 떠맡은 과업은, 정확히 말해 그 중요성이 과학의 전당에 한정되지 않고 평균적인 필멸자의 삶에 지대한 영향을 미치는 걸 추구하는 종류의 일이다. 즉 메칭거에 대한 이어지는 논의는 그의 이론이 갖는 가치와 거의 무관한 이면의 목적을 지닌다.

제임스 트래퍼드James Trafford는 그의 에세이 〈꼭두각시 춤의 그림자: 메칭거, 리고티, 그리고 자아성의 환상The Shadow of a Puppet Dance: Metzinger, Ligotti and the Illusion of Selfhood〉(《컬랩스Collapse》 IV, 2008년 5월)에서, 메칭거의 역설을 이렇게 분석한다. "'인간' 객체는 빽빽하게 압축된 시뮬레이션 층들로 구성되어 있으며, 이를 위해 소박실재론은 우리 자신과 세계에서 우리의 지위에 관한 스스로의 직관에 대한 파괴('의식적 주관성은 단일 유기체가 **스스로**를 노예화하는 법을 배운 것이다')에 수반되는 공포를 물리치기 위한 필수적인 예방약이 된다." 트래퍼드가 메칭거의 《아무것도 아닌 사람 되기》에서 가져온 인용문은 우리가 우리 삶 속 경악스럽고 무시무시한 모든 것을 우리 의식에서 억압한다고 본다는 점에서, 삽페의 역설의 연장선상에 있는 듯 보인다. 메칭거에게 이런 억압은 앞서 언급한 소박실재론의 형태를 취하는데, 이는 인류에 대한 하나의 가장 경악스럽고 무시무시한 폭로, 즉 우리가 스스로 생각하는 그대로의 존재가 아니라는 사실을 은폐한다. 메칭거는 그러한 유감스러운 깨달음에 대해 우리가 느끼는 꺼림칙함을 누그러뜨리면서, 우리 정신을 꿈꾸는 상태로 잡아두는 인간 지각이라는 타고난 속박 때문에 우리가 자신의 비실재를 깨닫는 일은 "사실상 불가능하다"고 단언한다.

자아라는 환상에 대한 메칭거의 연구와 관련 있는 듯한 한 가지 흥미로운 사실은, 그가 자각몽을 꾸는 사람이라는 점이다. 그의 저서 《아무것도 아닌 사람 되기》는 꿈속에서 "깨어나"서 자신의 의식이 뇌에 의해 창조된 망상의 영역 내에서 작동하고 있다는 걸 인식할 수 있는 요령에 한 장 전체를 할애한다. 일어나는 일에 관한 발언권이 없고 아무것도 자유롭게 선택할 수 없는 우리 삶이라는 측면에서, 자각몽을 꾸는 이는 쉽게 속아 넘어가지 않는 사람, 혹은 적어도 그 자신에게 쉽게 속아 넘어가지는 않는 사람이다. 그는 자신의 의식이 만든 것의 장막 뒤편을 엿보고, 그 속임수와 함정을 간파했다. 에드거 앨런 포가 "우리가 보거나 보는 듯한 모든 것은 / 꿈속의 꿈일 뿐"[†]이라고 썼듯, 이런 능력은 각성한 지각의 특성과 그 가능성에 관한 메칭거의 탐구심을 아주 잘 설명해준다. 포의 시구는 《아무것도 아닌 사람 되기》의 논지를 요약한다. 우리는 자아 속에 잠들어 있고 결코 깨어날 수 없다고. 그러나 이 699쪽에 달하는 저작은 인간이 사실 아무것도 아닌데도 스스로를 의미 있는 존재라고 믿는 식으로 진화해온 방식과 이유를 열심히 연구한 끝에, 마지막 부분에서 일종의 위험 대비책을 보여주는 듯하다. 메칭거는 이렇게 기술한다. "적

† 에드거 앨런 포, 〈꿈속의 꿈A Dream Within a Dream〉, 《까마귀: 시 전집》, 손나리 옮김, 시공사, 2018, 39쪽.

어도 원칙적으로는, 사람은 자신의 생물학적 역사로부터 깨어날 수 있다. 그는 성장하고, 자신의 목적을 정하며, 자율성을 얻을 수 있다." 메칭거가 이 문제를 미해결 상태로 남겨뒀기 때문에, 매우 모호한 이 문장의 의미는 그저 추측할 수밖에 없다. 메칭거의 이론과 연구의 관점에서 어떻게 이런 변화가 일어날 수 있는지는 완전히 난제이다. 그가 자신의 저작을 선불리 마무리 지었던 것일까? 그는 우리에게 말하지 않은 무언가를 알고 있을까? 그것도 아니라면 환멸을 불러일으키는 책을 대조적으로 좋게 끝내고 싶었던 것일까?

그가 《아무것도 아닌 사람 되기》를 출판했던 바로 그해, 메칭거는 이 문제의 초점을 더 흐렸다. 캘리포니아대학 버클리캠퍼스에서 개최된 강연에서, 그는 우리가 자아의 환상에 사로잡힌 것이 (비록 이런 환상을 품을 "사람은 아무도 없다"고 하면서도) "에고의 비극"이라고 언급했다. 이 구절은 의식은 비극적 실수라는 삽페의 이론에 꼭 들어맞는다. 실망스럽게도 메칭거는 계속해서 "누구도 태어난 적 없고 누구도 죽은 적 없으므로, 에고의 비극은 해소된다"고 기술한다. 이 진술은 선불교(반야심경)로부터 차용한 것으로, 사찰에서 대학 강의실로 옮겨오면서 중요한 요소를 빠뜨렸다. 반야般若의 전통에서, 우리의 죽음에 대한 공포를 제거하는 유일한 방법은 우리 뇌가 만들어낸 자아 감각으로부터 깨어나, 너무 늦기 전에 우리라고 착각하는 것을 멸하는 것이다. 하지만 과학자이자 철학자로서 메칭거의 사명은 이 목표를 달성할 수 없게 만드는 신경학적 기제를 규명하는 일이다. 그렇다면 어째서 메칭거는 자기 강의에 오기 전에는 청강생 중 누구도 비극이라 생각하지 않았을 것을 "에고의 비극"이라 말했으며, 어떻게 "누구도 태어난 적 없고 누구도 죽은 적 없으므로, 자아의 비극은 해소된다"는 걸까? 그는 그들이 애초에 존재하지 않았다고 이야기하는 동시에, 그들이 죽음에 대해 가질 수 있는 공포를 경감시키려 애쓰는 듯하다. 어느 쪽이든, 모든 사람이 붙잡고 싶어 할 수밖에 없는 무언가가 사라진다니, 비극일 수도 있겠다. 메칭거의 전체 틀은 이미 살아가고 있는 세상에 관한 역설적인 일구이언, 즉 견뎌야만 하는 고통을 부인하는 동시에 의식은 문제가 아니며 살아 있음은 괜찮은 일이라고 계속 믿는 것과 같은 종류의 허튼소리에 기초한 듯하다.

하지만 성급하게 결론 내리지 말자. 니컬러스 험프리가 의식은 "당연하게도 엄청나게 근사한 것"이라고 말했던 앞서 인용한 인터뷰 〈가져볼 만한 가치가 있는 자아〉에 대해 의식 연구 분야의 가장 저명한 학자 몇몇이 답변을 달았던 한 온라인 포럼에, 메칭거는 이 주제에 관한 자기 입장을 요약해서 올렸다. 여기서 그는 삽페와 동일한 의견을 이렇게 피력했다.

> 지금까지 우리 행성에서 진화에 의해 유발된 의식의 생물학적 형태가 **바람직한** 경험의 형태인지, 실로 **선 그 자체**인지는 전혀 명확하지 않다. (…)
> 현재 심리철학이 갖는 이론적 맹점은 의식적 고통의 문제다. 색상감각질qualia이나 사고의 내용에 관해서는 수천 쪽이 쓰이고 있다. 하지만 필멸성의 경험이나 사람이 존엄을 잃는 경험에 관해서는커녕, 인간 고통이나 단순한 일상적 슬픔('준準임상적 우울증') 같이 편재하는 현상적 상태 혹은 경악과 절망과 우울에 관련된 현상적 내용에 관해 전념하는 이론적 작업조차 거의 없다. (…)

> 윤리적-규범적 문제는 더 큰 관련성이 있다. 만약 누군가 우리 행성의 생물학적 체계에 관한 실제적 현상학을 면밀히 살펴본다면, **적어도** 여러 다른 종류의 의식적 고통은 아주 최근에 나타난 색채 지각이나 의식적 사고처럼 우성형질임을 알게 될 것이다. 진화는 찬양할 만한 사건이 아니다. 우리 행성에서 일어난 생물 진화를 바라보는 (헤아릴 수 없이 많은 방식 중) 한 가지 방식은, 이전에는 없던 확장되는 고통과 혼란의 바다를 만들어낸 과정으로 보는 것이다. 단순한 개별 의식 주체의 수뿐만 아니라, 현상적 상태-공간의 차원성도 계속 증가함에 따라, 그 바다 역시 점점 **깊어진다**. 나에게 이는 인공 의식 창조에 반대하는 강력한 논거이기도 하다. 우리는 여기서 무슨 일이 벌어지고 있는지 제대로 이해하기 전에 이 끔찍한 난장판을 더 키워서는 안 된다. (메칭거의 강조)

상대적으로 예리한 관찰자의 눈에는, 메칭거가 자신의 저서에서 내린 결론, 버클리 강연, 그리고 그가 온라인에서 동료들과 주고받은 논의 사이에 불일치가 있는 듯 보일 것이다. 그가 세간의 이목을 끄는 저술에서나 공식 석상에 설 때보다, 자기 동료들과 사이버 토론을 하면서 더 편하게 인간 의식의 진화에 대한 우려를 표현했으리라 추측할 수 있다. 온라인에서 의견을 표출하면서, 그는 "과학적 세계관에는 우리 정신의 안녕에 해를 끼칠지 모를 측면들이 있으며, 모두가 **이 점**을 직관적으로 느낀다"(메칭거의 강조, 트래퍼드의 〈꼭두각시 춤의 그림자〉에서 인용)라고 하면서 맹공을 퍼붓는다. 앞서 인용한 "**정말** 미치지 않고서 결정론을 믿을 수 있을까?"라는 누군가의 의문처럼, 이는 매우 숙련된 철학자로부터 나온 충격적인 진술이다. 메칭거의 이런 발언이 공포소설에 자주 나오는 '우리가 **알아서는 안 될 것을 알게 될** 위험에 처했다'는 경고 말고, 다른 어떤 의미일 수 있을까? 우리가 알 수 있는 최악의 것, 우리 자신이 미생물 군집의 후손임을 알게 되는 것보다 더 나쁜 것은, 바로 우리가 유의미한 존재가 아닌 무의미한 존재, 사람이 아닌 꼭두각시라는 것이다.

메칭거는 이후에 나온 저서 《에고 터널: 마음의 과학과 자아라는 미신The Ego Tunnel: The Science of the Mind and the Myth of the Self》(2009)에서, 평범한 필멸자에게 그들이 사실 평범한 현상적 자아-모형이며 인격체가 아니라는 소식을 전했을 때 발생하는 문제와 정면으로 마주한다. 그는 이것이 너무 끔찍해서 알아서는 안 될 비밀이 아니라, 더 나은 인류가 되도록 우리를 해방시켜줄 진실임을 사람들에게 확신시키고 싶어 한다. 그것은 일단 (메칭거에게 우리는 스스로 생각하는 그대로의 존재가 아니기 때문에) 우리가 '인간이란 무엇**인가**'를 결정하고, 또 (**어떻게** 결론이 내려져야 하고 **누가** 그 결론을 내려야 하는지를 고려하면 얽히고설킨 문제인) "인간은 어떤 존재가 되어**야 하는가**?"를 매듭지은 뒤에 가능하다. 메칭거가 두려워하는 것 가운데 하나는, 그가 "속류 유물론"이라며 경멸하는 것에 몇몇 사람들이 빠져들어, 이 생에는 생존하고 번식하고 죽는 것 말고는 아무것도 없다고 결론 내리는 것이다. 그러는 동안 메칭거의 상상 속 독백에서 세계의 현자들은 이런 혼잣말을 읊조릴 것이다. "이 모든 신경 분야 전문가와 의식을 연구하는 철학자가 무슨 소리를 하는지 이해는 안 되지만, 내가 보기에 결론은 매우 명확하다. 비밀이 새고 있다. 우리는 차갑고 텅 빈 물리적 우주 속 외톨이 행성에 사는 유전자 복제 생체 로봇이라는 비밀이. (…) 나는 메시지를 받았고, 당신은 내가 그에 맞춰 행동하리라고 믿는 편이 낫다." 이는 (앞서 본) 미겔 데 우나무노, 조슈아 포아 딘스태그, 윌리엄 브래시어, (뒤에서 볼) 프리드리히 니체 및 그 비밀을 이미 **잘 알고 있는** 다른 많은 사람이 취했던 '영웅적 비관론'의 전략으로 보인다. 이는 분명 삽페의 관찰에 의하면 모든 사람이 따르고 있는 그 전략, 우리가 진상을 알지만 너무 잘 알지는 못하도록 의식을 억누르는 역설적인 존재로서 계속 살아가려면 따라야 할 전략이다. 그리고 이는 우리가 지금까지처럼 계속 살아가도록 충분히 잘 작동한다. 하지만 속류 유물론자는 사람들이 **사실** 자신은 무의미한 존재임을 알고 있으면서 계속 유의미한 존재인 척하고 있다고 실제로 말할 수 있을까? 이는 메칭거의 "**정말** 미치지 않고서 결정론을 믿을 수 있을까?"라는 물음의 다른 판본이 아닐까? 누군가가 '나는 인간 꼭두각시에 불과하다'라고 말하면서 이전처럼 계속 살아가는 것이 불가능하듯, 그런 정신 상태는 "사실상 불가능"할 뿐만 아니라 완전히 불가능하지 않을까? 메칭거에 따르면 당신은 있는 그대로의 자신을 볼 수 있을 것 같지 않다. 그걸 보게 되면 당신은 공포를 알게 될 것이고, 자신이 그 사실을 알고 있다는 걸 알게 될 것이다. 자신이 인간 꼭두각시에 불과하다고 믿는 것이 더 이상 불가능하지 않게 될 것이다. 그러면 이제 어떻게 될까? 정답은 이렇다. '이제 우리는 미쳐간다. 이제 우리는 삶의 무대 뒤에 우리 세계를 악몽으로 만드는 위협적인 무엇이 있다는 것을 알기 때문에, 우리 종은 광기의 대유행 속에서 멸종한다.' 이제 우리는 자신이 으스스한 역설임을 안다. 우리는 자연이 자연법칙에 따르면 존재할 수 없고 존재해서도 안 되지만 그럼에도 존재하는 생물을 만들어냄으로써, 초자연적인 것을 향한다는 걸 안다.

속류 유물론에 대한 메칭거의 조롱은 의식에 대한 미래 기술이 "지금까지 우리 행성에서 진화에 의해 유발된 의식의 생물학적 형태"를 통해 도달할 수 없던 지점까지 우리를 데려다주리라는 그의 낙관적인 믿음에 기인하는 듯하다. 메칭거의 의심할 여지 없이 박식하고 대단히 인도적인 견해에 따르면, 그곳은 아름답고 근사한 지점일 것이다. 우리는 인간이 된다는 게 무엇인지 아직 모르지만, 인도적이라는 게 무엇인지 대해서는 개략적인 관념을 가지고 있다. 그리고 메칭거의 중생의 고통에 대한 몰두는 모든 비관론자의 관심사와 일치한다. 유일한 차이점은 우리가 이 고통을 소멸시키거나 대대적으로 완화시키는 방법에 대한 그의 견해에 있다. 아무튼 메칭거는 "과학적 세계관에는 우리 정신의 안녕에 해를 끼칠지 모를 측면들이 있으며, 모두가 **이 점**을 직관적으로 느낀다"고 대담하게 말했지만, 그 자신은 모든 사람이 항상 그런 식으로 느끼지는 않을지도 모르며 그게 손익 계산 면에서 우리에게 유리하리라고 생각한다. 신경철학자가 다른 무엇을 믿을 수 있을까? 우리가 스스로를 포기하고 멸종의 길로 들어서야 한다고? 메칭거는 일단 인류의 나머지가 그 게임에 관해 꿰뚫어보고 나면, 우리가 (겉치레가 아닌 진심으로) 세상이 끝날 때까지 모든 면에서 매일매일 나아지질 거라고 믿고 있음에 **틀림없다**. 하지만 그러려면 시간이 걸릴 것이다. 그것도 아주 많이.

21세기에도 다윈의 이론이 그들의 창조주 및 그의 설계와 조화를 이룰 수 없다면 그 이론에 맞설 사람들이 있다. 그들을 보호하는 이런 허상들을 놓아버리면, 그들은 정신적으로 불안정해질 수밖에 없다. 그러면 그들은 그런 불안정함의 이유가, 자신들이 알던 세계가 그들의 마비된 품 안에서 썩어갈 것이기 때문이라고 말할 것이다. 여느 몽상가가 자신을 뒤쫓는 공포로부터 달아나듯, 증거를 받아들일 준비가 되어 있지 않은 그들은 증거로부터 달아난다. 그들은 이런 공포가 자신을 덮치면, 그들이 존재해선 안 된다고 믿는 것의 형상을 보고 그 손길을 느끼게 되어 광기에 빠져 죽을 거라고 생각한다. 그러나 많은 사람이 그들보다 앞서 그랬듯, 그들은 의심의 여지 없이 그런 경험을 하더라도 살아남을 것이다. 우리는 이미 우리가 알아서는 안 되고 알게 되면 파멸할 거라는 지식의 격류를 견뎌낸 바 있다. 하지만 우리는 그런 지식을 얼마나 더 받아들일 수 있을까? 인간종은 인간종이 없다는 것, 즉 아무도 없다는 것을 깨닫는 일에 관해 어떻게 느낄까? 이것은 역사상 가장 무서운 이야기의 결말일까? 아니면 우리가 자신의 삶을 살기 이전의 상태로 되돌아가는 것일까? 지금 당장은 창조주 없는 다윈의 이론조차 받아들일 수 없는 이들이 안전해 보인다. 금지된 지식이라는 주제에 관한 러브크래프트의 말을 인용하자면, "과학이 각각의 분야에서 최선을 다해 진리를 탐구해왔어도, 지금껏 우리에게 거의 해를 끼치지 않았다."† 하지만 아마 언젠가는 해를 끼치게 될 것이다. 그러면 의식이라는 저주로부터 미래를 구하기 위해, 삽페의 해결책에 눈을 돌릴 때가 올지도 모른다.

우리가 신경과학자들의 실험 결과를 숨죽이며 기다리는 동안, 사람들은 여전히 당신 집 문을 두드리면서 당신을 그들의 천국으로 데려다주겠다는 속임수를 팔아먹으려 할 것이다. 당연히 거룩함을

† H. P. 러브크래프트, 〈크툴루의 부름〉, 《하워드 필립스 러브크래프트》, 김지현 옮김, 현대문학, 2014, 166쪽.

판매하는 이 장사꾼들은 천국에 들어가는 게 어떤 건지 전혀 모른다. 천국에도 층위가 있을까? 누군가가 천국에 들어갔는데도 그걸 모를 수 있을까? 오늘날 살아 있는 많은 사람은 '죽음을 맛보지' 않고, 대신 휴거가 닥쳤을 때 천국으로 바로 들려 올라갈 거라는 이야기를 얼마나 자주 들었던가? 이는 이미 수십억 명의 사람들이 구원받지 못한 자의 고통을 겪지 않으리라는 이루지 못한 소망을 안고 덜컥 죽어버렸음을 의미한다.

그들이 임종을 기다리며 누워 있는 동안, 분명 어떤 환멸이 그들을 괴롭혔을 것이다. 만약 우리가 성가신 예비 단계 없이 그냥 휙 사라질 수 있다면, 죽음도 그리 나쁘지는 않을 것이다. 하지만 천국의 문이 자신에게 열리리라 기대하는 사람들마저, 신이 내린 목숨을 걸고 싸우는 육체적 시련을 겪은 뒤에 그 문에 들어가길 원하진 않을 것이다. 나머지 우리에게는 의식의 회전목마가 계속 돌아가면서, 최악의 것이 마지막에 남겨져 있을지도 모른다는 피가 얼어붙는 듯한 가능성을 일깨워준다. 살아 있음을 제법 괜찮은 일로 경험한 사람들마저 교통사고로 죽거나 튜브를 꽂은 채 병석에 눕게 되는 정해진 결말을 겪어야 할 것이다.

삶은 앞서 일어난 사건들을 만족스럽지 못한 결론으로 망치는 이야기와 같다. 우리는 장차 시체가 될 것이며, 이를 소급해서 고칠 방법은 없다. '끝이 좋으면 다 좋다'는 말은 단기적으로는 괜찮다. 전해지는 바에 따르면, 영국의 경제학자 존 메이너드 케인스는 이렇게 말했다. "장기적으로는, 우리 모두 죽는다." 우리는 이 말을 끝맺는 방식으로 잘 받아들이지 않는다. 하지만 우리가 우리 자신이나 아직 태어나지 않은 이들을 어떻게 끝낼지 정할 수 있다면, 사정은 달라진다.

노르웨이의 작가이자 문화평론가인 옌스 비에르네보에Jens Bjørneboe는 1976년에 자살하기 10년 전 출판되었고, 이후 《자유의 순간Moment of Freedom》[[원제는 *Frihetens øyeblikk*]]으로 번역된 그의 소설에서 이렇게 썼다. "혼자서 오랜 기간에 걸쳐 완전한 우울을 경험해 보지 못했다면, 그 사람은 어린아이이다." 비에르네보에의 불쾌한 토로는 그 타당성을 입증할 수 없다는 점은 차치하더라도, 의식을 지닌 개인으로 성숙하게 하는 유일한 통과의례로서의 개인적 고통의 정도를 가늠하기에도 지나치게 협소하다. 우울증은 우울의 영향을 전혀 받지 않은 사람들은 오랜 기간에 걸쳐 놀이터나 유아용 놀이 울타리에서 지냈다는 과장된 주장을 하기 위해 선택할 수 있는 정신병리학 질환 중 하나일 뿐이다. 하지만 이는 대부분의 사람이 그 변종 가운데 한 가지 이상은 겪게 되는 정신병의 한 예로 원용될 수도 있다.

이 질병 중 통계적으로 우세한 형태는 '비정형 우울증atypical depression'이다. 그리 흔하지는 않지만 더 치명적인 것은 전형적인 '멜랑콜리형 우울증melancholic depression'이다. 하지만 어떤 명칭으로 수식되든 우울증이 진행되면 그 영향은 같다. 당신과 당신 세상이 중요한 무엇을 의미하는 양 보이게 만드는 감정 연결망의 작동을 방해하는 것이다. 그제야 당신은 '오래된 자아'도, 자신의 '오래된 실재'의 나머지 부분도 침범할 수 없는 것이 아님을 깨닫게 된다. 양쪽 모두 우리 육체만큼 연약하기에, 쉽사리 구멍이 나 우리 자신과 세계에 중요하다고 생각했던 모든 것이 바람 빠지듯 사라질지도 모른다.

우리 삶이 어떤 의미를 지닌 듯 보이는지는 상대적으로 잘 구성된 감정 체계가 작용한 결과이다. 의식이 우리에게 인격체가 된다는 감각을 부여하듯, 우리의 정신생리학은 우리를 실존적 게임을 할 만한 가치가 있다고 믿는 인격으로 만드는 원인이 된다. 우리는 어느 누구와도 다른 기억들을 가질지도 모르지만, 그런 기억을 되살리는 데 적합한 감정이 없으면, 그것은 마치 컴퓨터 파일 속 단절된 데이터 조각들처럼 중요한 의미가 있는 듯한 맞춤형 개인으로 결코 통합될 수 없을 것이다. 당신은 자신의 삶에 의미가 있다고 개념화할 수 있지만, 당신이 그 의미를 **느끼지** 못한다면 당신의 개념화는 의미 없고 당신은 아무것도 아니다. 우리 삶에서 유일하게 중요한 문제는 '오래된 자아'에 대한 감각을 제공하는 제어된 감정의 무지개 또는 오로라로 색칠되어 있다. 하지만 중증 우울증은 당신의 감정을 증발시키고, 당신을 황량한 풍경 속에 홀로 서 있는 사람의 빈껍데기로 축소시킨다. 감정은 이 세계 속에서 우리가 보는 혹은 본다고 생각하는 실체를 이루는 기본 물질일 뿐만 아니라, 유의미한 사람들 사이에서 유의미한 사람이 된다는 환상을 일으키는 기본 물질이기도 하다. 인간 존재에 관한 이런 기본적인 수준의 사실조차 모른다는 건 아무것도 모르는 것과 마찬가지다.

특정 재료를 정해진 비율로 섞어야 보드카 마티니나 피냐콜라다 같은 혼합주가 되는 것처럼, 우리의 감정은 강도와 성질 면에서 다양하지만 그 연쇄라는 측면에서 항상 안정되어 보여야 한다. 통합된 우리 감정들은 표면적으로 변칙적인 2차 자아들과 질적으로 대비되는 지배적 자아를 형성한다. 그 감정들은 우리 안에서 서로 자리를 바꿀 수도 혼합될 수 있고, 명료할 수도 모호할 수도 있지만, 이런 생물학적 흥분의 경험은 우리가 미래를 예측할 수 있는 한 그 감정들이 우리와 함께하리라는 것을 거의 의심할 수 없게 만든다. 서로 떨어진다는 걸 상상조차 할 수 없는 커플을 생각해보자. 이러한 허구가 빈번하게 출산으로 이어진다는 사실을 제쳐두더라도, 그 필수적인 허구가 없으면 어떤 사회도 존재할 수 없다. 이성은 그저 감정의 대변자에 불과하기 때문에, 그렇게 해야만 하는 이성적 근거는 없다. 명확하지만 언어로 표현되지 않는 실재 속에 자신의 독자를 잡아두는 데 능했던 흄은 자신의 《인간 본성에 관한 논고Treatise of Human Nature》(1739~1740)[†]에서 이렇게 썼다. "이성은 정념의 노예이며, 또한 노예일 뿐이어야 한다." 이성을 이런 노예 상태로부터 해방시킨다는 것은 우리가 대의 없는 합리주의자, 정신 작용으로 인해 마비된 뇌졸중 환자가 된다는 의미일 수도 있다.

우울증과 그것이 그 희생자를 아무것에도 관심을 갖지 않는 지점까지 몰아붙이는 결정적인 영향에 관해, 미국 토크쇼 진행자 딕 캐빗Dick Cavett이 이렇게 말한 적이 있다. "당신이 이 고통스런 병에 시달리고 있을 때면, 2.5미터 떨어진 테이블 위에 치유력이 깃든 마법 지팡이가 놓여 있어도, 가서 지팡이를 집어 드는 일조차 너무도 힘듭니다." 감정이 없으면 이성도 쓸모없다는 것에 대해 이보다 더 나은 설명은 아직 제시된 적이 없다. 우울증으로 무기력해지면, 당신의 정보 수집 체계는 정보를 수집·분석하여 이런 사실들을 당신에게 보고한다. (1) 해야 할 일이 없다. (2) 가야 할 곳이 없다. (3) 되어야 할 것이 없다. (4) 알아야 할 사람이 없다. 의미로 충만한 감정이 당

† 데이비드 흄, 《정념에 관하여: 인간 본성에 관한 논고 2》, 이준호 옮김, 서광사, 1996.

신의 뇌가 곧고 좁은 길을 벗어나지 않도록 유지하지 않으면, 당신은 균형을 잃고 명료함이라는 심연 속으로 추락할 것이다. 의식 있는 존재에게 명료함이란 재료 없는 칵테일, 수정처럼 맑은 혼합주로서, 당신을 현실로 인한 숙취에 시달리게 놔둘 것이다. 완벽한 지식에는 오직 완벽한 무無만이 있을 뿐이며, 당신이 삶의 의미를 원한다면 이 사실은 지극히 고통스러울 것이다.

윌리엄 버로스는 자신의 일지에서 이런 옳은 말을 한 적이 있었다. 그는 특유의 세상 물정에 밝은 어조로 쓴다. "사랑? 그게 뭐냐고? 그건 존재하는 가장 자연스러운 진통제야." 하지만 당신은 우울증이 당신의 사랑(그 대상이 무엇이든)을 사로잡아 그것이 단지 인간 비극에 대한 당신의 의식을 흐리는 허다한 마취제 가운데 하나일 뿐이란 걸 폭로하면, 그 진통제에 어떤 일이 벌어질지 궁금해 할지도 모른다. 또한 당신은 당신으로 하여금 어떤 사람, 장소, 사물을 '아름답다'고 여기도록 만드는, 관찰자의 신경전달물질 속에만 존재하는 특질을 재고하기를 원할지도 모른다. (미학? 그게 뭐냐고? 아무것에도 관심을 갖지 않을 정도로 우울하지는 않은 사람들, 그러니까 우리에게 중요하다고 여겨지는 거의 모든 것을 결정하는 사람들이나 신경 쓸 문제지. 당신 좋을 대로 저항해. 예술도 삶에 대한 미학적 관점도 모두에게 허락된 산만해지기 위한 수단은 아니거든.) 우울증에 빠지면, 한때 아름다워 보였던 혹은 심지어 경악스럽고 무시무시해 보였던 모든 것이 당신에게 무의미하다. 구름에 가린 달의 이미지는 그 자체로 신비스럽고 영적인 무언가를 전달하진 않는다. 그것은 그저 우리 시각기관에 제시되고 아마도 기억으로 가공되는 대상들의 앙상블에 불과하다.

이것은 우울증 환자가 배우는 위대한 교훈이다. 즉 세상 그 무엇도 본질적으로 매혹적이지는 않다. '저 바깥'에 실제로 있는 게 무엇이든, 그 자체를 정동적인 경험으로 투사할 수는 없다. 그것은 단지 화학적 의미만 있는 공허한 사건일 뿐이다. 그 무엇도 원래부터 좋거나 나쁘지도, 바람직하거나 바람직하지 않지도, 혹은 다른 어떤 의미를 갖지도 않는다. 우리가 살아가면서 느끼는 감정을 생산하는 우리 안의 실험실에 의해 그렇게 만들어지지 않는다면 말이다. 그래서 우리 감정에 따라 살아간다는 것은 제멋대로 잘못 살아간다는 뜻이다. 그 감정은 대상 자체와 아무 상관 없는 의미를 부여하는 것이기 때문이다. 그러나 살아갈 다른 어떤 방식이 있을까? 끝없이 철컹거리는 감정 기계 없이는 모든 것이 멈춰버릴 텐데. 그러면 해야 할 일도, 가야 할 곳도, 되어야 할 것도, 알아야 할 사람도 없을 것이다. 그 대안은 분명하다. 정동의 노리개로서 거짓되게 살든지, 우울증 환자로서 사실에 충실하게 살든지, 그것도 아니라면 우울증 환자에게 알려진 것을 아는 개인으로 살든지. 어느 쪽도 최선이 아닌 양자택일을 강요받지 않는다는 것은 얼마나 다행인가. 인간 존재를 일견하기만 해도, 우리 종이 망상에 고착된 주정주의emotionalism의 옥죄어오는 손아귀로부터 풀려나지 못하리라는 점을 충분히 증명해준다. 우울증을 선택하는 것은 살아가기 위한 방법은 아닐지 모르지만, 우리가 곧 우리가 의식적으로 파악하고 있는 존재로부터 벗어나겠다는 선택일 것이다.

물론 개인은 우울증에서 회복될 수 있다. 하지만 그럴 경우에는 그 과정에서 자신이 겪은 것에 대한 의식을 유지하는 편이 좋다. 그렇지 않으면 상대적으로 잘 구성된 감정 체계에 의해 이리저리 휘둘릴 때, 한때 생각했던 것만큼 살아 있음이 괜찮은 일은 아니라고 생각하기 시작할 수도 있다. 이는 면역 체계처럼 모든 종류의 신체 체계에 동일하게 적용된다. 당신의 체계 가운데 하나가 잘못되면, 당신은 자신이 생각하는 대로 기능할 수 없게 된다. 당신의 면역 체계가 바이러스나 박테리아의 공격을 견디지 못할 때, 당신은 자신의 몸에서 얼마나 많은 토사물, 콧물, 가래, 설사를 쏟아내는지 말고는 아무 생각도 할 수 없게 될 것이다. 항상 이런 식이라면, 당신은 잘 구성된 존재로서 유지될 수 없으며, 이는 당신이 자신의 오래된 자아(그것이 무엇이든 간에)로서 유지될 수 없다는 뜻이다. 하지만 당신의 체계 중 하나 이상이 잘못되더라도 회복될 가능성은 있으며, 그러면 새롭게 잘 구성된 존재로서 당신은 아마도 '진짜 나로 돌아왔어'라고 생각할 것이다. 그러나 당신은 자신이 눈치 채지 못할 정도로 매우 잘 협업하는 잘 구성된 체계를 갖춘 쪽이 아닌, 아팠던 쪽이 진짜 자신이라고 솔직하게 생각할 수도 있다. 그렇지만 당신은 아팠던 자신이 진짜 자신이라고 생각하면서 살아갈 수는 없다. 그렇게 되면 당신은 항상 자신의 체계가 잘못될 수 있다는 만성 불안으로 고통받는 사람이 될 것이다. 그러면 **그쪽**이 진짜 당신이 될 것이다.

구원이라는 괴물

내리막

'우울한Depressing'은 평범한 사람들이 삽페, 쇼펜하우어, 러브크래프트 같은 사람이 표현하는 인생관에 붙이는 형용사다. 세계적 종교들의 교리는 음울할지라도 결코 평가절하되지는 않는데, 그 이유는 평범한 사람들에게는 그런 교리가 '고양시키는' 것으로 인식되기 때문이다. 낙천적인 기만이 청중을 불러 모으고, 낙담시키는 진실은 군중을 흩어놓기 마련이다. 그 이유는 이렇다. '우리를 겁주는 것은 광기가 아닌 우울이고, 우리가 겁내는 것은 정신이상이 아닌 도덕적 타락이며, 우리 희망의 문화를 위태롭게 하는 것은 마음의 혼란이 아닌 마음이 환상에서 깨어나는 것이다.' 우울증이라는 유행병이 우리 머릿속 재잘거리는 목소리들을 침묵시키고, 삶을 그 궤도에서 멈춰 세워 죽음으로 이끈다. 우리는 수십억 년의 진화가 모든 종에게 어쨌든 하라고 명령한 것이 무엇인지에 관해 내내 떠벌이면서, 섭리에 따라 계속 땅을 일구고 우리 자신의 수를 늘리기에 충분한 광적인 열의를 부여받았다.

삽페, 쇼펜하우어, 러브크래프트는 삶을 긍정하는 히스테리에 굴복하지 않고 꿋꿋이 살았다. 이런 태도는 누구에게나 위험하지만, 특히 작가에게는 더욱 위험하다. 왜냐하면 반反생명적anti-vital 신념은 그들의 작업을, 긍정적 사고에 굴복하거나 적어도 우리 종에 관해선 애매하게 말하라는 금언을 따르는 문장가의 작업보다, 기록 보관소의 더 낮은 자리로 강등시킬 것이기 때문이다. 모든 사람은 우리 삶이 **악성으로 쓸모없는** 것은 아닐 가능성에 대해 문을 열어두고 싶어 한다. 심지어 교육 수준이 높은 독자마저도 그들의 삶이 (다른 무엇도 아닌) 진화적인 우연이고, 그 의미는 사람들이 생각하는 바와 다르다는 말을 듣고 싶어 하지 않는다.[1]

쇼펜하우어의 경우 그의 부정에 따른 부수적 결과로 인해, 자신의 독일 동료이자 적수인 프리드리히 니체보다 현대 사상 박물관에서 훨씬 좋은 자리를 차지하게 되었다. 쇼펜하우어는 인격이 없고 끊임없이 요동치는 의지가 담긴 작은 꾸러미로서 인간의 "참된 본성"을 사후적으로 상기한 뒤, 개인에게 오직 멸종만을 약속한다. 니체는 비록 우리가 종교적 모형과 유사한 사후세계로 인도되지는 않겠지만, 이번 생을 영원토록 작디작은 세부까지 기꺼이 거듭할 마음가짐을 가져야 한다고 종교로부터 차용하여 설교한다.[2] 우리 가운데 몇몇에게는 삶을 단 한 번이라도 반복하는 일이 내키지 않겠지만, 작가의 평판을 높이는 건 우리가 아니다. 그건 니체로부터 정신의 역사에서 가장 매혹적인 수수께끼를 발견했던 철학적 유행 선도자들의 영역이다. 그의 전집이 해석을 견뎌내면 낼수록, 해석과 논쟁 그리고 보편적인 분파적 분열(이 모든 일은 신을 믿든 믿지 않든 광신자들이 목적의식에 따라 추구하는 활동이다)에 평생을 바치는 니체 해석자들이 공급된다.

다른 무엇보다, 니체는 인간 생존의 옹호자로 유명하다. 많은 생존자가 삶이 상상할 수 있는 최악의 것이라는 바로 그 이유로 삶을 사랑하는 데 헌신하고, 죽음에 이르는 구불구불한 길을 사도마조히즘적으로 즐겁게 질주하는 **변태적 비관론자**로서 니체의 선례를 따르는 동안은 계속 그럴 것이다. 니체는 존재가 모든 공포의 근원인 의식이 낳은 비극이라는 데에 아무 문제를 느끼지 않았다. 이 변칙적 비관론은 살아 있음은 괜찮은 일이 아니며 결코 그렇게 될 수도 없다고 분명히 기록하여 철학에서 부당하게 미움을 받는 쇼펜하우어의 '정상적' 비관론과 이율배반을 이룬다. 그를 워낙 떠받드는 나머지 그의 저술 속 당혹스러운 기술적 측면들에 눈 감는 주석가마저, 그가 공공연하게 차츰 비관적으로 변해갈 때, 혹은 모든 존재에 대한 자의식 없는 엄격한 지배자, 만물이 그 본성에 따라 행하게끔 하는 무지성적인 힘, 우리 세상의 소란을 지속시키는 아둔한 인형사로서 의지에 대해 강론할 때에는 머뭇거린다. 이런 공격들로 인해, 삶에 대한 노골적인 원한을 품은 모든 철학자가 그렇듯, 그의 입지 역시 다른 주요 사상가에 비해 다소 낮다.

쇼펜하우어와 니체 모두 무신론자 청중만 상대했지만, 쇼펜하우어는 생물과 무생물의 세계 속 어떤 특별한 지위도 인류에게 부여하지 않고, 우리 존재에 어떤 의미도 부과하지 않음으로써 (공중관계의태도 면에서) 실수를 저질렀다. 쇼펜하우어와는 반대로, 니체는 삶에 대한 종교적 해석을 장황하게 비판할 만큼 심각하게 받아들였을 뿐만 아니라, 그것을 불신자마저 개처럼 구걸하는 목표 지향적 가치와 의미감으로 대체하는 데 혈안이 되어 있었다 (이러한 몇몇 과업을 통해 개인은 자신을 잃거나 찾아낼 수도 있다).

무신론적 탈도덕론자 사이에서 니체의 인기 비결은 그의 유물론적 신비주의, 즉 우리 눈앞에서 세상의 의미 없음을 의미 있는 무엇으로 만들고 운명을 자유로 개조하는 마음의 책략이다. 쇼펜하우어의 소몰이식 삶 즉 불가해한 힘(의지)이 우리를 한데 몰아가는 삶에 관해 말하자면, 그것은 일소되어야 한다. 기분 전환용 소설의 형식에서 그런 삶은 으스스한 공포의 전율이 실린 개념적 무게의 가치를 갖겠지만, 제시된 실재로서 그런 삶은 자명하게 우울하다.

규정되지 않은 운명을 향한 경주에서 자신이 남들보다 앞선다고 믿었던 사람들과 연합하면서, 니체는 인간 가장 행렬이 계속 나아가도록 할 수 있는 일을 했다… 그 행렬이 어디로 향하든 관계없이. 그는 가치가 나무에서 자라거나 돌판 위에 새겨지지 않는다는 것을 인식할 수 있는 명료한 정신을 지녔음에도 불구하고, 가치를 창조하는 것이 가능하다고 스스로를 속였다. 그러나 이런 가치가 어떻게 창조되고 그것이 무엇이 될 것인지에 대해서, 그는 말할 수 없었다. 십자가에 못 박힌 이를 향하는 삶을 부정하는 신앙을 무너뜨린 다음, 니체는 서구 세계에 대한 기독교의 통치를 탈취하고선 위조한 자금으로 그것을 유지하도록 예비된 적그리스도 같은 메시아 차라투스트라를 통해 자신의 계명을 내려주었다. 지금부터 영겁회귀까지 비실재로 가득한 자루를 짊어지고 다니는 이들 중에는, 아마도 니체만큼 '정상'인 사람은 없었을 것이다.

왜 이 회의적인 긍정론자는 그가 곧 닥쳐올 거라 예견했던 허무주의의 위기를 막아냄으로써 우리 단결심을 유지하는 것이 중요하다고 믿었을까? 니체는 어느 시점에 사람들이 이따금 줄어들지는 몰라도 결코 고갈되지는 않을 가치의 결핍 때문에 벽에 부딪히리라 생각하진 못했을 것이다. 기반 없음에 대한 두려움에 길거리로 뛰쳐나갔어야 할 사람들은 별 탈 없이 살아남았다. 허무주의자든 아니든, 그들은 여전히 긍정을 한 아름 안고 집으로 돌아온다. 출판하느냐 사라지느냐는 전업 사상가가 오랫동안 붙들고 있을 문제가 아니다. 앞으로 어떤 도덕적 위기가 닥치든, 그것은 허무주의에 손상되지 않은 환경 내에서 일어나야 할 것이다.

인간의 지속성에 대한 위협으로서의 허무주의는 신과 마찬가지로 죽었다. (제임스 C. 에드워즈James C. Edwards, 《사물의 평범한 의미: 일반적 허무주의 시대에 종교의 운명The Plain Sense of Things: The Fate of Religion in an Age of Normal Nihilism》(1997)을 보라.) 한 사람이 품었던 가치를 폐기하는 것은 거의 불가능하며, 그런 가치는 그 사람이 자연적 죽음이 엄습할 때까지 상상하게 될 이상이다. 삶에 대한 평가절하의 거장이었던 쇼펜하우어는 그 점을 알았다. 하지만 니체는 마치 출산을 앞둔 부모가 아이의 이름, 혈통, 그리고 도덕률과 유전암호가 시간의 언덕 너머로 희미해져가는 세대에 의해 체현되는 걸 염려하듯, 자신의 작업이 영감을 주리라 생각했던 태어나지 않은 가치들에 대해 안달했다. 후손이 즉흥적으로 만들어낼 수 없는 가치라면 남김없이 파괴해버린 니체는 과거로부터 전달된 노예화하는 가치에 맞서 싸운 존경스러운 반대자였다. 그는 파괴된 가치가 있던 자리에 아무것도 남겨두지 않았다. 그리고 그 점에 관해, 우리는 그에게 감사해야 한다.

삽페의 역설이라는 꼬리표가 붙어 있는 것은 아마 니체로부터 도용한 듯한데, 이 역설에서 인류는 자신의 삶을 그 자신이 아닌 어떤 것, 즉 살 만한 가치가 있는 어떤 것으로 생각하도록 스스로를 기만한다. 니체는 《비극의 탄생Die Geburt der Tragödie aus dem Geiste der Musik》(1872)에서 이렇게 썼다.

> 여기 영원한 현상 하나가 있다. 바로 탐욕스러운 의지는 항상 사물 위에 펼쳐진 환상으로 피조물을 삶에 얽매고 생존을 강요하는 수단을 발견한다는 것이다. 어떤 사람은 소크라테스적인 인식의 쾌락에 사로잡혀, 그것으로 실존의 영원한 상처를 치유할 수 있다는 망상을 믿는다. 어떤 사람은 자기 눈앞에서 하늘거리는 예술의 유혹적인 미의 베일에 휘감겨 있기도 하고, 또 다른 사람은 현상의 소용돌이 밑에 파괴할 수 없는 영원한 삶이 흐른다는 형이상학적 위로에 붙잡혀 있기도 하다. 물론 의지가 매 순간 마련해주는 더 강력하고 더 비속한 환상에 관해서는 더 말할 것도 없다. (《비극의 탄생》, 월터 카우프만Walter Kaufmann 옮김)†

† 프리드리히 니체, 《비극의 탄생》, 《니체 전집 2: 비극의 탄생·반시대적 고찰》, 이진우 옮김, 책세상, 2005, 134~135쪽.

우리는 니체가 삽페처럼 이 관찰로부터 삶을 부정하는 비관론을 전개하지 않았고, 오히려 우리에게 "'두려워한다'는 게 어떤 의미인지" 가르쳐주는 "**힘**의 비관론"을 전개했다는 사실을 유감으로 여길 수밖에 없다. 하지만 니체가 《비극의 탄생》의 1886년판 서문 〈자기 비판의 시도Versuch einer Selbstkritik〉에서 이런 표현을 썼을 무렵에는, 이미 순수주의자의 비관론으로 전향 혹은 재전향하기엔 너무 늦었다. 니체는 이미 평범한 필멸자를, 즉 그가 자신을 포함시키지 않는 혹은 포함시키기를 원치 않는 일군의 사람들을 두렵게 하는 길로 들어서 있었다. 삽페는 스스로를 이런 무리에 포함시켰으며, 그 집단에서 빠져나오기로 한 사람들에 대한 그의 분석은 니체에게 정확히 들어맞는다. "그런 경우에, 어떤 사람은 파괴적 기쁨에 사로잡혀, 자기 삶의 모든 인공적 장치를 철거하고 열광적 공포와 더불어 그것을 깨끗이 쓸어버리기 시작할 수도 있다. 공포는 우리를 지켜주는 모든 가치의 상실에서 비롯된다. 그러면 이제 그는 우리 자연의 가장 깊은 비밀(생물학적 불건전성, 파멸로 향하는 지속적인 성향)과의 가차 없는 동일시와 조화로부터 황홀감을 느끼게 된다." 니체가 두렵게 하는 것에 대해 기쁨을 느끼고 그 자체로 역설인 정신적 입장에 서게 되었을 때, 비관론은 삶을 부정하는 측면에서 위대한 수호자 하나를 잃었다.

미래 애호증

니체 이후, 비관론은 몇몇 사람들에 의해 재평가되고, 또 다른 사람들에 의해 활기를 되찾았지만, 평범한 필멸자에게는 여전히 우울한 것으로 냉대받았다. 그들은 자신의 기운을 가장 북돋우는 환상을 계속 되뇌었다. '오늘은 어제보다 낫고, 내일은 더 나을 거야.' 당장은 살아 있음이 괜찮은 일일지 몰라도, 적어도 우리가 관심을 갖고 들여다보는 한, 미래는 사실 장래에 존재할 사람을 위한 장소이다. 러브크래프트는 이 지점에서 엄청난 음모를 제기하는 인물이다. 그의 소설 대부분은 우주에 존재하는 신적인 존재, 인간 삶의 개선이라는 발상을 우주적 오판으로 격하시키는 바로 그 존재의 손아귀에 놓여 있기 때문이다. 눈먼 백치 신 아자토스, 기어드는 혼돈 니알라토텝Nyarlathotep, 죽은 채 꿈꾸는 자 크툴루Cthulhu. 이들은 지각, 의미, 가치가 존재하지 않는 장소로서의 러브크래프트적 우주를 상징하는 존재 가운데 일부다. 이런 관점은 러브크래프트의 시 〈네메시스Nemesis〉에서 잊을 수 없을 정도로 잘 표현되어 있다.

> 나는 검은 우주가 아가리를 벌리는 것을 보았다
> 검은 행성들이 아무런 목적 없이 도는 곳
> 그 행성들이 귀 기울이는 이 없는 공포 속에서 도는 곳
> 지식도 영광도 이름도 없이.

이 시를 비롯해 이와 유사한 다른 구절들은 미래를 신봉하는 자에게 호의적으로 받아들여지지 않는다. 그들은 이 네 행에 담긴 전망을 부정하거나, 그저 문학적 오락거리로만 취급할 것이다. 사실상 길가메시가 죽은 자의 땅을 여행한 뒤 기록된 모든 상형문자와 잡다한 글이 그런 취급을 받았듯이 말이다. 오컬트 소설 독자 사이에서 더

유명한 것으로는 신지학이나 인지학 혹은 사이언톨로지의 경전, G. I. 구르지예프[†]의 '네 번째 길', 카발라 등등이 있다.

비전祕傳의 학문을 다루는 서지 목록에 '트랜스휴머니즘'[††]이라는 외설물, 즉 매일매일 우리는 더 나은 인간을 만드는 데 점점 더 가까이 다가가고 있다는 믿음에 의해 보증되는 일종의 열광적인 유토피아 사상을 덧붙여야 한다. 자유의지주의적인 의미의 자유의지를 옹호하는 사람들처럼, 트랜스휴머니스트는 우리가 스스로를 오늘날의 우리 모습으로 만들 수 있으며, 기분이 내키면 스스로를 내일의 우리 모습으로 다시 만들 수 있어야 한다고 믿는다. 하지만 이것은 불가능하다. 진화로 말미암아, 우리는 **만들어졌다**. 우리는 원시 점액으로부터 스스로를 끄집어내지 않았다. 그리고 우리가 하나의 종이 된 이후 이룩한 모든 것은 그렇게 만들어진 결과였다. 우리가 무엇을 하든, 그것은 우리가 그런 행위를 하도록 만들어졌기 때문이다. 즉 달리 행할 도리가 없는 것이다. 우리는 스스로를 무언가로 만들려고 애쓸지도 모르지만, 우리 자신의 진화를 능가할 수는 없다. 우리가 항생제를 만드는 이유는, 항생제 같은 것을 만드는 존재로 만들어졌기 때문이다. 그런 행위는 우리를 변화시키지 않고, 우리의 조건을 변화시킨다. 우리는 어떤 행위를 하고 무언가를 만들지만, 우리 자신

† George Ivanovich Gurdjieff(1866?~1949). 아르메니아 출신의 신비주의 사상가이자 영성가이다. 대부분의 인간이 영적으로 잠든 일종의 기계나 마찬가지인 상태라 생각하고, 이를 각성시키는 일에 전념했다. 대표 저작에는《전체와 모든 것All and Everything》3부작이 있다.

†† transhumanism. 과학기술을 이용해 사람의 정신적, 육체적 성질과 능력을 개선하려는 지적, 문화적 운동이다.

을 만드는 일은 할 수 없는 생명체로서 존재하는 것이다. 자연은 우리를 위한 계획을 가지고 있었으며, 지금도 가지고 있다. 그런 계획 가운데 하나가 트랜스휴머니즘이라는 꿈인 듯한데, 이는 그저 우리 존재를 없던 것으로 만들 계획일 수도 있다. 그렇다고 하더라도, 우리는 우리가 수립하려는 새로운 진화 프로그램으로 새로운 인간을 만들 수 있다고 상상하기 때문에, 그 계획을 변경하려 하지 않을 것이다. 우리는 생존하는 방법과 번식하는 방법을 알고 있다. 우리는 많은 일을 할 줄 알지만, 미리 설정된 패턴을 넘어선 우리 자신을 어찌해야 할지는 모른다. 우리 중 일부만 어찌해야 할지 안다고 생각한다. 우리는 **다시 만들어지는 과정**에서 일부조차도 아니다. 우리는 항상 그랬듯이, 자연이 영원히 큰소리로 내리는 명령을 따를 뿐이다.

인간이 트랜스휴머니즘을 착상해냈듯, 트랜스휴머니스트는 그 누구도 우리가 지금까지처럼 살아가지 않고 우리의 현재 자아를 넘어선 무엇으로 진화하게 될 아득히 먼 조건인 포스트휴머니즘[†]을 착상해냈다. 그러면 그다음에는 무엇이 올까? 트랜스휴머니스트는 정말 이 문제에 대해 심사숙고해본 적이나 있을까? 그랬다면 어떻게 그럴 수 있었을까? 우리는 자신의 다음 사유가 어디에서 오는지 알 수 없으며, 트랜스휴머니스트의 사유도 예외는 아니다. 우리는 사유를 하지만, 그 사유로 무엇을 만들게 될지는 모른다. 그렇다면 우리가 우리 자신으로 무엇을 만들게 될지 어찌 알겠는가? 심지어 포스트휴먼조차 자기도 모르게 존재의 **악성으로 쓸모없는** 관습에 여전히

† posthumanism. 인간에 대한 과학기술의 조력을 극한까지 추구하여, 자연적 인간의 한계를 넘어서 완전히 다른 존재로 거듭나고자 하는 사상이다.

매여 있을 것이다. 그리고 포스트휴머니티의 계획 주위를 떠도는 미래 낙원을 구별 짓는 특질에도 불구하고, 이는 20세기 말에 처음 고안된 발상은 아닌 듯하다. '좋음' 혹은 적어도 더 나음을 추구하는 과정에서, 트랜스휴머니즘은 우리의 가장 오래된 환상을 재현한다. 마치 처음 듣는데도 전에 들어본 듯한 노래처럼, 트랜스휴머니스트의 책략은 과거로부터의 노래를 우리에게 들려준다. 에덴으로의 귀향에 관해 노래하거나 관심을 갖는 걸 좋아하는지 여부에 따라, 그것은 심지어 완전한 실존을 이루었던 선사시대 에덴으로부터의 노래까지 거슬러 올라간다. 하지만 이런 책략은 또한 시작되자마자 끝나버린, 낡고 정체되고 아무것도 아닌 것처럼 들린다.

그 정의에 따르면, 트랜스휴머니스트는 종으로서 우리 존재에 대해 불만스러워한다. 당연히 그들은 살아 있음이 괜찮은 일이라고 생각하며, 사실 너무도 그렇게 생각하기 때문에 살아 있지 않음이라는 관념을 견디지 못하고 영원히 살아 있기 위한 전략을 구상한다. 그들의 문제는 살아 있음이 실제보다 훨씬 더 괜찮기를 바란다는 점이다. 긍정적 사고의 힘으로는 그들이 가고자 하는 곳에 이르기에 충분치 않다. 그들은 그 모든 것을 넘어서거나, 넘어서고 싶어 한다. 그들은 신이나 영원한 복락을 누리는 사후세계에 대한 믿음마저 넘어선다. 신앙인에게 트랜스휴머니즘은 자연을 매개로 **자신이 뜻한 바대로 우리를 만들었으며** 오래전에 우리 자신을 점점 더 개선할 수 있는 길을 열어둔 **창조주**에 대한 모독일 뿐만 아니라, 그들이 이미 믿고 있는 바에 대한 쓸모없는 첨가물일 것이다. 그 길은 따라가기 버거울지도 모르지만, 그 대안은 믿기 어려울 정도로 더 나은 미래에 대한 희망이 없는 삶이라는 절망이다. 절망에 대한 신앙인의 대안을, 트랜스휴머니스트는 그들 자신의 대안으로 대체했다. 그런데 트랜스휴머니스트는 우리가 포스트휴먼으로 스스로 변이하면 막대한 이득을 얻게 될 거라는 가정하에 움직이지만, 그들 계획의 결과는 아직 불확실하다. 이는 우리 종의 역사에서 역동적인 새 장을 열어젖힐 수도 있지만, 우리의 종말을 알리는 나팔 소리가 될 수도 있다. 어느 쪽이든, 예언된 도약은 온갖 기술적 장치를 통해 착수될 것이며, 어떻게든 인공지능, 나노 기술, 유전자공학 및 다른 첨단 기술 장비를 수반할 것이다. 이것들은 새 창세기의 수단이자, 미래의 신의 말씀Logos이 될 것이다. 혹은 절망에 빠진 어느 과학 사상가 집단은 그렇다고 말할 것이다.

절망에 덜 빠진 과학 사상가 집단에게, 포스트휴머니즘은 키마이라chimera처럼 불가능한 망상이며 일어나지 않을 일이다. 우리는 빤한 옛날이야기 속 얼간이처럼, 계속 우리 삶을 살아갈 것이다. 확실히 트랜스휴머니스트의 관점은 비장의 카드로 종말을 끼워 넣었기 때문에, 시대에 뒤떨어진 휴머니즘보다 더 자극적이다. (빌 조이Bill Joy, 〈왜 미래는 우리를 필요로 하지 않는가Why the Future Doesn't Need Us〉, 《와이어드Wired》(2000)를 보라.) 이런 의미에서 트랜스휴머니즘은 기독교 휴거에 대한 세속주의적 재해석이며, 그 진짜 신봉자 중 일부는 초기 기독교인이 임박한 심판의 날을 믿었듯이 **오늘날 살아 있는 많은 사람**이 죽기 전에 트랜스휴머니즘이 이루어지리라 예상한다. 어쩌면 미래의 어느 시점에, 그런 예측은 돌발적인 종말론적 사태를 고려할 필요가 없어질 것이고, 우리는 매일매일 모든 면에서 자신이 점점 더 나아**지고 있다**는 사실을 확실히 알고 안심할 수 있을 것이다.

트랜스휴머니즘은 과학의 선구자 사이에서 오랫동안 유지된 오류를 내포하고 있다. 목적 없는 세상에서, 우리는 바벨탑을 착공조차 할 수 없으며, 우리가 아무리 서두른다 해도 이를 바꿀 수 없다는 것을. 우리가 어디로도 갈 곳이 없다[†]는 사실은 고칠 수 있는 조건이 아니다. 우리가 가능한 한 가장 빠른 속도로 진전에 실패해야 한다는 점은 아마도 치유 가능하지 않겠지만 어쩌면 가능할지도 모른다. 그런데 우리의 진보가 성과를 이루지 못하고 지체된다고 해서, 무슨 차이가 있겠는가? 삽페는 기술적 발전과 그것이 이끈 발견을 비난했다. 왜냐하면 그런 것에 관심 있는 이들은 그것을 알아가는 과정에서의 산만함에 속아 넘어갈 것이기 때문이다(그가 어느 정도 속도로 알아가기로 결정했는지는 상관없다). 모든 인간 활동은 시간을 죽이기 위한 방법이다. 사람들이 온갖 유형의 탐험가, 발명가, 혁신가가 먼저 시간을 죽여가며 그들을 위해 이루어낸 것에 관해 알기 위해 자신의 시간을 죽이는 것이 삽페에게는 범죄처럼 보였다. 삽페 자신은 그의 여가 시간을 가장 목적이 분명한 시간 죽이기, 바로 등산을 위해 비워두었다.

지금쯤이면 알겠지만, 종교적 혹은 과학적 몽상가를 비웃는 것은 그들을 우상화하는 것만큼 쉽다. 어떤 태도를 취할지는 당신이 듣고 싶은 이야기를 그들이 해주느냐 여부에 달렸다. 트랜스휴머니즘이 약속하는 흥분거리를 감안하면, 미래에 발을 들여놓길 원하는 희망찬 고객을 끌어들일 가능성이 높은데, 이는 내일이 오늘보다 더 나

† go nowhere. 목적 없는 세상에서 '어디로도 못 가다, 아무것도 이루지 못하다, 진전을 보이지 못하다' 등의 중의적 의미를 담은 표현이다.

아지리란 것을 아무도 의심하지 않기 때문이다. 그러나 트랜스휴머니스트가 씨름하지 않았던 한 가지 가능성은, 진화의 끝자락에 선 이상적 존재가 가능한 모든 세계 중 최선의 세계조차 악성은 아니더라도 쓸모없으므로, 우리 미래의 자아를 스스로 멸종시키는 게 취할 수 있는 최적 경로라고 추론할 수도 있다는 점이다. 그들은 또한 과학적 세계관에서 우리 정신의 안녕에 해를 끼칠지도 모를 측면들을 반성하는 데 실패했다. 그런 경우에 트랜스휴머니스트는 인간종에 대한 음모로 돌아가 자기기만의 역설이라는 기술을 재교육받기 전까지는, 자기 사명의 1단계에도 이르지 못할 것이다.

세상의 많은 사람은 항상 과학이 무언가로부터 자신을 구해주기를 기대한다. 하지만 그만큼 많은, 혹은 그보다 더 많은 사람이 오래되고 평판이 좋은 신앙 체계와 나름의 구원을 추구하는 종파를 선호한다. 그래서 그들은 구약성서의 신, 자신의 타락으로 인해 스스로와 우주를 더럽힌 요실금 걸린 노망난 늙은이가 참된 신인 양 행세하는 싸구려 신격을 믿는다. (영지주의자에게 물어보라.) 그들은 예수 그리스도를, 원래 역사상 실존했던 필부였으나 프랑켄슈타인의 괴물처럼 죽어서 묻힌 메시아들의 무덤에서 훔친 신체 부위를 짜 맞춰 만들어낸 나무 막대기에 매달린 구세주를 믿는다. 그들은 [[낙원에서]] 처녀 매춘을 알선하는 알라와 그의 군악대장 무함마드를, 기성 종교 상품으로부터 충분한 대접을 받지 못한 신앙인의 신흥 시장을 노린 신종 사기 수법을 개척한 신참 예언자를 믿는다. 그들은 이 세상에서, 그리고 아마도 사후세계에서, 우리의 인간, 부족, 사회, 그리고 특히 종으로서의 중요성을 인정해주는 것이라면 무엇이든 믿는다. 그러한 사후세계는 실재하는지 불확실하고 그 구조도 불분명하지만, 그들의 의식이 평소에 회피해야 하는 우울하고 무의미한 **현세에 속하지 않는** 가치에 대한 갈망을 충족시키는 곳이다.[3] 확실히 삽페, 쇼펜하우어, 러브크래프트 같은 작가들도 인류의 진가와 경이로움, (영속적이든 일시적이든) 인류가 지닌 가치의 타당성, 그리고 당연하게도 예측 가능한 종말이 없는 세계, 아니면 적어도 그 종말을 아무도 보고 싶어 하지 않는 세계를 확인하는 걸 실패했을 때에야, 비로소 변방으로 옮겨갈 결심을 할 수 있었다.

붓다노믹스 Buddhanomics

서양 전통을 거스르는 수많은 종교와 철학처럼, 불교는 인지적 전위에 선 일군의 사람들을 유혹했다. 이 종교는 전능한 신적 존재의 결여와 사성제[†]의 관문에 대한 가르침으로 인해 높은 평가를 받았다. 이 진리 가운데 첫 번째는 평범한 필멸자의 삶과 두카Duḥkha[고苦](거칠게 옮기면 '괴로움suffering'이지만, 사실 당신이 이름 붙이려는 모든 나쁜 상태를 의미한다) 사이의 방정식이다. 두 번째는 신체적, 정신적 건강, 긴 수명, 행복, 심지어 갈망의 소멸 같이 이 세상에서 갈망하는 모든 것이 모든 괴로움의 근원이라는 점이다. 이런 불교의 두 가지 성스러운 진리는 구제론적 처방 면에서 비할 데 없는 이 종교

† 四聖諦. 불교의 중심 교리로, 영원히 변하지 않는 성스러운 진리인 고제苦諦, 집제集諦, 멸제滅諦, 도제道諦를 뜻한다.

의 맨 꼭대기에 자리한다. 이런 구제론적 처방은 세 번째 성스러운 진리, 즉 괴로움에서 벗어나는 길이 있다는 가르침에서 시작한다. 그리고 이는 네 번째 성스러운 진리로 이어지는데, 그에 따르면 괴로움의 족쇄로부터 해방되는 길은 해야 할 일과 하면 안 되는 일의 목록인 팔정도† (이는 명료하게 설법되지 않았고 수행하기 쉽지 않다는 점을 제외하면, 구약성서의 십계명과 매우 흡사하다)를 따르는 것이다.

두카에 관한 첫 번째 성스러운 진리로 인해 인간 삶은 근본적으로 개조되어야 한다는 점에 강하게 방점을 두게 되면서, 불교는 비관론이라는 오명을 덮어썼다. 당연히 불교도는 자신의 종교가 그렇지 않다고 부인한다. 불교는 우리의 참된 본성을 드러내는 체계일 뿐, 다른 어떤 것도 아니다. 그러나 불교와 비관론은 서로 멀리 떼어놓을 수 없다. 둘 사이의 유사점은 간과하기에는 너무 명백하다. 불교도는 자신이 비관론자가 아니라 사실주의자라고 주장한다. 비관론자도 똑같이 주장한다. 또한 불교도는 창시자의 가르침이 모든 중생에게 고통으로부터 벗어나는 길을 보여주었으므로, 자신이 비관론자가 아니라 주장한다. 비관론자도 이런 목적을 위한 계획을 가지고 있다. 삽페에게 물어보라. 마인랜더에게 물어보라. 아니면 쇼펜하우어에게 두카의 원인인 의지에 대한 부인을 지향하려는 노력에 관해 물어보라. 스님이자 박사인 타나트 인티산Thanat Inthisan과 다른 많은 불교 현자는 의지의 양상에 "생로병사"로 인한 신체적, 정신적 고통뿐만 아니라 "불만족, 미완성, 고통, 유한성, 부조화, 불편, 짜증, 전쟁, 불완

† 八正道. 불교에서 깨달음의 경지인 열반에 이르는 여덟 가지 길로, 정견正見, 정사유正思惟, 정어正語, 정업正業, 정명正命, 정정진正精進, 정념正念, 정정正定을 가리킨다.

전, 불충분"도 포함된다고 인정한다. 스스로를 사실주의자라고 칭하는 것은 비관론자의 특권인 만큼이나 불교도의 특권이기도 하다. 하지만 불교가 비관론이 아니라고 명시하는 것은 그저 의미론의 문제일 뿐이다. 두 철학 사이의 유일한 실질적 차이점은 수억 명의 불교도가 두카를 존재에 있어 으뜸가는 현실로 받아들였다는 점이다. 비관론자의 수가 그렇게 많을 수 없다는 건 얼마나 기이한 일인가. 이 고대 종교의 신도는 인지하지 못하겠지만, 부인할 수 없는 사실은 이것이다. **불교는 비관론이다.** 비관론이라는 단어는 감히 입에 담기만 해도 보편적인 불신에 맞닥뜨리게 되지만, 이와 달리 불교는 어떤 비관론자도 증명하지 못한 것, 즉 고통은 인간 존재에 기본이며 그 손아귀에서 스스로를 해방시키는 일이 우리 일생의 과업이 되어야 한다는 것을 진실이라며 널리 퍼트릴 수 있다. 이런 이중 잣대는 두말할 나위 없이 논리의 파탄이다. 물론 종교는 비관론적이더라도, 그들의 신앙이 객관적으로 증명될 수 없으며 믿음으로 받아들여야 한다는 사실에 의해 용인된다는 한계를 항상 염두에 두어야 한다.

비관론자들 사이의 실제적인 동질성과는 달리, 불교도는 그들 신앙의 광범위한 측면 가운데 일부에서조차 모두 같은 편에 서진 않는다. (《신앙 없는 불교Buddhism Without Beliefs》(1998)의 저자인 스티븐 배철러에게 물어보라.)[†] 예를 들어 아나타anatta('무아無我')에 관해, 그리고 그것이 환생과 어떻게 연관되는지에 관해, 불교도들 사이에서 의견이 갈린다. 만약 자아가 없다면, 다시 태어난다는 건 무

† 스티븐 배철러, 《붓다는 없다》, 김윤성 옮김, 이론과실천, 2001.

엇인가? 이 질문에 대해 여러 박식한 해석이 있다. 많은 불교도가 지지하는 한 가지 믿음은, 인간이란 무에 이런저런 잡동사니를 덧댄 것, 부분적인 것, 텅 빈 꼭두각시, 즉 스스로를 실재와 다른 무엇이라 생각하는 비존재라는 것이다. 다른 불교도는 이 이야기를 절반의 진실에 불과하다고 생각한다. 존재하는 동시에 존재하지 않는 것, 보이는 바와 다르지만 보이는 바와 다르지도 않은 것, 여럿이면서 하나인 것, 모든 것은 무이며, 무 그 자체마저도 무이다.

다른 모든 종교와 마찬가지로, 불교는 자력구제 계획의 모음집이고, 그 가운데 정토종 같은 일부 종단은 여기서는 자세히 다루지 않았던 믿음의 경량판일 뿐이다. 이런 교리는 세상에 나타났던 모든 철학, 이데올로기, 허다한 신화에서 그 대응물을 찾아볼 수 있다. 두 사람의 생각이 서로 똑같을 수 없기 때문에, 한 체계나 체계들의 배치는 결코 모든 사람에게 딱 들어맞을 수는 없다. 만약 당신이 찾는 것이 진리라면, 성찰하는 삶은 당신을 한참동안 차에 태워 고독의 한계까지 데리고 간 다음, 길가에 당신과 **당신의** 진리만 남겨두고 떠날 것이다. 이 점은 무엇이든 믿는 신앙인이 자신이 좋아하는 것에 관해 의견을 가질 수 있는 여지를 준다. 하지만 불교도에게 의견에 대해 집착하거나, 평범한 사람들이 집착하는 다른 무언가에 대해 집착하는 일은 올바른 마음가짐을 갖춘 불교 수행자가 되는 데 장애물이다. 하지만 불법佛法에, 혹은 중요한 인물의 불법에 관한 의견에, 집착이 실제로는 집착이 아닐 때를 규정하는 허용 조건이 있다고 믿을 수도 있다. 모든 종교는 허용 조건이 있어야 하며, 그렇지 않으면 자기 교리의 압력에 의해 내파될 것이다.

불교의 유일한 목표는 열반涅槃(다음 문단 참조)에 이르는 왕도인 깨달음을 얻는 것이므로, 이 세상의 비탄으로부터 구원된 신도를 위한 더 밝은 미래를 제시한다는 점에서 다른 종교와 마찬가지다. 그러나 한 가지 문제가 있다. 인간은 불교가 그들에게 요구하는 바에 따라 이 세상의 쾌락에 대한 모든 갈망을 거부할 절박한 필요를 느낄 정도로 세상의 비탄에 예민하지 않다. 그리고 어느 정도의 쾌락이든지 모든 혹은 거의 모든 사람이 살아 있음은 괜찮은 일이며, 우리가 세상에 보낸 모든 아이에게도 분명히 괜찮은 일일 것이라는 믿음을 유지하기에는 충분한 정도의 쾌락인 듯하다. 그렇지 않다면 우리가 멸종하고자 하는 갈망을 어떻게 막을 수 있겠는가?

영리를 추구하는 종교로서 불교에게 좋은 소식은 이 세상의 비탄에 예민하며, 기꺼이 쾌락을 대한 갈망을 놓아버리고 열반(절대적 지복, 몽매한 삶의 방식에 대한 모든 애착으로부터 영원한 이탈, 윤회의 순환으로부터 벗어나기, 혹은 무엇이든 당신이 원하는 행복한 일)의 오아시스에서 일상의 자아를 소멸시키고자 하는 사람의 수가 충분히 많다는 점이다. 이 오아시스에 이르는 일은 개인의 생애 중에 일어날지도 모르지만, 불교도가 자이나교와 힌두교로부터 빌려온 교리인 카르마karma를 끊어낼 수 있는 또 다른 기회를 얻게 될 환생의 다음 주기로 연기될 수도 있다.

환생과 신도에게 억지로 떠맡기는 정신적 수행을 제쳐놓으면, 불교의 소란스러운 서커스가 중점을 두는 것은 깨달음의 상태 혹은 깨달음을 얻지 못한 상태이다. 마치 예수의 천상 테마파크처럼, 당신이 삶의 고통에 충분히 예민한 사람이라면, 이는 삶의 고통이라는 어둠 속에 매달린 군침 도는 당근과도 같다. 그러나 그 당근을 얻으려면, 당신은 기독교와 다르지 않은 교조적 권위자, 깨달음을 얻지 못한 고통 속에서 당신에게 강압적으로 어떤 일을 하고 다른 일은 하지 못하게 하는 영적 지도자에게 먼저 고두례叩頭禮를 올려야 한다.

하지만 여기에 진짜 함정이 있다. 바로 당신이 깨달음을 얻고자 한다면 결코 깨달음을 얻지 못한다는 것이다. 왜냐하면 불교에서 원한다는 것은 곧 당신이 원하는 것을 얻지 못하게 만드는 것이기 때문이다. 에둘러 이야기할 것 없이, 당신이 고통을 끝내고 싶어 한다면 당신의 고통을 절대로 끝낼 수 없다. 이것이 '원함의 역설' 혹은 '욕망의 역설'이며, 불교도는 이 역설이 실은 역설이 아닌 이유에 대한 합리적 명제와 비합리적 명제 모두를 준비하고 있다. 이런 명제를 어떻게 이해할지는 이해를 넘어선 곳에 있다. 왜냐하면 불교에 따르면 이해할 것도 없고 이를 이해할 사람도 없기 때문이다. 이해할 무언가가 있고 이를 이해할 누군가가 있다고 생각하는 한, 당신은 불운한 결말을 맞을 것이다. 이런 이해에 도달하려고 노력하는 것은 가장 고된 일이다. 그러나 노력하지 **않으려** 노력하는 것도 마찬가지로 고된 일이다. 당신을 구원해줄 무언가를 의식적으로 찾는 것보다 헛된 일은 없다. 하지만 의식은 이런 사실이 달리 보이도록 만든다. 의식은 마치 (1) 무언가 할 일이 있고, (2) 어딘가 갈 곳이 있고, (3) 무언가 될 것이 있으며, (4) 누군가 알아야 할 사람이 있는 듯 여기도록 만든다. 이것이 의식을 모든 공포의 근원으로 만든다. 이것이 실제 우리가 행하듯이, 우리로 하여금 무언가 하고, 어딘가 가고, 무언가 되려 하고, 누군가 알려고 하도록 만드는 것이다. 그로 인해 우리는 우리 자신의 **악성으로 쓸모없는** 존재에서 벗어나, 살아 있음은 **있어선 안 될** 일이 아니라 괜찮은 일이라고 생각하게 된다.

불교도의 '원함의 역설'은 삽페의 역설(그들 삶이 극악하게 무미건조할 가능성에 대한 자신의 의식을 거부하려 하는 의식 있는 존재의 역설)과 상관관계가 있다고 여겨질 수도 있다. 불교의 역설과 삽페의 역설 사이의 차이점은, 후자가 합리적으로든 비합리적으로든 해결되거나 해명되거나 부정될 수 없다는 것이다. 삽페의 역설이 인식되지 않은 채 남아야만, 우리는 지금까지처럼 계속 살아갈 수 있다. 혹은 적어도 그 역설이 우리에게 끔찍하게 거짓되고 역설적인 존재인 스스로를 감내할 수 없으며, 너무도 으스스한 대상이라 더 이상 서로를 바라보거나 고개를 들고 있을 수조차 없다는 걸 인정하라고 요구하는 정도까지 나아가지 않는 한, 계속 살아갈 수 있다. 그날이 오기 전까지, 우리는 의식하는 것이 깨달음을 얻는 수단이며 살아 있음이 괜찮은 일이라고 단언하는 완고한 자아로서 계속 살아갈 것이다.

구원을 거래하는 시장에서, 깨달음은 언뜻 보기에 여태껏 나왔던 매물 가운데 최고의 상품인 듯하다. 가치 없는 공허일 뿐인 세상에서 허우적거리기보다, 무엇이 무엇이고 무엇이 아닌지를 분별하는 시각을 갖추기 위해 어디 등록이라도 해야 할지 모른다. 넓게 이야기하자면, 깨달음은 우리 의식을 교정하고 흐리멍덩한 망상을 씻어내서, 이해라는 다이아몬드가 반짝이는 존재 상태를 확립하는 것이다. 만약 그런 깨달음이 있다면, 그것이 언급하는 적확한 혹은 애매한 표현 방식 바깥에 어떤 실재가 있다면… 그곳은 궁극의 사막이다.

수백만 명의 사람이 깨달음을 얻으려고 인생을 바치고 일부는 실성하기까지 했지만, 그들은 생의 마지막 순간까지 자신이 위험을 무릅쓰고 얻으려 했던 게 무엇인지 이해하지 못했다. 만약 그들이 자기도 모르는 사이 깨달음을 얻었다면? (어떤 불교 종파에 가입했느냐에 달려 있겠지만) 깨달음에 단계가 있다면, 그들은 얼마나 멀리 갔을까? 저명하고 상당히 영향력 있는 다학제적 학자이자 영성의 전통을 연구하는 이론가인 켄 윌버는 저서 《일미一味: 내적 영성의 일상적 고찰One Taste: Daily Reflections on Integral Spirituality》†에서, 어느 선사禪師에게 이렇게 물었다고 한다. "일본에 오늘날 살아 계신 참되고도 깊은 깨달음을 얻은 선사는 몇 분이십니까?" 그러자 그 선사가 대답했다. "여남은 명이 안 됩니다." 다른 선사는 선불교의 역사를 통틀어 동양에서 온전한 깨달음을 얻은 개인의 수를 천 명 정도로 헤아렸다. 윌버가 내린 결론은 이렇다. "그러므로 영광스러운 동양 전통의 놀라운 기여를 어떤 식으로든 과소평가하는 건 아니지만, 요점은 아주 분명하다. 동서고금을 통틀어 급진적인 변화를 초래하는 영성은 극히 드물다. (더 말할 것도 없이, 서양에서의 수치는 훨씬 부진하다.)" 사실 불교를 통한 깨달음은 말로 그 위치를 삼각측량할 수 없는 잘 방비된 보루처럼 보인다. 유일한 규칙은 당신이 도착했는지 스스로에게 물어봐야 한다면, 당신은 도착하지 못한 게 확실하다는 것뿐이다.

에고-죽음

지금까지 살펴본 바와 같이, 불교에서 광명에 이르는 방식과 수단은 부족함과 성가심으로 가득하다. 그럼에도 불구하고 몇몇 사람이 허

† 《켄 윌버의 일기》, 김명권 · 민희준 옮김, 학지사, 2010.

다한 경전, 수기, 저작권이 있는 출판물, 공개된 증언에서 상세히 묘사되는 불교의 깨달음에 상응하는 상태에 이른 듯하다. 흥미롭게도 이런 운 좋은 사람들이 예기치 않게 이런 상태에 이르게 된 까닭은 종종 신체적 외상이나 임사체험Near-Death Experience, NDE의 결과인 듯하다.

아마 **우연한 깨달음**의 좋은 예시는 U. G. 크리슈나무르티Uppaluri Gopala Krishnamurti일 것이다. 비록 크리슈나무르티는 각성에 관한 어떤 교리도 믿지 않았지만, 그의 나이 49세 때 "임상적 죽음"을 경험한 뒤 영성 서적에서 찬양할 만한 존재로 부활했다고 주장했다. 그가 그 과정에서 느꼈던 고통과 혼란으로 인해 "재난"이라 불렀던 자신의 임상적 죽음과 그 여파를 통해, 크리슈나무르티는 변화했다.

이 재난을 겪기 전 수십 년 동안, 크리슈나무르티는 우연보다는 수행을 통해 깨달음을 추구했던 신실한 구도자였다. 하지만 아무리 수행해도 결실을 얻지 못했고, 결국 재정적 난관에 맞닥뜨렸다. 우연히 그는 자신을 기꺼이 후원해줄 여성을 만났고, 여러 해 동안 부랑자 같은 생활을 했다. 이 여성과 함께 지내던 중에 그에게 재난이 닥쳐왔다. 재난으로부터 회복하자마자, 그는 자신이 한때 찾아 헤매다가 넌더리가 나서 포기해버렸던 것을 이미 지니고 있음을 깨달았다. 크리슈나무르티는 더 이상 예전의 그가 아닌, 에고가 지워진 사람이 되어 있었다. 이런 상태에서, 그는 청개구리의 모든 자기 인식을 지니고 있었다. 다행스럽게도 그는 새로운 방식으로 기능하는 데 아무 어려움도 겪지 않았다. 그의 회고에 의하면 그는 무엇을 수용하거나 거부해야 하는 에고를 가지고 있다는 모든 감각을 상실했기 때문에, 이 사실을 수용할 필요도 없었다. 자아와의 교류에 참여하기를 그만

둔 사람, 의도치 않게 자신의 개별성을 잃어버린 사람이, 어떻게 깨달음이나… 다른 어떤 영적 매물 같은 너무도 기이한 것을 믿거나 믿지 않을 수 있겠는가? 그런 영적 매물 가운데 어느 것도 전혀 명료하지 않으며, 그 모두는 '진짜' 종교의 신도에게 우스꽝스럽게 들리는 이름을 지닌 옛날 신이나 부족 신들만큼이나 유행에 뒤떨어졌다.[4]

비철학적 의미에서는 크리슈나무르티가 마치 좀비로 변한 것처럼 들리지만, 그의 재난 이후 생애는 전혀 그렇지 않았다. 2007년에 죽을 때까지, 그는 영적 도움을 얻으러 자신을 찾아오는 사람들을 질책하는 데 자기 시간을 쏟아부었다. 더 유명한 몇몇 선불교 선사처럼 성미 고약하고 독선적인 크리슈나무르티는 이목을 끄는 방식으로 종종 유쾌하게, 자신이 사는 곳까지 순례를 온 사람들에게 그들이 믿는 것은 모두 잘못되었다고 말하곤 했다. 인류가 지금껏 신성시했던 모든 것을 그가 깎아내리는 동안, 말대꾸나마 해볼 수 있던 사람은 거의 없었다. 어떤 사람들은 크리슈나무르티의 영성에 대한 경시가, 그들이 배운 깨달음의 본질이 어떤 종류의 교리에 의해서도 속박될 수 없다는 점과 만족스럽게 화합한다고 볼 것이다. 다른 사람들은 이 주장을 거부할 텐데, 이는 어쩌면 그들이 일단 '각성'한 자는 초월자에 대한 불경과 복종 모두로부터 벗어나게 된다고 믿도록 교의를 주입받았기 때문일 수도 있다. 이런 입씨름의 어느 쪽도 크리슈나무르티의 마음을 얻지는 못했을 것이다. 그가 대담에서 진술한 바는, 아마도 10억 가운데 한 명 정도를 제외하면 인간이 자신을 생존하고 번식하기 위해 태어난 동물로만 생각하는 일은 거의 불가능하다는 점이다.

크리슈나무르티가 세상의 모든 신앙을 폄하하기 훨씬 전에, 삽페는 우리의 동물적 속성의 기본 프로그램을 넘어선 정신적 활동은 고통으로 이어진다고 기술했던 바 있다. ("짐승에게, 고통은 그 자신으로 국한된다. 인간에게, 고통은 세상의 공포와 삶의 절망으로 들어가는 구멍을 뚫는다.") 크리슈나무르티는 의식이 우리 삶으로 빚어낸 것에 대한 해결책을 결코 제시한 적 없다. 우리는 환상에 사로잡혔고, 빠져나갈 **출구는 없다**. 크리슈나무르티가 수없이 많은 질문자에게 말했듯, 그가 출구를 찾아낸 것은 운에 불과했고, 그가 알거나 다른 사람에게 전수해줄 수 있는 건 아무것도 없었다. 그러나 사람들은 여전히 그를 찾아와 도움을 청했다. 사람들의 호소에, 그는 곧장 이렇게 답했다. 자신이 그들을 돕거나, 그들이 스스로를 돕는 일은 불가능하다고. 그들이 탐구하는 어떤 분야에서도 도움을 얻을 수 없다고. 사람들은 평생 구원을 찾다가, 자신이 출발할 때 가졌던 것과 똑같은 쓸모없는 질문과 쓸모없는 대답만 안고 임종으로 향한다. 크리슈나무르티는 자신의 답이 있었지만, 다른 사람들은 결코 자신의 답을 얻지 못할 것이다.

그러면 왜 사람들은 계속 살아가야 하는가? 당연히 아무도 크리슈나무르티에게 이 질문을 대놓고 제기하지 않았다. 하지만 사람들은 그의 대답을 들었다. 삶을 살아가는 "당신"은 없으며, 단지 살아 있고 생명 활동에 순응하려 하는 육체가 있을 뿐이라고. 누가 크리슈나무르티에게 어떻게 하면 당신처럼 될 수 있는지 물을 때마다, 그는 항상 이렇게 대답했다. 자신처럼 되고자 하는 사람들의 동기가 이기적이기 때문에, 자신처럼 되고자 바라는 것 자체가 불가능하다고. 사람들이 스스로를 지워버리고자 하는 자아의 존재를 믿는 한 그 자아는 스스로를 유지하고자 할 것이기에, 에고-죽음을 알고 싶어 하지 않을 거라고. 자신과 대화하는 사람들에게 지치지 않고 거듭 말한 바와 같이, 사람들이 자신의 삶으로 무엇을 하든 크리슈나무르티에겐 알 바 아니었다. 그는 자신을 영적 상품을 파는 현자로 보지 않았다. 그런 짓은 상표 등록된 하찮은 것들을 지키려 서로 이를 드러내고 위협하며, 자신의 성문화된 종단으로 세상을 오염시킨, 구원을 파는 돌팔이 약장수에게나 어울린다.

우연한 깨달음을 얻었다고 알려진 사례가 U. G. 크리슈나무르티만은 아니다. 문제의 체험에 해당하는 아주 독특한 사례는 오스트레일리아의 의사 존 렌루이스John Wren-Lewis의 경험이다. 이 비종교인은 중독 사고로 사경을 헤매다가, 원한 적도 애써 구한 적도 없는 깨달음을 얻은 상태로 병원에서 의식을 회복했다. 크리슈나무르티와 렌루이스 모두 자신이 얻은 광명은 추구한다고 얻을 수 있는 게 아니라는 특성을 지닌다고 공개적으로 강조했다. 또한 두 사람 모두 깨달음에 이르는 비법을 전수해주겠다는 구루guru에 대해 경고했다. 인터뷰 진행자들과의 대담에서, 저술 활동을 일체 하지 않는 크리슈나무르티는 인류에게 알려진 모든 종교적 인물이 사기꾼이라고 맹공격했다. 렌루이스는 의식을 회복한 뒤, 깨달음 현상과 임사체험 사이에 있을 수 있는 연관성에 사로잡혔다. 그의 사고방식이 얼마나 가치 있는지는 모르겠지만, 통상의 의식을 "심리학적 생존 체계의 어떤 팽창 혹은 과잉 활동"인 "기초적 오작동"과 동일시한다는 점에서 삽페의 사고방식에 상응한다(〈임사체험의 후유증: 생존 기제 가설Aftereffects of Near-Death Experiences: A Survival Mechanism Hypothesis〉, 《초개인 심리학 저널The Journal of Transpersonal Psychology》, 1994). 그는 임사체험자들이 이따금 그들의 이기적인 의식을 깨달음을 얻은 부류의 "비개인적 의식"으로 변환시킴으로써 죽음 불안으로부터 벗어난다는 사실에서, 이런 오작동을 고칠 수 있다는 희망을 끌어낸다. 이 가운데 무엇도 임사체험 보고가 예컨대 외계인 납치 보고보다 더 믿을 만하다는 의미는 아니다. 하지만 관대하게 해석하면, 그런 보고는 우리 종에게 멸종을 두려워하는 에고가 없는 미래에 대한 실낱같은 가능성이 있다고 예고하는지도 모른다. 인간종은 결코 명예로운 행위를 하지도 스스로를 중단시키지도 않을 것이므로, 어쩌면 어느 날 우리는 죽음과의 부적절한 싸움 없이 각자 죽도록 정해졌는지도 모른다.

임사체험에 관한 전형적인 보고에는, 사업가이자 작가인 템 호위츠Tem Horwitz의 에세이 〈나의 죽음: 비존재로의 여행에 대한 회상My Death: Reflections on My Journey into Non-Being〉(《죽음과 철학Death and Philosophy》, 제프 멜퍼스Jeff Malpas와 로버트 C. 솔로몬Robert C. Solomon 편집, 1998)도 부합한다. 1995년 9월 아나필락시스 쇼크로 인한 죽음에 뒤이은 변화를 기술하면서, 호위츠는 이렇게 썼다. "자기 중요성은 흔적도 남지 않았다. 마치 죽음이 나의 에고, 내가 지녔던 집착들, 나의 역사, 그리고 내가 누구였는지를 지워버린 것 같았다. 죽음은 아주 민주적이었다. 수많은 차이점을 없애버렸으니까. 과감한 일격에 나의 과거는 지워졌다. 죽음 안에서 내게는 아무 정체성도 없었다. 정체성이 지워진 상태로 남진 않았지만(누군가는 이것이야말로 진짜 비극이라 말할 것이다), 한동안은 지워진 채였다. 그 모든 사소한 허영심과 함께 나 개인의 역사는 사라졌다. 나 자신이라는 총체는 변화했다. '나'는 예전보다 훨씬 더 작고 훨씬 더 촘촘해졌다. 존재했던 모든 것이 바로 내 앞에 있었다. 믿을 수 없을 만큼 가볍게 느껴졌다. 인격은 허영심, 공들인 망상, 계략이었다." U. G. 크리슈나무르티와 존 렌루이스의 사례와 비교해볼 때, 호위츠는 자신의 임상적 죽음에 뒤이어 경미한 에고-죽음만을 경험했다. 이내 그는 자기 정체성의 지워짐으로부터 "회복"되었으니까.

장기적인 에고-죽음에 관한 다른 통계 자료 중 하나는 수잰 시걸의 사례인데, 그는 어느 날 자기 자신을 잃었음을 깨닫게 되었다. 이 경험이 그의 내면에 촉발한 불편함을 해소할 방법을 몇 년 동안 찾은 뒤(모든 사람이 자기가 아무도 아니라는 걸 편안하게 받아들이진 못하는 듯하다), 그는 《무한과의 충돌: 개인적 자아 너머의 삶Collision with the Infinite: A Life Beyond the Personal Self》(1996)이라는 책을 썼다. 이듬해 그는 42세의 나이에 뇌종양으로 세상을 떴다. 그의 병든 뇌와 에고 소멸 사이에 연관성이 확인되진 않았지만, 뇌종양이 변성의식상태altered states of consciousness를 유발하고 인격에 변화를 일으킨다는 사실은 꽤 알려져 있다.[5]

크리슈나무르티와 다르지만 렌루이스와는 비슷하게, 시걸은 에고 없는 체험을 다루는 영적 전통에서 자신의 변화에 대한 답을 찾으려 했다. 렌루이스와 다르지만 크리슈나무르티와는 비슷하게, 시걸은 우연한 깨달음의 수혜자가 되기 전에 초월명상이라는 영적 수행을 추구했다. 시걸은 8년 동안 수행하던 초월명상을 중단하고 2년 뒤에 에고를 잃었다. 대담에서 그는 명상이 자기 정체성의 상실에 역할을 했다고 느끼지 못한다고 말했다. 크리슈나무르티도 시걸의 견해에 동의했다. 몇 년 동안 명상을 통한 에고-죽음을 추구한 뒤에, 크리슈나무르티는 명상 과정이 무의미할 뿐만 아니라 위험할 수도 있다고 비판했다.

인류 대부분에게, 그리고 의식 연구 분야에 속한 대부분에게도, 에고-죽음 현상은 매혹적이지 않으며, 심지어 인간 경험으로 잘 받아들여지지도 않는다. 평범한 사람들은 자신의 모든 중대한 문제에 대한 답을 어떤 두꺼운 책을 통해 얻고 만족한다. 그리고 인지심리학자, 심리철학자, 신경과학자는 정신권精神圈, noosphere의 고위 사제라는 평판을 얻는다. 그러면 아주 자연스럽게, 우리가 무엇인지 혹은 우리가 에고의 노예 아닌 다른 무엇이 될 수 있을지 질문을 던지는 몇몇 최고로 탁월한 개인을 평가하기보다, 경전의 특정 부분이나 어떤 심리-철학적 난제를 두고 입씨름하는 데 시간을 낭비하는 사람은 거의 없게 될 것이다. U. G. 크리슈나무르티, 렌루이스, 수잰 시걸의 인생담과 관계없이, 에고-죽음은 이를 뒷받침하는 일화적 증거 외에는 아무것도 없는 상태이며, 이로 인해 이 현상은 신비주의 체험 및 계시종교와 한데 묶이게 된다. 하지만 누구나 상상할 수 있듯이, 에고-죽음은 육체적 죽음만큼이나 대중적 호소력으로 가득 차 있다. 에고-삶이 어딘가 잘못되었다고 느끼는 우리 종의 극소수, 바로 에고-삶이란 모든 가면 뒤에 보이지 않는 편이 나은 것들을 숨기고 있는 으스스한 가장무도회라고 생각하는 그들만이 에고-죽음을 이상적인 것으로 여겼다. 다른 모두에게 삶은 삶이고 죽음은 죽음일 뿐이다. 우리는 비인격적 생존을 받아들이지 않는다. 그것은 우리의 본질 혹은 우리가 본질이라고 생각하는 것을 모두 부인하게 될 것이다. 우리가 간절히 살아남길 갈망하는 에고가 아니라면, 우리는 과연 무엇일까? 일단 우리 에고가 축출되면, 우리에게 무엇이 남게 될까? 여러 기록으로 미루어 보아, 호위츠가 "허영심, 공들인 망상, 계략"이라고 부른 것을 제외한 모든 것이 고스란히 남을 것이다.

어떤 사람은 인류가 존재해야 한다면, 크리슈나무르티, 렌루이스, 시걸이 처했던 상황이 최적 모형이라 말할 것이다. 그 모형에서 모든 사람의 에고는 전복되고, 인격체로서 우리 자신의 의식은 연기처럼 사라진다. 시걸은 자신에게 일어났던 일을 이렇게 설명했다.

> 개별 정체성이 없는, '나'라는 의미 있는 사람이 되어본 적 없는 삶의 경험은 서술하기 매우 어렵지만, 절대로 오해할 여지가 없다. 이는 불쾌한 하루를 보내거나 독감에 걸린 일, 혹은 흥분하거나 격노하거나 마약으로 멍해진 상태와 혼동될 수 없다. 개별 자아가 사라지면, 당신이라고 특정될 수 있는 사람의 내면에는 아무도 없다. 육체는 예전에 가득 차 있다고 느꼈던 모든 것을 비워내고 남은 윤곽에 불과하다.
> 마음, 신체, 감정은 더 이상 누구와도 연관 없다. 생각하는 사람도, 느끼는 사람도, 지각하는 사람도 없다. 그러나 마음, 신체, 감정은 손상되지 않은 채 계속 기능한다. 확실히 그것들이 항상 하던 일을 계속하는 데 '나'는 필요 없다. 생각하고, 느끼고, 지각하고, 말하는 것은 모두 이전처럼 계속되었고, 그 이면의 공허를 드러내지 않고 매끄럽게 기능했다. 누구도 그런 근본적인 변화가 일어났다는 것을 눈치채지 못했다. 모든 대화는 예전처럼 진행되었다. 언어는 똑같은 방식으로 사용되었다. 질문하고 답하며, 자동차를 운전하고, 식사를 준비하고, 책을 읽고, 전화를 받고, 편지를 쓸 수 있었다. (《무한과의 충돌》)

상상할 수 있듯, 에고-죽음 상태인 우리는 (존재의 정수인) 다양한 형태의 고통을 계속 알아 가겠지만, 개인의 고통을 의식의 괴로움으로 치환하는 태도를 통해 이를 개별적으로 받아들이라는 우리 에고의 기만에 넘어가지는 않을 것이다. 자연스럽게 우리는 여전히 무언가 먹어야 하겠지만, 즐거움을 위해 자연계의 모든 것을 먹어치우고 더 많이 먹기 위해 연구실로 고개를 돌리는 잡식성 미식가가 되지는 않을 것이다. 번식에 관해서 누가 말할 수 있을까? 동물은 충동에 따라 교미하고, 심지어 에고-죽음 상태의 우리도 생물학적 요구로부터 벗어나지 못하지만, 지금의 우리가 그렇듯 우둔하게 그런 요구에 지배받지는 않을 것이다. 생명 활동에 우둔하게 지배받지 않는 데 따른 필연적 결과로, 지금의 우리가 그러하듯 우리의 멸종 때문에 부루퉁해 있지도 않을 것이다. 왜 진화의 쳇바퀴에 올라갈 운명인 다음 세대를 기르는가? 하지만 그렇다면 에고-죽음 상태의 다음 세대를 길러서 안 될 이유는 무언가? 자신의 쾌락이나 고통을 자신에게 속한 것으로 지각하지 않는 사람들에게는, 삶과 죽음 양쪽이 불쾌하게도 불쾌하지 않게도, 바람직하게도 바람직하지 않게도, 괜찮게도 괜찮지 않게도 받아들여지지 않을 것이다. 우리는 에고-죽음, 자아-없음 상태일 것이며, 감히 말하자면 깨달음을 얻은 자일 것이다.

그런 상태에 우리 삶이 어떠한지에 대한 묘사가 《도덕경》 제80장에 기록된 듯한데, 이는 아마도 지상에 속하지 않는 것에 대한 백일몽을 통해 인류의 생활양식modus vivendi를 보여주는 듯하다.

> 나라를 작아지게 하고 백성을 적어지게 해서,
> 시간을 절약해 주는 기계가 필요 없게 만들라.

백성으로 하여금 죽음이 다가옴을 유념하게 하여,
그들이 난 곳으로부터 멀리 옮겨 다니지 않도록 하라.
배와 수레가 있다 한들 세상에 보고픈 것이 없도록 하고,
병장기가 있더라도 눈에 띄지 않는 곳에 치워 녹슬고 쓸모없게 하라.
사람들로 하여금 다시 새끼를 엮어 쓰게 하고,
그 음식을 풍족히 여기고,
그 옷을 수수하게 입으며,
그 사는 곳을 편안히 여기고,
그 인생을 단조롭게 만들라.
이웃 나라가 서로 바라보이고,
닭 울고 개 짖는 소리가 서로 들릴 정도로 가까워도,
백성들이 저 너머에 호기심을 품지 않고 늙어 죽게 하라.†

누군가는 이를 에고-죽음의 사회가 아니라 글자 그대로 줄곧 죽어 있는 사회에 대한 묘사라고 생각할 수도 있다. 하지만 그의 생각은 잘못된 것일 테다. "늙어 죽을" 사람들이 있는 곳이라면 어디든, 나이 들어 죽길 기다리며 사는 사람들, 즉 젊은이, 아기, 그리고 태어날 아기 또한 있다. 앞서 인용한 도가 경전에서 그들 중 누구도 자신의 운명을 기분 나쁘게 받아들이지는 않겠지만, 그것을 받아들여야 할 이유가 도대체 무엇인가? 물론 이런 생각은 자연이 요구하는 대로 자신을 재순환시키는 낮은 단계의 종에게 그렇듯, 에고-죽음 상

† 《왕필의 노자주》, 임채우 옮김, 한길사, 2005, 314쪽. 저자가 인용한 영역판에 따라 수정했다.

태의 사람에게도 떠오르지 않을 것이다. 에고-죽음 상태의 사람은 우리 종이 시작된 자리, 즉 생존하고 번식하며 죽는 곳으로 돌아갈 것이다. 자연의 방식은 이 모든 의식 없음과 꼭두각시적 특성 속에 복원될 것이다.

하지만 비록 에고-죽음이 인간 존재를 위해 우리 자신으로부터 해방되게 해주는 최적 모형으로 간주되더라도, 그것은 여전히 존재와의 타협이자 창조 자체의 과오에 대한 양해이다. 우리는 더 잘할 수 있어야 하고, 더 잘할 수 있다. 우리의 에고를 제거하는 일은, 죽음과 그 주위를 맴도는 모든 추저분한 부차적 사건들을 제거하는 것에 비하면 차선책에 불과하다. 그러니 모든 나라를 작아지게, 어느 인간도 발을 디딜 자리가 남지 않을 때까지 점점 더 작아지게 하자.

에고-죽음의 정점에서, 시걸은 하루에 24시간 동안 황홀경에 빠져 있었다. 그는 또한 자신이 "광대함vastness"이라고 부른 것, 러브크래프트의 우주적 공포소설에 나올 법하게 들리는 이 용어에 대해 이야기하기 시작했다. 시걸에게 광대함은 모든 존재를 포괄하는 단일 현상이었다. 그는 이렇게 쓴다. "인간 삶의 목적은 밝혀졌다. 광대함은 이런 인간 회로들을 창조했는데, 이는 그런 회로가 없으면 불가능한 경험, 광대함 밖에서 그 광대함 자체를 경험하기 위해서였다." 광대함 속에서 살아가는 동안 시걸에게 무의미한 것은 전혀 없었고, 이는 그것이 광대함의 목적에 봉사하기 때문이었다. 한 인간이라기보다 광대함의 도구가 된다는 초기의 공포를 일단 극복하자, 그에게는 그 또한 편안하게 느껴졌다. 그러나 미국의 심리치료사이자 불교도인 스테판 보디언Stephan Bodian이 《무한과의 충돌》의 발문에서 이야기했듯, 시걸은 생의 마지막에 이르렀을 무렵 "스스로 더욱 광대해진 광대함"에 대한 더욱 강렬한 체험을 하기 시작했다. 그가 머지않아 예기치 못했던 뇌종양으로 죽기 전까지, 이런 광대함의 새 국면은 그를 정서적으로 괴롭히는 동시에 신체적 활력도 차츰 고갈시켰다.

시걸의 광대함과 마찬가지로, 쇼펜하우어의 의지는 인간에 대해 똑같은 목적을 염두에 두고 있다. 그 목적은 우리의 "회로들"을 이용하여 의식 없는 자아에 대한 어떤 지식을 획득하는 것이다. 그렇지만 쇼펜하우어에 따르면, 우리 안에서 발생한 의지의 우주적 허기를 일시적으로 충족시킨 순간을 제외하면, 자기 본위적인 의지는 인간에게 기분 좋게 느껴지지 않는다. 광대함이나 의지가 이런 방식으로 우리를 이용하기를 원하는 이유는 불가사의다. 이 두 가지 메타-실재는 모두 각각 나름의 방식으로 인간 삶을 이해하고자 하는 목적에 기여한다. 하지만 우리를 기분 좋게 해주는지 여부는 양쪽 모두에게 중요하지 않은 듯하다. 우리는 그저 탈것에 불과하고, 운전자는 그들이다. 시걸과 쇼펜하우어가 확언했듯, 의식이 광대함(그 이름이나 본성이 무엇이든 간에)에 대해 열려 있는 다른 모든 개인처럼, 우리는 어디로 가든지 자신이 스스로 생각하는 그대로의 존재가 아님을 염두에 두어야 한다. 한 걸음 더 나아가, 노바디 교수는 "결코 깜박이지 않는 눈" 꼭지에서 **지옥**의 편재성에 관해 현란하지만 무심하게 강의하면서, 우리에게 우리의 세계 또한 우리가 생각하는 그대로의 세계가 아니라고 가르칠 터이다.[†]

† 이어지는 내용은 토머스 리고티 본인의 단편 〈노바디 교수의 짧은 강의〉(《죽은 채 꿈꾸는 자의 노래》)의 한 꼭지인 "결코 깜박이지 않는 눈The Eyes That Never Blink"의 인용이다.

호수에 드리운 연무, 빽빽한 숲속에 깔린 안개, 젖은 바위에 비치는 황금빛. 이런 광경은 아주 편안하게 해준다. 무언가 호수 속에 살고 있고, 숲속을 바스락거리며 돌아다니며, 발아래 바위나 흙에 서식하고 있다. 그게 **무엇**이든 간에, 이 무엇은 우리 눈에 보이지 않을 뿐, 결코 깜박이지 않는 눈의 시야에서는 벗어나지 않는다. 적절한 환경에서 우리의 존재 전체는 우주에 출몰하는 유령을 목도하려고 부릅뜬 눈들로 이루어져 있다. 그런데 사실 적절한 환경이란 게 그 유령 같은 분위기 속에서 그렇게 명확할까?

비좁은 대기실을 예로 들어보자. 거기 있는 모든 것은 정상성에 확고하게 고착된 듯 보인다. 당신 주위의 다른 사람들은 아주 작은 소리로 대화한다. 벽에 걸린 낡은 시계는 그 가느다란 붉은 초침으로 시계판 눈금을 스친다. 바깥세상으로부터 창문 블라인드를 투과해 들어온 조각난 빛은 그림자와 섞인다. 그러나 언제 어디서든, 진부함의 진지는 흔들리기 시작할 수 있다. 알다시피 동료 존재들로 이루어진 성채 안에서도, 우리는 비정상적인 공포, 우리가 느낀다고 말하면 정신병원에 갇힐 수도 있는 그런 공포에 사로잡힐 수 있다. 우리는 우리에게 속하지 않은 어떤 존재를 느끼는가? 우리 눈은 방 한구석에서 우리가 무언지도 모르면서 기다리는 무엇을 보는가?

아주 작은 의심이 마음속으로 스며들면, 한 방울 작은 의혹이 혈류에 섞이면, 우리의 그 모든 눈은, 하나씩 하나씩, 세상을 향해 열리고 그 공포를 보게 된다. 그러면 이런 일이 일어난다. 어떤 믿음이나 법률 체계도 당신을 지켜주지 못할 것이다. 어떤 친구도, 상담자도, 선택받은 인물도 당신을 구원하지 못할 것이다. 잠긴 문도 당신을 보호해주지 못하고, 개인 사무실도 당신을 숨겨주지 못할 것이다. 여름날의 뙤약볕마저도 공포로부터 당신을 피난시켜주지 못할 것이다. 공포는 빛을 먹고 소화시켜 어둠으로 배출하기 때문이다.

죽도록 지긋지긋한

황량함 I

의식의 고통을 덜기 위해, 어떤 사람들은 유쾌한 생각으로 스스로를 마취시킨다. 하지만 모든 사람이 그들의 본보기를 따를 수는 없고, 무엇보다도 태양과 그 햇볕을 받는 모든 것을 비웃는 이들이 특히 그렇다. 그들의 유일한 휴식은 황량함이라는 진정제에 있다. 그들은 희망의 유혹을 경멸하면서, 적막한 장소에서 피난처를 찾는다. 그곳은 황량한 지역에 흩어져 있는 폐허, 또는 누군가 메마른 목소리로 '나도 여기 있어'라고 속삭이는 어느 책 속 단어의 잔해이다. 그러나 풀이 죽은 독자는 경계해야 한다. 가짜 은둔은 비관론적이거나 허무주의적인 혹은 패배주의적인 철학 이론이나 문학작품을 자신의 존재로부터 떼어놓을 수 없는 것으로 소중히 여기는 많은 사람을 유혹했다. 그들은 너무 자주 황폐한 경험에 대한 연설로 시작하는 책에 정착하지만, 그런 책은 작가가 뒷문으로 슬그머니 빠져나와 햇빛 환한 길을 따라가는 걸로 마무리되곤 한다. 남겨진 풀이 죽은 독자는 단지 폐허의 외관, 황폐함의 트롱프뢰유[†]일 뿐이라고 밝혀진 곳으로 들어가기 전보다 더욱 괴로워진다. 레프 톨스토이가 저술한 《참회록 *Исповедь*》(1882)[††]은 그런 책의 원형이다.

《전쟁과 평화》(1865~1869)와 《안나 카레니나》(1875~1877)의 작가로서 지위를 누리면서도, 부유한 지주로서의 자기 지위를 잊지 않으려 했던 톨스토이는 일종의 파괴적 반전을 감행할 준비가 되어 있었다. 이는 인간 삶에 깊이 환멸을 느끼는 동안 의식의 위기라는 형태로 다가왔다. 자연스레 그는 자신의 당혹감을 누그러뜨릴 무언가를 찾아다니기 시작했다. 그 무렵 그를 좀먹기 시작했던 중대한 질문에 대한 해답을 찾기 위해 과학으로 눈을 돌린 뒤, 그는 이런 해답을 내놓는다. "일반적으로 실험과학이 삶의 의문과 맺는 관계는 이렇게 표현될 수 있다. 질문: '나는 왜 사는가?' 해답: '무한한 공간, 무한한 시간 속에서, 무한히 작은 입자들이 무한한 복잡성 속에서 자신의 형태를 바꾼다. 이런 변이의 법칙을 이해할 때, 당신이 이 땅에서 사는 이유를 이해하게 될 것이다.'"

19세기 이후의 (양자역학, 다중우주, 범심론汎心論, 모의현실 같은) 발견과 추론을 제쳐놓더라도, 다양한 과학에 질문을 제기하는

† trompe l'oeil. 실물로 착각할 정도로 정밀하고 생생하게 묘사한 그림을 뜻한다.
†† 레프 톨스토이, 《참회록》, 박형규 옮김, 문학동네, 2022.

사람들은 여전히 똑같은 해답과 마주하게 될 것이다. 이는 쓸모없는 질문에 대한 쓸모없는 대답이다. 하지만 톨스토이는 그 해답은 몰라도 그 질문은 쓸모없다고 생각하지 않았고, 계속 그 질문을 파고들다가 쇼펜하우어를 읽기에 이르렀다. 쇼펜하우어는 "삶은 존재해서는 안 되는 것, 즉 악이다. 무에 이르는 길만이 삶에서 유일하게 좋은 것이다"라고 대답함으로써, 그 러시아 작가가 겪던 위기를 심화시키기만 했다. 톨스토이는 사상가로서의 쇼펜하우어에게 깊은 감명을 받았고, 이 철학자의 압도적인 저작들을 힘겹지만 꾸준히 읽어 나갔다.

마침내 톨스토이는 자신 같은 사람이 살아 있음은 괜찮은 일이라고 계속 믿기를 바라는지, 혹은 대안을 찾을 준비가 되어 있는지에 따라 고를 수 있는 선택지를 좁혔다. (이어지는 인용문이 긴 점에 대해 독자의 양해를 구한다. 하지만 톨스토이가 제시한 그가 속했던 상류층이 의식이 있는 존재의 곤경에 대처하는 네 가지 주요 전략은, 삽페가 제시한 모든 사람이 동일한 곤경에 대처하는 네 가지 주요 전략만큼이나 들어볼 가치가 있다.)

> 내가 속한 계층의 사람들은 우리 모두가 처한 무서운 상황에서 빠져나올 수 있는 네 가지 길을 보여주었다.
> 첫 번째는 무지의 길이다. 이 길은 삶이 악이며 부조리임을 알려고도 깨달으려고도 하지 않는 것이다. 이런 부류의 사람들은 (…) 삶의 질문을 아직 이해하지 못했다. (…) 그들은 자신을 삼키려 기다리는 용도, 자신이 매달려 있는 관목을 쏠고 있는 쥐도 보지 못한 채, 아주 잠깐 꿀이나 핥을 뿐이다. 무언가가 그들의 주의를 용과 쥐에게로 돌리면, 꿀 핥기도 끝장날 것이다. 그들에게서는 아무것

도 배울 게 없다. 사람은 자신이 알고 있는 것에 관해 알기를 그만둘 수 없다.

두 번째 출구는 쾌락주의이다. 이것은 삶의 희망 없음을 알면서도 자신에게 있는 이점을 살려, 용과 쥐는 무시한 채 특히 손 닿는 곳에 꿀이 많이 고여 있다면 마음껏 꿀을 핥는 것이다. 솔로몬은 이 길에 대해 이렇게 말한다. "그러므로 즐겁게 사는 것이 좋은 것이다. 하늘 아래서 먹고 마시며 즐기는 일 외에 사람에게 무슨 좋은 일이 있겠는가? (…) 그것이 없다면 하늘 아래서 하느님께 허락받은 짧은 삶을 무슨 맛으로 수고하며 살 것인가? 그러니 네 몫의 음식을 먹으며 즐기고 술을 마시며 기뻐하여라. (…) 하늘 아래서 허락받은 덧없는 삶을 애인과 함께 끝날까지 즐기며 살도록 하여라. 이것이야말로 하늘 아래서 수고하며 살아 있는 동안 네가 누릴 몫이다. 무슨 일이든 손에 닿는 대로 하여라. 저승에 가서는 할 일도 생각할 일도 없다. 깨쳤던 지혜도 쓸데없어진다." 우리 계층의 대다수는 살아가면서 두 번째 길을 따른다. 그들은 주어진 여건으로 인해 고생보다 안락을 더 많이 누리지만, 그들의 도덕적 아둔함이 그들로 하여금 자신의 유리한 처지가 우연일 뿐임을, 모든 사람이 솔로몬처럼 천 명의 부인과 궁전을 가질 수는 없음을, 어떤 남자가 천 명의 부인을 거느리면 다른 천 명의 남자는 한 명의 부인조차 가질 수 없음을, 궁전 하나를 지을 때마다 천 명의 사람이 피땀 흘려야 한다는 것을, 그리고 오늘 나를 솔로몬으로 만든 우연이 내일은 나를 솔로몬의 노예로 만들지도 모른다는 것을 망각하게 만든다. 이들의 우둔한 상상력 때문에 그들은 붓다의 마음을 괴롭혔던 것들, 즉 오늘이든 내일이든 이 모든 쾌락을 파괴해버릴 질병과 노쇠와 죽음의 불가피함을 금세 잊어버릴 수 있다.

그러므로 우리 시대의 대다수 사람들과 우리의 생활 방식을 생각하고 느껴보자. 이들 가운데 일부가 자기 생각과 상상력의 우둔함을 이른바 실증주의 철학이라 선언한다는 사실이, 문제를 대면하기를 회피한 채 꿀을 핥는 사람들의 줄에서 그들을 꺼내주지는 않는다. 나는 이들을 따라 할 수 없었다. 그들처럼 아둔한 상상력을 가지고 있지 않은 나는 그런 아둔함을 억지로 만들어낼 수 없었다. 살아 있는 사람이라면 누구라도 일단 그 쥐와 용을 본 뒤에는 눈을 돌릴 수 없듯이, 나도 그것들로부터 눈을 돌릴 수 없었다.

세 번째 탈출구는 힘과 활력의 길이다. 삶이 악이고 부조리임을 이해하고, 삶을 파괴해버리는 것이다. 예외적으로 굳세고 확고한 소수의 사람들이 그렇게 행동한다. 그들은 자신에게 벌어진 장난의 어리석음을, 사느니 죽는 게 나으며 존재하지 않는 게 최선임을 깨닫고, 그런고로 신속하게 목을 매거나, 물에 뛰어들거나, 심장에 칼을 꽂거나, 철로에 몸을 던짐으로써 이 어리석은 장난을 끝장낸다. 우리 계층에서 이렇게 행동하는 사람의 수는 점점 더 늘어나고 있으며, 대부분 그들 인생 최고의 순간에, 그들의 정신력이 만개하고 아직 퇴행적인 습관이 몸에 배지 않았을 때 그렇게 행동한다. 나는 이것이 가장 바람직한 탈출 방법이라고 보며, 스스로도 이 방법을 받아들이고 싶었다.

네 번째 출구는 나약함의 길이다. 자신이 처한 상황을 직시하면서도 삶에 매달리는 것, 여기서 아무것도 얻을 수 없음을 이미 알고 있는 것이다. 이런 사람들은 죽음이 삶보다 나은 걸 알지만, 이성적으로 행동할 만한, 신속하게 기만을 끝내고 목숨을 끊을 만한 결단

> 력이 없어서, 마치 무언가를 기다리듯 망설인다. 이 길은 나약함의 탈출구다. 무엇이 최선인지 알고 있으며 실천할 힘이 있다면, 어째서 최선을 따르지 않겠는가? 나도 이 부류에 속하기 때문이다.
>
> 그러므로 내가 속한 계층의 사람들은 네 가지 방법으로 무서운 모순을 회피했다. 내가 흔히 하듯 신경을 곤두세워 봐도, 그 네 가지 말고 다른 방법은 없었다. (에일머 모드Aylmer Maude 옮김)[†1]

톨스토이는 생애 초기에 크림전쟁에서 용맹하게 싸웠고, 이 경험을 《전쟁과 평화》에서 나폴레옹 치하 러시아인의 생활상을 묘사할 때 활용했다. 전투에서 용감했던 이 문호는 앞선 인용문을 쓰면서도 불굴의 정신을 과시했다. 그런 부와 업적을 달성한 사람 가운데 자신의 동료와 일반 대중 앞에서 이런 성격의 감정을 표현할 정도로 기개 있는 사람은 거의 없다. 당연히 톨스토이는 좀 더 안전한 곳으로 이동한 다음에야 이런 감정을 드러냈다. 그리고 그의 《참회록》은 훗날 삽페가 〈마지막 메시아〉에서 윤곽을 제시할, 의식이라는 함정 주위에서 스케이트를 타는 방법을 알려주는 생존 교범이자 여행 안내서로 탈바꿈했다.

톨스토이의 구원은 그가 일관성을 버리고 종교를 향해 살금살금 다가가는 법을 불현듯 깨달았을 때 찾아왔다. 비록 그게 일반적인 부류의 종교가 아니어서, 그가 러시아 정교회로부터 파문당하는 계기가 되었지만. 개념적 속임수의 대가인 그는 비합리성에 이르는 자기 방식을 합리화했다. 농노들과 시간을 보냈던 일이 그의 의식을

† 레프 톨스토이, 《참회록》, 62~66쪽.

혼란스럽게 하는 데 도움이 되었다. 농노들처럼, 좀 더 적확하게 말하자면 농노들에 대한 톨스토이의 인식처럼, 그는 자신의 두뇌가 아닌 '직감'을 따라 살아가기 시작했던 것이다. 그런 다음 그는 자신의 직감으로 추론하기 시작했고, 이는 그에게 회복에 이르는 길을 보여주고 자살이라는 시련을 모면하게 해주었다. 그러나 훗날 그의 정신이 다시 작동하기 시작했고, 그는 다시 한번 위기에 처했다. 그는 삶과 죽음과 자기의 남은 삶의 의미라는 문제에 계속 사로잡혀 있었고, 작가로서는 점강법漸降法 구조를 띠는 〈이반 일리치의 죽음〉(1886)에서 볼 수 있듯 자신을 끈질기게 따라다녔던 황량함에 맞서 계속된 십자군전쟁을 벌이면서 긍정적인 사고를 설파했다.

황량함 II

톨스토이의 《참회록》 같은 작품에 배신당한, 황량함을 감식할 줄 아는 이는 통찰력 있는 독자가 될 수 있다. 그들은 어떤 책에 믿음이 가지 않는다면, 그 도입부의 약속이 결론에 의해 깨어지지 않을까 미심쩍어 하면서, 곧장 결말부터 펼쳐 볼 것이다. '어두운 전망'을 전달한다고 홍보되는 많은 책이 빈번하게 마지막 쪽이나 문단에서 배신하며 입장을 바꿔, 긍정이라는 따뜻한 욕조 안에서 축 늘어진 채 끝나는 게 예사다.[2] 모든 작가, 출판사, 그리고 카니발 운영자가 알고 있듯이, 자극적인 제목일수록 사람들을 끌어들이기에 좋다. 그리고 실제로 '의식이라는 불운: 인류는 진화의 실수인가?' 혹은 '우리는 아이 갖기를 멈춰야 하는가?' 같이 의문형 제목을 단 수많은 책과 잡지

기사가 있다. 그 대답은 항상 '아니오'인데, 이는 때때로 열변을 토하며 울려 퍼지지만, 대개는 한층 더 비열하게도 조건을 단다. 황량함을 추구하는 탐사자는 미끼 상술에 걸려들지 않도록, 제목이 암울하거나 도입부부터 불안을 불러일으키는 책과 잡지 기사를 끝부분부터 읽기 시작하는 게 좋을 것이다.

그런 의미에서 빼어난 솜씨로 결말을 맺은 소설 중 하나는 호레이스 맥코이의 짧은 소설 《사람들은 말을 쏘아 편히 보내주잖아요?They Shoot Horses, Don't They?》이다.† 이 작품의 주인공은 글로리아 비티라는 젊은 여성이다. 절실히 필요한 돈을 챙겨서 훌쩍 떠나고 싶지만, 할 만한 더 나은 일거리도 없어서, 글로리아는 1930년대 대공황 시기에 열린 혹독한 댄스 마라톤의 참가자가 된다. 책의 첫머리부터 절망적인 낙오자로 등장하지만, 대중소설에서 좀처럼 보기 드문 통찰력을 지닌 그는 춤을 추기 시작한다. 글로리아는 마라톤 도중에 자기 파트너에게 이렇게 말한다. "모든 사람이 삶에 너무 많은 관심을 쏟고 죽음에는 거의 관심이 없다는 게, 제가 보기에는 이상해요. 왜 열성적인 과학자들은 편안하게 죽는 방법을 찾는 대신 삶을 연장하는 데 항상 시간을 낭비하는 걸까요? 세상에는 죽고 싶지만 그럴 용기가 없는, 저 같은 사람이 분명 엄청나게 많을 거라고요."

댄스 마라톤이 글로리아와 다른 참가자들에게 서서히 악영향을 끼친 끝에, 한때 낙천적이었던 그의 파트너는 글로리아와 같은 입

† 호레이스 맥코이, 《그들은 말을 쏘았다》, 송예슬 옮김, 레인보우퍼블릭북스, 2020.

장에 서게 된다. 그는 어느 열성적인 과학자보다 더 고결하고 인간이 상상해낸 어느 신보다 더 자비롭게, 글로리아가 모든 것을 끝내도록 돕는다. 이 해방은 자살자가 아주 오랫동안 사용해온 흔하지만 깔끔하지는 않은 방식, 즉 머리에 총알을 박아 넣음으로써 실현된다. 맥코이 소설의 결말은 평범한 사람들이 황량하다고 할 만하다. 자연스레 《사람들은 말을 쏘아 편히 보내주잖아요?》를 읽는 황량한 마음을 지닌 독자는 격발된 탄환이 그 일을 마쳤을 때 안도감에 넋을 잃는다. 하지만 비관론적이거나 허무주의적인 혹은 패배주의적인 철학 이론이나 문학작품을 자신의 존재로부터 떼어놓을 수 없는 것으로 소중히 여기는 사람들에게는 이 황량함의 위로마저도 한계가 있다. 그리고 황량함 그 자체마저 그들을 실망시킨다면, 그들은 참으로 실망한 것이다.

생명 옹호

《사람들은 말을 쏘아 편히 보내주잖아요?》는 1935년에 처음 출판되었다. 그 이후로도 과학자들은 고통으로 가득한 우리 수명을 연장시키는 데 계속 시간을 낭비하면서, 다른 전선에서는 거의 아무 결과물도 내놓지 않았다. 마치 그들은 빅터 프랑켄슈타인을 역할 모델로 삼아 최선을 다해 모방하고 있는 듯하다. 외과의 셔윈 B. 눌런드는 1994년 베스트셀러 《사람은 어떻게 죽음을 맞이하는가: 삶의 마지막 순간에서의 가르침How We Die: Reflections on Life's Final Chapter》† 에서, 92세의 노인에게 몇 달 혹은 몇 년의 수명을 더 짜낼 수 있는 수술을 받도록 구슬렸던 일을 회고한다. 이미 상당한 고령까지 살았다는 데 만족했던 환자는 처음에는 수술을 거절했지만, 뉼런드 박사는 스스로 언급하듯 자기 환자가 "연명 치료의 고생을 감수할 가치가 없는 사람들 가운데 하나"임을 알면서도 그를 설득해 수술실로 보냈다. 그는 환자가 수술을 버티고 살아남을 경우 치러야 하는 수술 후 통증이라는 대가의 정확한 성격을 환자에게 알리지 않았다고 인정한다. 환자는 그런 통증을 견디고, 뉼런드에게 자신이 그를 얼마나 나쁜 인간이라고 생각하는지 알려줄 수 있을 만큼 오래 살았다.

자신의 불명예스러운 직무 수행에 대한 형식적인 사과에 뒤이어, 그 의사는 자신이 이 수술을 하지 않았다면 병원의 주간 외과 회의에서 자신의 동료 집단으로부터 표준운영지침을 따르지 않았다고 비난받았을 거라고 털어놓으면서 자기변호를 시도한다. 그가 우리에게 알려주듯, 뉼런드의 동료 외과의들은 그가 더 이상의 참견 없이 죽게 해달라는 환자의 요구를 승낙했더라면 이를 윤리적 요청으로 간주했을 것이다. 하지만 그런 요청을 하는 주체는 그가 아니다. 그는 도덕철학자가 아니었다. 다만 사람들이 생명의 고동을 이어가도록 하는 임무를 맡은 기술자였다. 따라서 그가 내리는 모든 결정은 이런 임무를 충족시켜야 하고, 그 임무를 저버렸을 경우 왜 그랬는지 답해야 하는 것이다. 그리고 그때 그의 환자가 수술을 받지 않기로 결정했다고 답하는 것은 용납되지 않는다. 왜냐하면 그런 결정을 내리는 유일한 사람은 의사여야 하기 때문이다.[3]

† 셔윈 B. 눌랜드, 《사람은 어떻게 죽음을 맞이하는가: 삶의 마지막 순간에서의 가르침》 4판, 명희진 옮김, 세종서적, 2020.

뉼런드와 그 동료들의 행동은 잘못되어 가는 실험이라는 공포 장르의 주된 주제 중 하나를 실행에 옮긴다. 이런 장르적 관행은 1818년에 메리 셸리를 불멸의 지위에 올려놓은 소설의 출판 이후 사람들에게 널리 알려졌다. 뉼런드와 그의 미친 동료 의사들은 마치 그 책 속 엉망이 된 수술을 그들의 지침으로 삼기로 한 듯하다. 그들은 스스로에게 이렇게 물었을지도 모른다. '프랑켄슈타인이라면 어떤 절차를 따랐을까?' 프랑켄슈타인, 즉 '생명'이 지구상에서 가장 위대한 쇼였던 이가 그들의 조언자였다. 게다가 뉼런드는 이미 그 노인 환자를 "연명 치료의 고생을 감수할 가치가 없는 사람들 가운데 하나"로 평가한 바 있다.

맥코이가 쓴 《사람들은 말을 쏘아 편히 보내주잖아요?》의 글로리아만큼 철학적으로 시대를 앞선 건 아니지만, 뉼런드의 환자는 자신이 우아하게 퇴장할 때를 잘 알았다. 그는 자기 인생에 대해 그 정도의 통제력은 할당받았다고 생각했다. 그가 몰랐던 사실은 자신이 프랑켄슈타인의 세계에 붙잡혀 있으며, 다음과 같은 빌어먹을 프랑켄슈타인 선서에 살고 죽을 수도 있다는 것이었다. '우리, 면허를 받은 종의 수호자이자 인류의 지배계급이라는 고귀한 신분의 일원으로서, 생존하고 번식하기 원하는 사람들이 부여한 권한으로, 어떤 고난이나 회복할 수 없는 뇌 손상이 닥쳐오더라도 삶은 가질 만한 가치가 있고 살 만한 가치가 있다는 허구를 강요하기로 맹세한다.' "연명 치료의 고생을 감수할 가치가 없는 사람들 가운데 하나"로 낙인찍혔던 그 노인 환자가 어떻게 그런 교묘한 사기를 치는 비대한 조직에 맞서 싸울 수 있겠는가?

결국 안락사는 말기 환자에게, 그리고 아마도 이 확실한 치료법을 희망하는 모두에게 선택 가능한 절차가 될 것이다. 하지만 사회 진보의 현 단계에서는, 프랑켄슈타인을 거부하고 맥코이의 글로리아를 지지하는 사람들은 용기를 내거나 약간의 도움을 얻을 수 있다면… 그 일을 스스로 처리해야 할 것이다. 그러나 올바른 행동을 취하는 길을 막아서는 가공할 만한 장애물이 있다. 그 가운데 하나는 셰익스피어의 햄릿이 "우리 모두를 겁쟁이로 만든다"고 공언했던 양심conscience('의식consciousness'의 옛말)이다. 다른 하나는 늪런드 박사가 직장에서 쫓겨날지 모른다고 느끼게 했던 동료 집단의 압력이다. 또한 자신의 삶이 자살자의 삶과 얽혀 있어, 그가 자발적인 죽음이라는 '범죄'를 저지른 이후에도 계속 살아 있되 죽어가는 듯한 고통을 느끼는 일군의 친구와 친척이 있을지도 모른다.

만약 자연이 곰팡이처럼 의식이 자라는 생물을 토해내는 실수를 저질렀다 해도, 여전히 그 자연은 종을 위해 봉사하고 그 구성원이 포획과 피살의 위기에서 빠져나오기 위해 다리를 물어뜯어 끊어버리도록 자극하는 본능을 그들 안에 심어야 한다는 것만큼은 잘 알고 있다. 그들의 주요 동기는 생존하고 자기 종을 널리 퍼뜨리는 것이다. 어느 철학자가 삶은 가질 만한 가치도 없고 살 만한 가치도 없다는 걸 입증한다고 해도, 평범한 외과의와 마찬가지로 평범한 필멸자도 비록 아무리 미미할지라도 삶의 가치라는 허구를 어떻게든 보존하고자 할 것이다.

허무주의 이후 시대의 철학적 상투어는 제한된 틀 안에 있는 경우를 제외하면 살아 있음이 아무 가치도 없다고 단언한다. 영화의 역사에서 흔히 볼 수 있는 전개는, 대도시에서 작은 마을로 이사 온 경찰관 이야기다. 그는 대도시에서는 환경을 개선하려는 자신의 노력이 효과가 없거나 눈에 띄지 않았지만, 작은 마을에서는 그런 노력이 '변화를 가져오리라' 기대한다. 여기서 계획은 누군가의 삶이 그 자체로 가치를 갖는다는 환상을 만들고자 틀을 바꾸는 것이다. 이는 공공연하게는 아니지만, 무신론적 계획이다. 유신론자는 자신의 삶에서 어떤 의미를 낚아채는 데 제한된 틀이 필요 없는데, 이는 (비록 실제로는 그렇지 않지만) 자신이 지고의 권능 안에서 절대적인 틀을 가지고 있다고 믿기 때문이다. 고급 및 저급 문화 상품 모두에서 진정으로 신을 배제한다는 점은, 대부분의 필멸자에게 혹은 적어도 고급 및 저급 문화 상품 소비자에게 유신론이 상당히 취약한 의미 틀임을 입증한다. 그렇지 않다면 아미시파와 메노파 신도 사이에서 확인된 바와 같이,† 로맨틱한 사랑, 세상에서의 활동 등등의 틀 안에서 의미를 발견하는 영화 및 여타 오락물은 불필요할 것이다.

영화 밖에서 하나의 틀을 다른 틀로 교체하려는 계획을 달성하기는 더 어렵다. 이런 틀은 영화 제작자가 아닌 우리 마음에 의해 만들어지기 때문에, 언제 부서질지 모른다. 누군가 우리 삶을 이어가도

† 아미시파Amish는 현대 문명을 거부하고 전통적 생활을 유지하고 있는 기독교 교파이다. 메노파Mennonite는 절대 평화주의 전통을 지키며, 유아 세례, 공직 취임, 병역을 거부하는 기독교 교파이다.

록 하는 궁극의 틀을 믿을지라도, 이런 믿음은 지속될지 불확실하고 확실한 위로가 되지 않는다. 어떤 절대적인 틀 안에서의 믿음, 혹은 그 대안인 어떤 비신론非神論적인 의미 틀 안에서의 믿음은 예고 없이 힘을 잃을 수 있다. 일단 틀이 무너져 내리면, 우리는 스스로의 힘으로 빠져나와 다른 틀을 찾아야 한다. 이런 틀 가운데 어느 것도 지속적으로 확고하게 우리 마음을 편안하게 해주고 삶의 의미를 이해하도록 도와줄 수 없다. 틀에서 틀로 옮기는 것은 우리에게 제법 오랫동안 안온함과 분별력을 줄 수 있지만, 그럼에도 여전히 우리가 결코 벗어날 수 없는 마지막 틀이 남아 있다. 그것은 고통에 의해 그리고 뒤이어 어떤 형태로든 죽음에 의해 채워지길 기다리는 대기소이다. 이 틀은 누구라도 오랫동안 탐사하고 싶어 할 법하지 않다. 모든 것을 고려할 때, 한 사람의 비석에 새길 만한 가장 행복한 비문은 이것이다. '그는 무엇에 부딪혔는지도 모른 채 죽었다.' 하지만 다시 한 번 깊이 생각해보면, 경고조차 없이 눈 깜빡할 사이에 죽는 것이 사실 우리가 세상을 떠나는 최고의 방식이 아닐까?

에피쿠로스는 메노이케우스에게 보낸 '행복에 관한 편지'에서 이렇게 썼다.† "죽음이 찾아올 때 고통스럽기 때문이 아니라, 죽음을 예상하는 것이 고통스럽기 때문에 죽음이 두렵다고 말하는 자는 어리석다네." 이 진술은 "죽음이 찾아올 때"의 고통을 두려워하는 건 어리석지 않다고 확언하는 듯하다. 하지만 에피쿠로스 자신이 죽어갈

† 에피쿠로스, 〈메노이케우스에게 보낸 서신〉, 같은 책, 박문재 옮김, 현대지성, 2022.

때, 그는 친구 이도메네우스에게 이런 편지를 썼다.† "나는 이 편지를 내 삶의 마지막을 앞두었지만 기분 좋은 날에 쓰네. [요로결석으로] 소변을 볼 수 없는 데다 이질까지 겹쳐, 내 고통은 더 이상 심각해질 수 없을 정도야. 그렇지만 우리가 지난날 나누었던 대화의 기억이 불러일으키는 모든 기쁨이 이 고통보다 더 크다네." 그렇게 에피쿠로스는 한 인간이 바랄 수 있는 모든 것을 가졌다. 죽음에 대한 공포를 떨치는 것, 죽어가는 동안에도 행복한 것, 그리고 죽음을 두려워하지 않는 것 말이다.

죽음의 과정에도 흔들리지 않던 에피쿠로스학파의 창시자는, 왜 다른 사람들이 죽음을 두려워하지 말아야 하는지에 대한 논리를 제공하지는 않았다. 그의 유일한 논리식은 죽음의 공포로부터 스스로 벗어나기 위한 것이었다. "존재할 때 어떤 불쾌감도 초래하지 않는 것은 무엇이든 예상에 의한 근거 없는 고통만 초래할 뿐이다. 따라서 가장 끔찍한 악이라는 죽음은 사실 우리에게 아무것도 아니다. 우리가 존재할 때 죽음은 우리에게 아직 오지 않았으며, 죽음이 왔을 때 우리는 이미 존재하지 않기 때문이다." 어떤 사람들은 에피쿠로스의 논리를 믿고, 이를 통해 죽음에 대한 "예상에 의한 근거 없는 고통"을 겪지 않을지도 모른다. 하지만 죽음이 오기 전이나 "죽음이 찾아올 때"의 고통에 관해 똑같이 말할 수 있는 사람이 몇이나 될까? 이 질문으로 인해, 우리는 무엇이 누군가의 비석에 새길 만한 가장 행복한 비문일지 다시 한번 생각해보게 된다.

죽어가는 과정의 고통이 우리 삶에서 제거된다고 가정해보면

† 에피쿠로스, 〈에피쿠로스 저작들의 단편〉, 위의 책.

어떨까? 우리 모두 경고조차 없이 눈 깜빡할 사이 죽는다고 가정해 보는 것이다. 왜냐하면 우리가 이런 식으로 죽지 않는다면, 죽어가는 과정은 필연적으로 고통스러울 것이기 때문이다. 그런 고통이 없다면, 에피쿠로스조차 어리석다고 생각하지 않은 그 고통에 대한 공포가 없다면, 자신이 죽어가고 있다는 걸 달리 어떻게 알 수 있을까? 우리는 한순간 살아 있다가, 다음 순간에 죽어 있다. 그렇다면 우리 모두는 우리가 무엇에 부딪혔는지도 모를 터인데, 이는 운 좋은 소수에게만 허락된 선물이다. 이상적일 정도로 평등한 이런 필멸성의 체계는 우리를 한 사람씩, 혹은 한 번에 수천 명씩 동등하게 사멸시킬 것이다. 우리는 경고조차 없이 눈 깜빡할 사이에 이승을 하직하는 것이다. 매번 우리가 의자에 앉을 때마다, 사신이 감지할 수 없는 손길로 우리 손을 잡기 전에 우리가 다시 일어설 수 있을지는 장담할 수 없다. 우리는 자신을 죽음으로 이끌 모든 고통을 우회할 수 있는데, 이는 죽음에 이를 정도가 아닌 고통을 우회할 수 있다는 의미는 아니다. 고통스럽다는 것은 죽어가고 있진 않다는 의미이다. 우리가 경고조차 없이 눈 깜빡할 사이 쓰러질 거라는 점을 제외하면, 모든 것은 지금과 같을 것이다. 우리는 어떻게 죽을지는 생각할 필요 없고, 언제 죽을지만 생각하면 된다. 그때가 찾아오면, 우리는 자신이 이미 죽었다는 사실조차 알지 못할 것이다. 매 순간의 호흡이 마지막 호흡일 수 있다. 그런 조건하에서, 우리는 에피쿠로스주의자가 되어 죽음을 두려워하지 않든지, 혹은 더욱 가능성 있는 태도로서 우리가 경고조차 없이 눈 깜빡할 사이 죽을 수도 있다는 생각이 우리 의식에 떠오르지 않도록 관심을 돌려야 할 것이다. 후자가 우리 죽음의 불가피성에 대한 현재의 접근 방식이기 때문에, 그런 태도를 택할 가능성이 더 높다. 그러면 죽어가는 과정에서 불가피하게 겪게 되는 고통만 제외하면, 그 무엇도 두려워할 필요가 없다. 우리 가운데 몇몇 병적인 시민은 자신의 다음 호흡이 마지막이 될 거라는 불안으로 강경증強勁症† 을 일으킬 수도 있지만, 우리 대부분은 그런 끊임없는 걱정으로 망가지진 않을 것이다. 게다가 덤으로 우리는 어떻게 죽을지에 관한 끔찍한 상상을 하지 않을 텐데, 이는 모든 사람이 똑같은 방식으로 죽을 것이기 때문이다. 따라서 다시 한번 생각해봐도, 누군가의 비석에 새길 만한 가장 행복한 비문은 이것이다. '그는 무엇에 부딪혔는지도 모른 채 죽었다.' 우리는 여전히 불안정한 틀 안에서 삶을 살아가야 하겠지만, 우리에게 혹은 (우리 중 몇몇은 다음 호흡이 마지막이 될 거라는 병적인 공포로 강경증을 일으킬 수 있기 때문에) 우리 대부분에게 죽어감은 아무것도 아닐 것이므로, 죽음 또한 아무것도 아닐 것이다. 하지만 적어도 우리 대부분은 에피쿠로스가 그랬듯 이 모든 것을 누릴 것이며, 그 그리스 철학자와 달리 죽어감에 관해 조금도 고통받지 않을 것이다. 우리 가운데 누가 자신이 죽어간다는 혹은 눈 깜빡할 사이보다 긴 시간 동안 죽어갈 거라는 고통스러운 경고를 원할 만큼 완고하게 고집을 부릴까? 우리 가운데 가장 병적인 시민만이 죽음에 대해 불안을 느낄 것이다.

그런데 우리 모두를 병적인 시민으로 이해하는 심리학 학파가 있다. 이른바 공포 관리 이론Terror Management Theory, TMT이라는 이

† catalepsy. 자기 의사와 관계없이 일정한 자세를 오랫동안 유지하는 증상을 가리킨다.

이론의 원리는 캐나다의 문화인류학자 어니스트 베커의 저술로부터 영향을 받았는데, 그는 왜 "빌어먹을 의식의 과잉"이 인류가 "광기의 대유행 동안 멸종"하는 결과를 초래하지 않았는지를 궁금해했다는 점에서 삽페와 유사했다. 베커는 가장 널리 알려진 저술 《죽음의 부정The Denial of Death》(1973)[†]에서 이렇게 썼다. "나는 인간 조건의 완전한 이해는 사람을 미치게 만든다고 고찰한 사람들이 옳다고, 정말 문자 그대로 옳다고 믿는다." 삽페는 우리가 "의식의 내용을 인위적으로 제한함으로써" 제정신을 유지한다고 결론짓는다. 베커는 자신이 내린 동일한 결론을 이렇게 기술했다. "[인간은] 사회적 게임, 심리학적 속임수, 개인적 몰두를 통해 말 그대로 스스로를 맹목적인 망각으로 몰아넣는다. 이것들은 그가 처한 상황의 현실로부터 너무나 동떨어져 다양한 광기의 형태가 되는데, 그럼에도 결국은 똑같은 광기이다. 이는 금기시된 상투어, 금지된 빤한 소리이다.

세 명의 심리학 교수 셸던 솔로몬Sheldon Solomon, 제프 그린버그Jeff Greenberg, 톰 피즈친스키Tom Pyszczynski는 베커의 핵심 발상을 종합하고 확장시켜, 1980년대 중반 심리학 학계에 공포 관리 이론의 개념을 선보였다. 임상 실험과 연구에서 공포 관리 이론은 인간 행위의 주요 동인이 죽음 공포증이며, 이 두려움이 우리 삶의 전체 지형을 결정짓는다고 지적했다. 죽음에 대한 불안을 가라앉히기 위해, 우리는 자신이 (상징적으로나마) 육체의 사멸을 넘어 지속되리라고 믿도록 스스로를 속이려고 세계를 날조했다. 우리는 이렇게 구성된 세계를 매일 주변에서 보기 때문에 이미 잘 알고 있으며, 우리

† 어니스트 베커, 《죽음의 부정》, 노승영 옮김, 한빛비즈, 2019.

가 계속 제정신을 유지할 수 있도록 이를 가능한 세계 가운데 최선의 세계로 신성시한다. 여기서 가장 거대한 구성물을 담고 있는 곳은 몇몇 사람들이 의미의 조짐이라도 얻으려고 가는 예배소인데, 그들이 목표하는 것은 오직 하나, 즉 불멸이다. 천국이든 지옥이든 환생한 삶이든, 우리는 계속 나아가야 한다. 즉 끝없는 **우리**여야 한다. 불멸에 대한 서투른 모방은 그 창조주의 형상을 따라 만들어진 산물을 내놓는 우리 미래의 공장인 분만실에서 밤낮으로 행해진다. 이는 악마가 신과 협상함으로써 일어난 기적인데, 그 신은 우리 이름과 유전자를 우리가 살아서 보지 못할 시간 속에 투사할 기회를 주었다는 모든 공을 차지하며 찬양받는다.[4]

하지만 공포 관리 이론에 기초하여 이 계획을 분석한 바에 따르면, 죽음 불안을 완화시키는 일은 보기처럼 간단하지 않다. 우리는 자신의 필멸성과 더불어 평온하게 지내려면, 우리가 죽을 때 남기고 가는 것이 우리가 남긴 그대로 존속하리란 걸 알아야 한다. 그런 교회는 그냥 여느 교회일 수 없다. 즉 우리가 누구든 간에, 그것은 **우리** 교회여야 한다. 이는 후손과 그 대역에게도 똑같이 참이다. 우리는 개인의 영생 대신, **우리** 가족, **우리** 영웅, **우리** 종교, **우리** 국가 같이 자신의 연장延長으로 간주하는 사람이나 기구의 생존을 기꺼이 받아들인다.[5] 그리고 자아들의 사회로 규정되는 우리의 지속을 위협하는 사람, 우리처럼 보이지 않고 우리와 달리 살아가는 사람은, 누구라도 우리 영역에 발을 들여놓기 전에 다시 생각해야 할 것이다. 왜냐하면 지금부터 영원까지 그 영역에서 모든 자아는 자기 자신과 그 자신의 모든 복제품을 위한 것이기 때문이다. 그런 세상에서는, (자기기만의 관점에서 보면 자연스럽게) 그들과 **그들의** 세계를 침범하는 외부인에 대한 집단 학살을 뻔뻔하게 자행하는 자만이 정직한 사람이라고 추론할 수도 있다. 그런 인간쓰레기들이 사라지면, 이 세상과 영원에는 올바른 사람들과 그들이 만들어낸 구성물을 위한 공간이 더 넓어질 것이다.

그럼에도 공포 관리 이론의 주창자들은 그들의 발상이 광범위하게 전파되면 사람들이 타인의 생경한 세계관에 좀 더 너그러워지고 그들을 죽이지 않게 될 거라 믿는데, 왜냐하면 타인의 세계관은 자신의 세계관이 얼마나 덧없고 허망할 수 있는지를 상기시켜주기 때문이다. 이런 믿음이 지닌 역설은 공포 관리 이론이 지금까지 우리의 공포 혹은 그 공포의 일부를 관리해왔다고 주장하는 바로 그 공포 관리 기술을 모두에게 포기하라고 요구한다는 점이다. 하지만 늘 그랬듯이, 공포 관리 이론가가 낙관적으로 빠져나올 수 있는 길이 이런 주장 속에 있다. "최고의 세계관은 타인에 대한 너그러움을 높이 평가하고, 수정 가능성을 유연하게 열어두며, 타인을 상처 입히도록 부추기기 쉬운 자만심으로 이어지는 길을 최소화하는 것이다"(《실험적 실존 심리학 핸드북Handbook of Experimental Existential Psychology》, 제프 그린버그 외 편집). 물론 이는 그저 세상 최고의 세계관이라고 자부하는 또 다른 세계관일 뿐이다. 이는 그들 자신의 세계관이 얼마나 덧없고 허망할 수 있는지에 대한 감각으로 다른 사람들을 동요시켜, 그 결과로 그들이 보복에 나서도록 만들 수도 있다. 하지만 공포 관리 이론가는 예비 계획도 가지고 있다. 그에 따르면 미래에는 공포 관리가 필요 없어지고, 그 대신 "필멸성과의 진지한 대결이 긍정적이고 해방적인 효과를 지니며, 참된 성장과 삶의 만족을 촉진할 수 있다"는 점을 깨닫게 될 것이다. 인류가 언젠가는 필멸성과의 진지한 대결로부터 혜택을 얻으리라는 점에는 이론의 여지가 없다. 그날이 오기를 기다리는 동안, 우리는 여전히 우리 세계관의 궁극적 보호 수단으로서 집단 학살을 유지할 것이다.

필요에 따른 집단 학살에 단호히 반대하는 건 글로리아 비티 같은 개인들이다. 그들은 상황을 너무 엉망으로 만드는 일 없이, 자신과 다른 부류의 사람들을 두고 떠난다는 것에 개의치 않고, 그저 조용히 혼자 삶을 마무리한다. 이런 반사회적 사람은 대부분 결말에 이르기까지 고통의 논리를 따를 뿐이다. 어떤 사람들은 한편으로는 삶으로부터 스스로를 구하고, 다른 한편으로는 자신에게 저질러진 잘못(이것이 실제든 상상이든 상관없이)에 대해 스스로 복수한다는 이중 의무를 동시에 충족하는 마지막 인사를 계획한다. 이에 더하여 언급할 만한 이들로는 그 자신의 행동에 더 어두운 의미가 있는 자살자 부류가 있다. 모든 것을 포괄하는 근절의 가해자로서 좌절한 그들은, 자신에게 다른 모든 것을 죽이는 길이 막혀 있기 때문에 스스로 목숨을 끊을 것이다. 그들은 이 세상에 태어나, 이윽고 '신사 숙녀 여러분, 이쪽이 도살장으로 가는 길입니다'라는 말 따위나 듣는 것을 싫어한다. 그들은 '삶을 위한 거짓'이라는 음모를 혐오하는 만큼이나, 그 일원이 된 자기 자신도 경멸한다. 버튼을 눌러서 세상을 무위로 돌릴 수 있다면, 그들은 단 1초도 망설이지 않고 누를 것이다. 외로운 자살에는 어떤 만족도 없다. '자살을 통한 희열'이라는 현상을 제쳐놓으면, 거기에는 전부터 있던 공포, 씁쓸함, 우울함만이 있고, 그다음에는 실행 방법으로 인한 곤란함이 있으며, 그 후에는 아무것도 남지 않는다. 하지만 그 버튼을 누르는 일, 이 지구의 인간을 절멸시키고 자전을 멈추는 일, 이 임무를 보기 좋게 달성하면 얼마나 만족스러울까. 이는 모든 사람에게 이로울 텐데, 그 이유는 인간종에 대한 음모에 관해 아무것도 모르는 사람들마저 그 음모에 상처 입은 집단에 속해 있기 때문이다.[6]

비극

우리 모두 잘 알고 있듯이, 사람들의 이해와 욕구가 서로 전혀 다른 경우는 흔하다. 그렇지 않다면 우리 모두는 서로 잘 지내겠지만, 이는 지금까지도 앞으로도 일반적인 상황이 될 수 없을 것이다. 우리의 역사나 본성 어디에서도 우리 사이의 차이를 없애려는 기미를 보인 적은 없으며, 이런 차이는 온화한 의견 불일치부터 재산권을 둘러싸고 전쟁을 일으키는 호전성에 이르기까지 어떤 형태로든 표출될 수 있다. 어떤 사람들은 끊임없이 유혈을 불러오는 불화보다 소소한 평화를 선호한다. 하지만 그렇게 되려면 우리의 무수한 목소리들이 한 음정으로 녹아들어야 한다. 그건 성인聖人이나 에고-죽음의 상태에 이르지 않은 사람이라면 눈물 나게 지루한 합창일 것이다.

종으로서 우리는 공통적으로 일치보다 차이를 선호한다. (차이 만세. 전쟁 만세Vive la différence. Vive la guerre.) 누구도 우리를 이런 식으로 설계하지 않았다. 단지 우리는 우연히 존재라는 악몽에 끌려들었을 뿐이다. 쇼펜하우어와 자연의 역사에 따르면, 생명이 생명을 잡아먹는다. 한 유기체의 신체는 다른 유기체의 식사이다. 스티븐 손드하임의 뮤지컬 〈스위니 토드Sweeney Todd〉(1979)의 주인공은 살인 동료인 러빗 부인에게 이렇게 노래한다. "세상을 채우는 이 소리? 사람들이 서로 잡아먹는 소리지." 이와 다른 주장은 거짓이다. 차이는 우리에게 중요한 영향을 미친다. 우리가 원하는 것은 삶 속의 다양성, 즉 의식을 우리에 가둬두기 위한 수많은 산만함이다. 우리가 원하는 것은 전대미문의 것, 그 무엇과도 같지 않은 것이다. 그리고 플리트 거리의 악마 이발사에 관한 손드하임의 비극 뮤지컬 서막에서 우리가 듣게 되는, 스위니가 면도칼로 긁는 소리에 필적할 만한 건 어디에도 없다.

잠시 재미 삼아, 비극이 없었더라면 인간종은 오래전에 멸종했을 거라고 주장해보자. 비극은 우리를 긴장하게 하며, 우리 삶에서 비극을 일소하기 위한 역설적 탐색으로 우리를 미래로 나아가게끔 한다. 현명한 꼭두각시가 말했듯, '노력할 만한 의미 있는 일이 없는 것보다는, 비극에 휩싸이는 편이 낫다.' 우리 사이에서 이 사실을 가장 잘 아는 사람은 바로 연예인들, 즉 겁에 질린 그림자들이 스스로에게서 도망치려 하는 구덩이로부터 올라오는 비명과 흐느낌 없이는 '걸작'을 만들어낼 수 없는 저 승화라는 계략의 대가들이다.

작가가 공언하듯, 〈스위니 토드〉에서 각각의 행동과 결과는 (작위적인 표현이지만) 비극에서 나와서 비극으로 돌아간다. 이 사실은 극을 추동하는 다른 모든 요소(예를 들어 아름다움과 사랑), 즉 비극 아닌 다른 무언가를 암시하는 듯한 지나가는 꾸밈음 역할을 하는 그 모든 요소 아래 깔리는 지속음이다.† 그것은 무대를 활보하는 낯선 공포만큼이나 작품의 일부를 이룬다. 손드하임의 뮤지컬은 아리

† 꾸밈음grace note는 악곡에 여러 가지 변화를 주기 위하여 덧붙이는 음이다. 지속음pedal tone은 화음과는 관계없이 저음이나 임의의 성부에서 길게 울리는 음이다.

스토텔레스가 비극이 유발해야 한다고 믿었던 정동인 연민과 공포를 불러일으키지만, 결말에서 아리스토텔레스적인 감정의 정화, 즉 카타르시스는 우리 안에 일어나지 않는다. 손드하임의 비극에는 서막에서 대단원까지 인간 조건의 우연성들 사이에서 일어나는 영원한 갈등만 있을 뿐이다.

스위니는 자신의 비극적인 이야기를 이렇게 시작한다. "이발사와 그의 아내가 있었지." 유기적 존재라는 퇴비를 헤집고 꿈틀거리며 나오는 숱한 공포의 양식 가운데, 〈스위니 토드〉에서는 행복한 결혼과 새 생명의 번식이 배경 이야기로 제시되며, 극중에서는 조애나의 출생이 여기 해당한다. (아버지 토드는 "조애나, 일어나렴. 붉게 물든 새 날이 밝았단다"라고 노래한다.) 그리고 한 자손이 다른 자손을 만날 때, 새 생명은 옛 생명을 고통스럽게 재탕한다. 앤서니는 자신의 연인에게 "조애나, 당신을 느껴 / 조애나, 당신을 훔칠 거야"라고 노래하고, 두 사람은 함께 검댕 묻은 극 무대에 거짓 희망의 빛을 비추기 위해 로맨틱한 한 쌍을 이룬다.

그러나 상연 중에 잠들지 않았다면 누구든지 알겠지만, 이 새 아담과 이브도 존재의 고기 분쇄기에 들어갈 준비를 하고 있을 뿐이다. 이발사 벤저민 바커와 그의 아내 루시처럼 말이다. 이 모든 것은 터핀 판사가 벤저민의 배우자를 탐해서, 부당한 선고를 내려 벤저민이 오스트레일리아에서 장기 복역하도록 쫓아내버렸기 때문이다. 판사가 주최한 저녁 파티에서 강간당한 탓에 정신을 놓아버린 루시는, 그 추악하고 늙은 법관의 손에 갓난 딸을 남긴 채 음독자살을 (시도)한다. 판사는 아이를 자신의 피후견인으로 양육하고, 아이가 자란 뒤에는 나이 차가 심한 결혼으로 자기 침대에 끌어들이려 눈독

들인다. 십여 년 후 탈옥한 벤저민이 돌아왔을 때, 그가 원했던 것은 아내와 아이와의 재결합뿐이었다. 유감스럽게도 이는 이루어질 수 없는 일이었고, 그로 인해 아이의 납치는 물론 자신과 아내에게 일어난 불의에 대해서도 복수하고자 하는 일념에 사로잡힌 스위니 토드가 태어나게 된다. 고기파이를 만드는 파렴치한 제빵사 러빗 부인과 의기투합함으로써, 스위니가 목을 베고 그의 동료가 희생자의 시체를 갈아 넣은 먹음직한 파이를 만들어 가게에서 파는 비극이 본격적인 막을 올린다.

딸아이를 키우는 부부로서, 벤저민과 루시는 점점 급증하는 지루함을 느꼈을 것이다. 그들은 사슬에 묶여 자기 삶의 지옥을 통과할 때에야, 비로소 대중과 평균 이상의 필멸자 모두에게 동기를 부여해 주는 비극에 대한 갈망을 해소하는 일에 적합해진다. 그들은 지옥의 가장 안쪽 원에 자리하고, 러빗 부인, 터핀 판사, 토비어스 랙 및 다른 사람들은 (아름다움, 사랑 같은 것에 대한) 자기 나름의 파멸적 갈망으로 인해 그 자신을 집중적으로 발산하며, 이는 그들이 차츰차츰 이발사의 면도칼과 불 뿜는 오븐 가까이 다가가게 한다.

준비가 되어 있든 아니든, 우리는 모두 결국 러빗 부인의 고기파이 소가 될 운명이다. 낭만주의 시인 토머스 러벌 베도스Thomas Lovell Beddoes는 유언에서 스스로를 "내게 어울리는 것—벌레 먹이가 되는 것"이라고 칭한 바 있다. 현대 국가에서 우리 상당수는 벌레 밥이 되지는 않겠지만, 우리 삶이 근본적으로 보잘것없다는 요점에는 여전히 울림이 있다. **오락으로서의 비극**은 터무니없이 얼빠진 인간 삶에 대한 균형추로서 중요한 기능을 수행한다. 바로 우리 삶에 흩뿌려져 있는 무를 일상적 세계가 아닌 극적 세계의 특질인 장엄함과 고

상함으로 덮어 가리는 기능을. 이것이 우리가 스위니 토드의 공포에 전율하는 한편, 그는 지녔으나 우리에겐 부족한 특성을 부러워하는 이유다. 우리 가운데 누구도 우리의 창조됨을 무위로 돌리지는 못한다는 점을 감안하면, "우리 모두는 죽어 마땅해"라고 노래할 때 그는 어느 현자 못지않게 우리를 교화한다. 그는 음악과 시가 아닌 살과 피로 만들어진 사람 중 소수만 알게 될 사명감을 갖는다("하지만 일거리가 기다려 / 마침내 난 살아 있어 / 그리고 환희에 가득 차 있지"). 무엇보다도 그에게는 해야 할 일을 할 수 있는 용기와 허세가 있다. 그가 "복수를 쫓다보면 지옥에 이르게 될 거야"라고 경고하자, 러빗 부인은 답한다. "다들 복수를 하지만, 스위니만큼 잘하는 이는 거의 없지."

자연은 그랑기뇰,† 즉 유혈 낭자한 구경거리와 살육의 축제로 한정된다. 하지만 우리 인간은 시체보다는 좀 더 자극적인 것까지 손을 뻗을 수 있다. 〈스위니 토드〉에서 살인과 식인이 상연된 뒤, 극중에서 죽은 사람들은 앙코르를 위해 다시 일어난다. 그들은 자연이 주관하지 않는 세계, 초자연적인 것 속에서 회전하는 세계, 바로 우리 세계에서 만들어질 많은 것 중 하나다. 집단적으로, 우리는 언데드이다. 우리에게는 그런 일이 항상 기다리고 있으며, 누군가 혹은 무언가가 우리의 생존경쟁을 끝장내거나 우리가 스스로 목숨을 끊기 전까지 서로 잡아먹는 일은 절대 끝나지 않을 것이다. 서막에서처럼 대단원에서도 매달려 있는 꼭두각시들은 노래한다. "스위니 토드의 이

† Grand Guignol. 살인이나 강간, 유령 따위의 자극적인 소재로 관객에게 공포와 전율을 느끼게 하는 연극을 가리킨다.

야기로 오세요." 극장에서 놀랄 만큼 비극적인 밤으로 향하는 그 이야기로.

이 땅 위를 분주히 돌아다니는 생물로서 우리가 무엇이든지 간에, 우리는 고기이다. 한때 번성했던 식인 부족에게는 자신이 먹었던 것을 설명하는 단어가 하나 있었다. 그 단어는 '말하는 음식'이라고 번역된다. 우리가 인류 역사의 과정에서 먹어온 대부분의 음식은 말을 하지 않았다. 하지만 음식은 다른 소음을 낸다. 도살장에서 살아있는 고기를 죽은 고기로 바꾸는 동안 나는 끔찍한 소리를. 만약 우리가 푸짐한 식사를 하려 자리에 앉을 때마다 이런 소리를 듣는다면, 지금 우리 대부분이 그러듯 여전히 고기를 무자비하게 걸신들린 듯 씹어댈 수 있을까? 장담하기 어려운 문제다. 하지만 영화 〈지옥의 모텔Motel Hell〉(1980)에서 (로리 캘훈이 연기한) 농부 빈센트는 이렇게 말한다. "고기는 고기고, 사람은 먹어야 해." 그리고는 온갖 축생critter을 가지고 농부 빈센트의 튀김fritter을 만든다.

쇠고기, 돼지고기, 가끔은 염소고기가 우리 몸속으로 들어와 우리 몸 밖으로 나간다. 이는 자연이 우리에게 강요한 난센스nonsense한 식이요법의 일부다. 하지만 그것이 땅 위를 분주히 돌아다니는 동안 견뎌야 할 모든 난센스는 아니다. 그것은 자연의 난센스, 신의 난센스다. 우리는 삶 속에서 얼마나 많은 난센스를 감당할 수 있을까? 빠져나갈 수 있는 방법은 있을까? 아니, 없다. 우리는 모든 종류의 난센스에 처할 운명이다. 여기에는 고통의 난센스, 악몽의 난센스, 죽도록 고생하며 일해야 하는 난센스, 그리고 그밖에 모양과 크기가 제각각인 견디기 어려운 수많은 난센스가 있다. 그런 난센스는 접시

에 담겨 우리 앞에 대령되고, 우리는 이를 몽땅 먹어 치우지 않으면 죽음의 난센스를 마주해야 한다.[7]

하지만 어쩌면 죽음의 난센스를 포함한 우리 삶의 최악의 난센스를 게걸스럽게 집어삼킴으로써, 의식을 지닌 종으로서 모든 것을 집어삼키는 비극으로부터 빠져나갈 길을 파먹어 열 수 있을지도 모른다. 노바디 교수는 자신의 강의 "냉소적 화음"에서 이런 전략에 관해 이야기한다. 여기서 그는 냉정하게 설교하곤 하는 자칭 석학으로서는 흔치 않게도, 가식 없는 신랄한 어조를 드러낸다. 하지만 그것이 그의 난센스에 다시 한번 귀 기울이지 않을 이유는 아니다.[†]

> 인간 상처에 대한 연민, 우리 덧없음에 대한 겸허함, 정의의 절대적 가치 등, 우리가 소위 미덕이라고 부르는 이 모든 것은 우리를 괴롭힐 뿐만 아니라 공포를 가라앉히기는커녕 북돋기만 한다. 게다가 그것들은 우리 속성 중에 가장 덜 필수적이며, 삶과 가장 덜 긴밀히 연결되어 있다. 대개 그것들은 오래전 제 속도를 찾아내고서 그 후로 그로부터 벗어나지 않으면서, 이 세상의 풍파 속에서 일어나려는 사람을 방해한다. 각각 '내일'의 프로파간다에 기반하는 삶에 대한 추정적 긍정, 즉 번식, 가장 광의의 혁명, 형태 불문하고 이름 붙일 수 있는 경건함은 우리 욕망에 대한 긍정에 불과하다. 그리고 사실 이런 긍정은 우리의 자학 성향, 섬뜩한 사실 앞에서 실성한 순수를 보존하려는 우리의 광증 말고는 아무것도 긍정하지

† 이어지는 내용은 토머스 리고티 본인의 단편 〈노바디 교수의 짧은 강의〉(《죽은 채 꿈꾸는 자의 노래》)의 한 꼭지인 "냉소적 화음Sardonic Harmony"의 인용이다.

않는다.

초자연적 공포를 통해, 우리는 일시적으로나마 긍정의 무시무시한 보복을 피할 수 있을 것이다. 비존재로부터 납치당한 우리 개개인이 이 세상을 바라보는 눈을 뜨면, 그 앞에 몇 번의 요동치는 구간을 거쳐 마지막 소멸로 이어지는 길이 펼쳐진다. 정말 기괴한 시나리오다. 그러면 왜 무언가를 긍정하고, 왜 끔찍한 필요로 인한 한심한 미덕을 만들어내는가? 우리는 조롱받아 마땅한 어리석은 운명에 처하도록 예정되어 있다. 그리고 주위의 누구도 조롱하는 이 없으니, 우리가 그 일을 떠맡을 것이다. 삐딱한 자기만족에 열중하면서, 우리 자신과 우리 허세를 거스르는 잔인한 즐거움에 탐닉하자. '우주적 섬뜩함' 속에서 기뻐하자. 적어도 우리는 이 부스러진 옛 우주의 거미줄 쳐진 구석을 향해 몇 차례 쓴웃음을 지을 수는 있을 것이다.

그 으스스한 구조 속에서 초자연적 공포는 독자가 자기 개인의 안녕과 상반되는 대접을 맛볼 수 있게 한다. 인정하건대, 이것은 보편적 취향에 어울릴 만한 기법은 아니다. 진정한 섬뜩함의 추종자는 시인만큼 드물다. 그들은 대부분 태어나면서부터 사회적 가면극에서 배제되기에, 나쁜 평판이 회원 자격이 되는 비밀결사를 다른 어딘가에서 조직한다. 하지만 이계의 기색을 충분히 느끼고 안정된 존재의 경계선까지 이르는 경험을 맛본 사람은, 자신을 위해 차려진 공포의 으스스한 연회에서 벗어나지 못할 것이다. 그들은 달빛 아래를 서성이며 공동묘지 입구를 바라보면서, 문을 부수고 들어가 안에 무엇이 있는지 목도할 절호의 기회를 노릴 것이다.

마지막으로 한 번 더, 다음 역설을 큰소리로 외쳐보자. '우리는 너무 오랫동안 수많은 공동묘지의 전율을 강요받았다. 마침내 섬뜩한 구속救贖, 공포에 의한 구원을 추구하던 우리는 무덤의 공포에 기꺼이 사로잡히고… 그것이 우리 취향에 딱 맞음을 깨닫는다.'

히죽 웃는 순교자의 종단

제도화되다

의식, 즉 모든 공포의 근원으로 간주되는 것의 심각한 단점 가운데 하나는, 필요한 고통을 악화시키고 죽음의 공포처럼 불필요한 고통을 만들어내는 것임은 부인할 수 없다. 자기 목숨을 끊는 데 필요한 것조차 갖지 못한 채(글로리아 비티에게 물어보라), 견디기 어려운 고통을 겪는 사람들은 필연적인 혹은 불필요한 고뇌를 감추는 법을 배우기 마련이다. 왜냐하면 세상은 괴로운 시간이 아니라 행복한 시간 동안 돌아가기 때문이다. 그 행복이 정직하게 느껴지든, 가장 암울한 낙담을 가리는 가면이든 상관없이 말이다. 약삭빠른 노예라면 모두 자기 주인 앞에서 순종적인 만큼이나 활기차야 한다는 걸 충분히 안다. 그리고 현세의 높은 사람들도, 항상 모든 게 괜찮다는 혹은 그렇지 않더라도 곧 괜찮아질 거라는 말을 들어야 하는 평범한 사람들이 가는 길에 명랑한 대화의 바람이 불어야 한다는 걸 안다. 당신의 야심이 당신의 동류를 지배하는 것이든 단순히 그들 사이에서 처신을 잘 하는 것이든, 쾌활한 낙관론이라는 연출이 필요하다.

쇼펜하우어는 《의지와 표상으로서의 세계》의 한 장에서, 즐거움은 환상이며 오직 고통만이 실재한다고 주장하면서 이렇게 기술한다. "나는 여기서 **낙관론**에 대한 진술을 미뤄둘 수 없다. 낙관론이 단지 얄팍한 머리 안에 단어만 담겨 있는 자의 생각 없는 말이 아니라면, 그것은 우스꽝스러울 뿐만 아니라 정말 **사악한** 사고방식이다. 그것은 말로 다할 수 없는 인류의 고통에 대한 씁쓸한 조롱이다"(쇼펜하우어의 강조). 낙관론에 관한 쇼펜하우어의 의견을 전적으로 지지하지 않는 사람도, 넋이 나간 청중에게 게거품을 문 채 큰소리로 장광설과 거짓말을 늘어놓는 선동 정치가를 지켜보면, 쇼펜하우어가 무슨 말을 하는지 어느 정도 이해할 수 있다. 그런 경우에 낙관론은 해로운 것으로 드러나며, 관습적으로 낙관론의 주술에 걸리길 선호하는 사람들마저 세계-기계의 톱니바퀴를 돌리는 사악함을 감지하여 역겨움을 느끼게 될 수도 있다. 그러한 구성물에 신경 쓰는 사람들에게, 우리가 아는 '사악함'은 도덕성에 관한 철학적 체계에나 어울릴 법한 단정적인 용어다. 하지만 그런 것에 조금도 신경 쓰지 않는 사람들은, 때때로 낙관론의 끔찍한 광대 같은 얼굴이 하늘을 밝혀 그 아래서 난도질당하는 육체와 정신을 더 유심히 볼 수 있도록 하는 동안 큰소리로 도덕적 비난을 퍼붓는 일에 끌리는 법이다.

만약 가능한 세계 가운데 최선 혹은 최악의 세계에 살고 있다면, 대부분의 사람은 낙관적으로 사악한지 그렇지 않은지에 신경을 쓸 여유가 전혀 혹은 별로 없다. 그들은 살아 있음이 괜찮다고 생각하고 싶어 하는 사람으로서, 그럴 만한 가치가 있는 한 가지에만 신경을 쓸 수 있다. 그 한 가지는 바로 **기분 좋은 것**, 혹은 가능한 한 기분 좋은 것이다. '기분 좋음'이 특정 시점에 특정 개인에게 어떤 의미인지는 상관없다. 예를 들어 누군가가 '이봐요, 거기서 뭐하는 겁니까?'라고 직설적으로 물어볼 때마다, 당신은 '못을 박고 있어요'나 '절대적인 진리를 찾는 중입니다'라고 대답할 수 있다. 그러나 당신이 진짜로 말하고자 하는 바는 이것이다. '가능한 한 기분 좋아지려고 노력하는 중입니다.' 물론 당신은 자신이 느낄 수 있는 최선이 그리 좋지 않거나 심지어 매우 나쁠 정도로 궁지에 몰릴 수도 있다. 이는 대안 혹은 인식된 대안이 더 나쁘게 느껴지는 상황이다. 고로 비록 당신은 자신이 가장 좋아하는 방식으로 기분 좋음을 다시 느낄 때까지 당분간 그리 기분 좋지 않은 시간을 보내고 있다는 식으로 보진 않을 수 있지만, 그럼에도 당신은 여전히 가능한 한 좋은 기분을 느끼려고 노력하고 있다. 하지만 진화가 그러하듯이, 우리는 의심할 여지 없이 좋다는 감정을 느낄 때 그런 감정의 고삐를 죄는 '부정적 편향'을 지니고 있는 듯하다.

진화심리학의 한 분파가 가설로 세웠듯이, 즐거운 감정과 감각은 그것이 적응적이기 때문에 발생한다.[1] 예를 들어보자. 아직 두 현상 사이의 연결 고리가 확인되지는 않았지만, 과거에는 육체적 욕망이 주는 압박의 극적 방출은 우리 종의 생식적 생존을 위한 불분명한 촉매였다. 문제가 되었던 문맹은 이제 오래전에 해결되었다. 모든 사람이 좋은 식사를 칭찬하지 식사를 먹음직스럽게 만드는 허기를 칭찬하지는 않는 것처럼, 우리 대부분은 육체적인 쾌락을 칭찬하지만 그런 육체적인 쾌락으로 이끄는 생물학적 충동을 칭찬하는 사람은 거의 없다. 이런 쾌락들과, 마약 중독처럼 욕구에 의해 유발되는 다른 쾌락들 사이의 비유는 분명해야 한다. 욕망으로부터 자유로워지는 것이야말로 참된 쾌락이다. 하지만 자연의 냉혹한 방식을 감안할 때, 자연이 우리 행동의 주요 유발 인자로서 고통을 선호하는 것은 말할 것도 없고, 돌연변이를 통해 우리 쾌락의 범위에 한계를 걸어두고 쾌락이 지속되는 시간에 제한을 설정했다는 점에 충격을 받아야 할까?[2]

인간의 쾌락에 한계나 시간제한이 없다면, 우리는 생계를 위해 뼈 빠지게 일하는 것처럼 즐겁지 않은 일을 하려고 애쓰지도 않을 것이다. 그랬다면 우리는 살아남지 못했을 것이다. 같은 이유로, 우리의 집단정신이 고통에 제한이 없는 것에는 물론 자연이 배정한 제한된 쾌락에도 불만을 품는다면, 우리는 극단적으로 격렬한 분노에 사로잡혀 우리 삶에서 살아남으라는 명령을 지워버렸을 것이다. 그랬다면 우리는 번식하지 않았을 것이다. 일개 종으로서, 우리는 하늘을 향해 이렇게 소리치지는 않는다. "이 세상의 쾌락만으로는 충분치 않습니다." 사실 이 세상의 쾌락은 자기 차례가 되면 멍에를 지게 될 송아지로 가득 찬 수레를 끄는 황소처럼 우리를 몰아붙이기에 충분하다. 하지만 과도하게 진화된 존재로서, 우리는 상황이 언제나 이런 식으로 계속되지는 않을 거라 가정할 수 있다. 우리는 이렇게 혼잣말을 한다. '우리가 오래 짊어진 짐과 잠깐의 환락 사이에서 시달리지 않으며, 평생 기쁨에 뒹굴어도 방해받지 않도록, 이 세상을 재창조할 날이 오리라.' 오래 지속되고 강렬한 쾌락의 가능성에 대한 믿음은 기만적이지만 적응적인 허튼소리다. 자연은 종의 생존에 좋지 않을 법하게 우리가 지나치게 긴 기간 동안 지나치게 기분 좋게 느끼도록 만들지 않고, 다만 언제나 기분 좋은 것은 아니라고 불평하지 않을 만큼의 시간 동안만 기분 좋게 느끼도록 만든 듯하다.

평범한 세상에서 불평분자들은 성공하지 못할 것이다. 누가 안부를 물을 때, 이렇게 대답할 정도로 현명해지는 게 좋을 것이다. '그럭저럭 잘 지내.' 만약 당신이 불평한다면, 그게 정당하더라도 사람들은 더 이상 당신에게 안부를 묻지 않을 것이다. 불평은 당신이 사회적으로 성공하고 다른 사람에게 영향을 미치는 데 도움이 되지 않는다. 내과 의사나 정신과 의사에게는 불평해도 괜찮지만, 이는 당신이 불평을 들어달라고 진료비를 지불했기 때문이다. 하지만 당신에게 직장 상사나 친구가 있다면, 이들에게 불평할 수는 없다. 그랬다가는 머지않아 해고당하거나 각종 인명부에서 제명될 것이다. 그러면 당신은 당신 불평과 함께 외톨이가 될 것이며, 아무도 그런 불평을 공짜로 들어주지 않을 것이다. 어쩌면 그때는 이런 교훈이 머릿속 깊이 새겨질 것이다. '당신이 충분히 오랫동안 충분히 기분이 좋지 않다면, 마치 기분 좋은 척 행동해야 하고 심지어 정말 그렇다고 믿어야 한다.' 여느 자기계발 서적이 단언하듯, 이것은 충분히 오랫동안 충분히 기분 좋은 상태를 유지하고 영원히 불평하지 않도록 자제하는 방법이다. 하지만 당신이 개선되지 않으면, 누군가는 그에 대한 비난을 감수해야 한다. 그리고 그 누군가는 당신일 것이다. 당신이 비관론자거나 우울증 환자라면 한층 더 그럴 것이다. 당신이 삶은 불쾌하다거나 전혀 중요하지 않다는 결론을 내리더라도, 당신의 허튼소리에 우리 시간을 낭비하게 하지 마라. 우리는 미래를 향해 나아가고 있으니, 철학적으로 낙담하거나 정서적으로 문제가 있는 사람들은 우리의 전진을 막지 마라. 당신이 긍정적이거나 적어도 애매한 말을 할 수 없다면, 마음속에 담아두어라. 비관론자와 우울증 환자는 삶이라는 기업에 지원할 필요가 없다. 당신에게는 두 가지 선택지가 있다. '신과 사회가 당신에게 원하는 방식으로 생각하기 시작하거나, 아니면 모두에게 버림받거나.' 선택은 당신의 몫이다. 왜냐하면 당신은 자유로운 행위자이기에 구성된 현실과 화해할지, 무언가를 고집스레 주장할지 선택할 수 있기 때문이다… 그런데 뭘 주장하지? 우리가 당신 같은 비非긍정적 사상가의 응석을 받아주거나, 온 세상이 어떻게 돌아가는지 다시 생각해봐야 한다고? 우리가 출발선부터 다시 시작해야 한다고? 아니면 우리가 멸종해야 한다고? 현실적인 사람이 되도록 노력해보라. 우리는 가지고 있는 도구로 할 수 있는 최선을 다했다. 무엇보다 늘 말하고 싶었듯이, 우리는 그저 인간일 뿐이다. 우리 세계가 자연의 섭리와 조화를 이루지는 않을지 모르지만, 그 세계는 우리를 천지만물 위에 우뚝 솟은 지위로 끌어올린 우리 의식을 따라 **유기적으로** 발전했다. 모든 것은 나름의 생명력을 얻었고, 곧 아무것도 막을 수 없게 되었다. 다시 시작할 수도 돌이킬 수도 없다. 투표를 통해 주요한 재조정이 이뤄질 수도 없다. 우울해서 머리가 이상해진 사람이 우리 재앙에 대해 비난할 일도 없을 것이다. 젠장, 우주는 창조주에 의해 창조되었다. 우리는 우리가 사랑하고 우리에게 사랑을 돌려주는 국가에 산다. 우리에게는 모든 것을 보람되게 만들어주는 가족과 친구와 직업이 있다. 우리는 의미 있는 사람들이지, 이름도 숫자도 은퇴 계획도 없는 의미 없는 사람들의 뭉치가 아니다. 이 가운데 어느 것도 세상은 아주 좋지 않으며 앞으로도 그럴 리 없다고 주장하는 사상범에 의해 전복되지 않을 것이다. 우리 삶이 무오류는 아닐지 모르지만(무오류는 우리가 노력하여 달성할 더 나은 미래를 부인할 것이다), 이런 가식이 우리에게 충분히 좋다면, 당신에게도 충분히 좋아야만 한다. 그러니 당신은 생각을 고쳐먹을 수 없다면, 여기서 한 번 떠나보라. 당신은 갈 곳도 받아줄 사람도 없음을 알게 될 것이다. 그저 온 세상에 똑같은 낡은 함정만 깔려 있다는 걸 알게 될 것이다. 기운을 낼 게 아니면, 우리를 내버려둬라. 당신은 절대로 우리가 희망을 포기하게 만들지 못할 것이다. 절대로 우리가 꿈에서 깨어나게 하지도 못할 것이다. 우리는 역설의 뒤틀린 논리를 체화한 돌연변이로서 그 존속이 자신이 처한 곤경을 악화시키기만 하는 모순된 존재가 아니다. 그런 견해는 권위 있는 기관이나 그럭저럭 지속하는 인류에 의해 인정받지 못할 것이다. 솔직히 말하자면, 당신이 도착적인 뇌로 어떤 생각을 하든 쓸모없고 진정성 없으며, 우리가 당신에게 어떤 경멸적인 딱지를 붙이든 상관없이, 당신은 "연명 치료의 고생을 감수할 가치 없는 사람들 가운데 하나"일 뿐이다. 그러니 불평을 그만두고, 충분히 오랫동안 충분히 기분 좋은 척하기 시작하면서, 서 있던 줄로 돌아가라. 당신이 블레셋 사람들을 학살하고 자살한 못된 삼손만큼 힘이 세지 않다면, 취할 때까지 마신 다음 함정으로 돌아가라. 다른 사람들처럼 약상자와 주류 진열장을 잘 채워두어라. 와서 파티에 참가하라. 비관론자나 우울증 환자는 초대받을 수 없다. 우리가 바보로 보이나? 우리는 당신의 그런 불평에 관해 모두 알고 있다. 유일한 차이점은 우리에겐 그런 불평을 입에 올리지 않을 만큼 충분한 분별력이 있어, 충분히 오랫동안 충분히 기분 좋게 지낼 수 있다는 것이다. 만일의 사태에 대비하고, 당신의 비관론적이고 허무주의적이며 패배주의적인 기질을 억제하라. 우리의 쉽볼렛[†]은 이것이다. "음모를 강화시키고, 의식을 억눌러라."

환멸

엄숙한 관념화에 대항하여, 인류는 계속 증가하는 환멸을 삼켜서 그 체계에 손상을 입히지 않고 소화시키는 기술을 스스로 터득했다. 의식적 자기 암시를 통한 자제 혹은 다른 어떤 수단을 통해, 성서의 〈창세기〉와 다른 모든 기원담은 문제없이 빅뱅 이론과 원시수프의 신화적 전조前兆로 격하되었다. 신화의 만신전은 시대가 지나면서 '한때 사람들이 믿었던 것'으로 축소되었다. 그리고 신에 대한 간구는 신앙 치료사가 텐트 안에서, 혹은 절박한 사람들이 마음속으로 읊조릴 뿐이다.

환멸에 대한 유일한 제약은 이렇다. '환멸은 아주 서서히 일어나야 하기 때문에 거의 대부분의 사람은 그 움직임을 깨닫지 못한다.' 교회와 국가가 반대파를 죽이거나 고문할 영향력을 잃어버린 자유세계 국가에서라면, 환멸의 과정을 가속시키다가 적발된 사람은 질책을 받고서 구석에 가서 앉아 있으라는 소리를 듣게 될 것이다. 누군가는 이를 진보의 징조라고 할 것이다. 하지만 변절한 정신에 대한 관용이 우리를 때 이른 자축으로 이끌어서는 안 된다. 환멸

† shibboleth. 특정 집단에서 속하는지 구별하기 위해 사용하는 단어나 문구를 가리킨다. 구약성서 〈사사기〉에서 길리앗 사람이 에브라임 사람을 찾아내기 위해 '쉽볼렛'을 말하게 시켜 '십볼렛'으로 잘못 발음하면 죽였다는 데서 유래한다.

로 향하는 우리 인류의 걸음걸이는 지질학적일 정도로 느려서, 인류가 한 목소리로 '의식 있는 삶의 오류에 신물이 난다. 태어나지 않은 무고한 아이들에게 더 이상 이를 물려줘서는 안 된다'라고 소리칠 복된 그날을 향해 상당한 진전을 이루기도 전에, 환멸이 자연적 원인 혹은 '신의 행위'에 의해 사멸할 거라 자신할지도 모른다.

삽페는 〈마지막 메시아〉에서, 시간이 흐를수록 인류는 그 자신에게 환멸을 감추려고 더욱 방종해질 것이라고 추측한다. 존재의 실체로부터 고립되느라 더욱 어리석고 미망에 사로잡힐 것이고, 경악스럽고 무시무시한 생각으로부터 정신을 산만하게 하느라 더욱 멍청하고 무례해질 것이고, 비실재에 고착하느라 더욱 포악하고 무모해질 것이며, 삶을 예술로 승화시키느라 삶으로부터 유리되어 더욱 무감각해지고 자조적으로 변할 것이다. 이런 전개가 우리 존재를 더 역설적으로 만들지는 않겠지만, 우리의 역설적 본성을 드러내는 모든 표현을 덜 효과적이고 더 일탈적으로 만들 수는 있다. 삽페는 자신의 시대, 그리고 우리 시대에 관해 말하면서, 〈마지막 메시아〉에서 증가하는 우리의 "**영적 실업 상태**"에 관해 이렇게 썼다.

> 예를 들어 본성(생물학)에 기초한 영적 활동의 부재는 (연예, 스포츠, '시대의 리듬'인 라디오 같은) 주의를 **산만**하게 하는 것에 대한 전반적 의존에서 나타난다. 고착의 조건은 전처럼 호의적이지 않다. 물려받은 모든 공동의 고착의 체계는 비난을 받아 구멍이 나고 ('짐칸에 실린 시체들'처럼) 그 균열로부터 불안, 역겨움, 혼란, 절망이 새어 나온다. 공산주의와 정신분석학은 다른 방식으로는 비교할 수 없지만, (공산주의 또한 영적인 것을 반영하므로) 둘 다

오래된 탈출구를 새로 고치는 기발한 방법을 시도했다. 즉 인식의 치명적 과잉을 포획함으로써 인류를 생물학적으로 적합하게 만들기 위해, 제각기 폭력과 간계를 사용하는 시도를. 어느 쪽이든 발상은 으스스할 정도로 논리적이다. 그러나 거듭 말하지만, 그것은 최종 해결책을 내놓지 못한다. 좀 더 생존할 만한 구렁텅이로 신중하게 퇴화하면 확실히 단기적으로는 종을 구할 수 있을지도 모르지만, 본질상 그런 체념에서는 평온을, 정말로 그 어떤 평온도 전혀 발견할 수 없을 것이다. (…)

우리가 이런 고찰을 씁쓸한 결말에 이르기까지 계속하면, 그 결과는 의심의 여지가 없다. 인류가 생물학적으로 승리할 운명이라는 치명적 망상을 무모하게 계속 이어가는 한, 근본적으로는 아무것도 변하지 않을 것이다. 수가 늘어나고 영적인 분위기가 짙어질수록, 보호 기술은 점점 더 잔혹한 성격을 띠어야 한다.

삽페는 선지자나 예언자라기보다 재앙의 분석가여서, 그의 비관론은 **현실화**되지 않는 한 아무것도 아니다.

압박을 받다

루마니아 태생 프랑스 작가 에밀 시오랑Emil M. Cioran은 그의 업적 가운데 가장 중요한 것으로 금연 성공과 부모가 되지 않았다는 사실을 꼽았다. 시오랑에 관한 자료 가운데 어느 것을 살펴봐도, 그가 아이를 갖고 싶다고 생각한 적은 없었던 것 같다. 그는 차라리 잿더미가 되는 게 나았을 세상을 번성케 한 사람들의 생식 능력을 조롱했다. 비관론의 거장으로서 시오랑은 모든 피조물의 변명할 길 없는 초라함을 힐난하는 철학 에세이와 잠언집을 여러 권 출간했다. 그의 저술에는 인용할 만한 견해가 풍부하며, 그 가운데 어느 것이든 인간 존재가 우주에 의해 길을 잘못 들었다는 확신을 강령으로 삼고 있다고 할 수 있다. 그는 이렇게 썼다. "생명은 무생물 내에서 일어난 반란이자, 비활성 상태로부터의 비극적 도약이다. 생명은 생기를 얻었으나, 고통으로 인해 손상된 물질이라 해야 한다." 하지만 이는 그저 그의 의견일 뿐이다.

모든 사람이 말하는 바로 그 의미로서의 자유의지를 지니고 있다고 생각하는 사람들은, 또한 자신에게 제기된 어떤 문제에 대해서든 원하는 의견을 가질 자유가 있다고 생각한다. 앞서 언급한 '무엇이든 믿는 신앙인'과 마찬가지로, 그들은 자신이 믿는 것은 무엇이든 참이라는 의견을 가질 것이다. 알려진 바와 같이 동서고금을 막론하고 사람들이 가장 우선시하며 고수하는 의견은, 인간종의 지속에는 어떤 확실한 이유가 있다는 것이다. 이 의견은 워낙 널리 퍼져 있어서, 대개 의견이 아니라 사실로 받아들여진다. 조지 W. 해리스는 저서 《이성의 슬픔: 비극과 가치에 관한 에세이Reason's Grief: An Essay on Tragedy and Value》(2006)에서, 이런 의견을 가장 통렬하게 제시한다. "우리가 (…) 인간과 동물의 고통이 존재하는 것 자체가 비극이라고 인정한다고 해도, 그 모든 것을 끝내는 것은 더욱 큰 비극일 것이다. 이 비극적 감각, 그런 멸절로 인해 무언가 잃게 되리라는 감각을 어떻게 설명할 수 있을까?" 모든 동물과 인간의 고통을 지속하는 것보다 끝내는 것이 더 큰 비극일 수 있다는 것은 사실처럼 진술된 의견이다. "그런 멸절로 인해 무언가 잃게 되리라는" 것을 받아들인다면, "무언가"가 지속되기보다 사라지는 편이 더 나은지 아닌지는 결정되지 않은 채 남는다. 그리고 이런 멸절이 우리가 설명해야 할 비극적인 감각을 우리에게 불러일으킨다는 것 또한 해리스의 의견일 뿐이다. 그가 나중에 마음을 누그러뜨리는 솔직한 태도로 인정하는 바처럼, 이 의견은 가질 만한 가치가 있다고 믿는 삶을 살 만큼 운 좋은 사람을 위한 것이다. 그렇지 않다면, 그가 "종말적 선택지"라고 부른 것도 괜찮을 것이다.

인류가 존재하기를 중단해야 한다는 의견을 지지하는 결정적인 근거가 없듯이, 인류가 이대로 지속되어야 한다는 의견을 지지하는 결정적인 근거도 없다. 이 문제에 관해서는 보편적으로 설득력 있는 이유나 심지어 상식적 생각 대신에, 압박이 있다. 따라서 인간종이 멸종되어야 한다는 의견을 지닌 사람들은, 다른 대부분의 사람이 지닌 이에 대해 부정적인 의견으로 인해, 자신이 이런 의견을 갖는 게 잘못이라는 압박을 받는다. 요컨대 이 세상에서는 반출생주의자의 의견이 바람직하다고 평가되지 않으며, 반출생주의자도 이 사실을 잘 알고 있다. 반대로 친親출생주의자는 출생이 괜찮은 일이라는 자신의 의견이 바람직하지 않다는 사실을 전혀 모르고 있다.

내 의견은 이렇다. 번식에 바람직한 동기는 없다. 친출생주의자들에게 자식은 목적에 이르기 위한 수단일 뿐이고, 그런 목적 가운데 바람직한 것도 없다. 그것은 이미 존재하는 사람들의 목적이며, 그들로 하여금 자동적으로 존재를 선호하도록 편견을 불어넣는 조건이다. (토마스 메칭거는 에세이 〈자애로운 인위적 반출생주의Benevolent

Artificial Antinatalism〉, 《에지EDGE》(2017)에서, 이런 근거 없는 확신을 "존재 편향"이라 칭한다.) 하지만 살아 있음이 괜찮은 일이라고 생각하는 이런 사람들마저, 어떤 경우에는 태어나지 않는 편이 나은 이유를 생각할 때 당황하지 않는다. 그들은 다만 자기 자녀는 물론 그 후손을 위해, 자기 아이가 이런 경우에 해당되지 않기만 바랄 뿐이다. 아이를 갖는 바람직한 동기가 있으려면, 아이의 출생이 그 자체로 좋은 일임을 먼저 증명해야 할 것이다. 하지만 아무도 이를 증명할 수 없는데, 특히 예측 가능한 결과가 없는 모든 것은 그런 증명을 할 수 없다. 물론 당신은 아이의 출생이 그 자체로 좋은 일이라고 **주장할** 수는 있다. 그리고 그 아이가 늙거나 병이 들어 죽거나 치명적인 교통사고를 당할 때까지 계속 그렇게 주장할 수도 있다. 하지만 어떤 아이의 출생이 그 자체로 좋은 일인가에 대한 논쟁에서 당신은 이길 수 없다. 당신은 태어난 그 아이가 언젠가 죽음을 맞이하게 될 것이며, 죽음 그 자체가 목적지라는 것을 그저 받아들일 수밖에 없다. 이는 사람들이 때때로 말하듯 최상의 결과일지도 모른다.

찬반 논쟁 대신에, 잠재적 출산자에게 우리 인류의 구성원을 더 많이 만드는 일에 여러 바람직한 동기가 있다는 의견에 동조하라는 압박이 가해진다. 생물학적 사실과는 다르지만, 잠재적 출산자에게 가해지는 압박은 다른 사람들이 그들에게 받아들이길 요구하는 출생은 괜찮은 일이라는 의견이 좋은 의견인 양 가장하고, 그들 자신도 그런 의견을 갖는 게 옳다고 생각하게 만든다. 어떤 사람들은 이런 압박에 맞서겠지만, 그렇다고 해도 크게 칭찬받지는 못할 것이다. 그런 이들의 결합이 내놓은 결과물에 결함이 있는 듯하면 특별 허가를 받을지도 모르겠지만.

가장 바람직하지 않은 번식의 동기는 후대에 대한 부모의 허황된 계획, 즉 사진이나 가정에서 찍은 영상을 통해서라도 그들의 창조자가 한때 살았고 앞으로도 여전히 살아 있을 거라 보증할 특사를 미래로 보내려는 이기적 충동이다. 그다지 바람직하지 않은 번식의 동기의 자리를 놓고 다투는 것은, 자신의 자녀를 소비재, 자질구레한 장신구나 넥타이 클립, 개인 액세서리처럼 온 동네에 보여주면서 자랑하고 싶은 가끔 저항하기 어려운 기대감이다. 하지만 번식을 장려하는 압박 가운데 주요한 것은 바로, 사회에 정식으로 통합되려면 누군가 피의 희생제를 치러야 한다는 것이다. 데이비드 베너타는《태어나지 않는 것이 낫다》에서, 도덕적·윤리적으로 말하자면 모든 출산자는 손을 피로 적신다고 주장한다.

당연히 평균적인 부모는 덜 비난받을 만하지만, 여전히 바람직하지는 않은 번식의 동기를 가질 수 있다. 그중에는 이런 것들이 있다. 생물학적 기한 내에 낳지 못하면 그 유명한 부모 역할의 기쁨을 누릴 모든 희망을 버려야 한다는 시급함, 부부 관계를 견고히 하고 싶은 욕망, 손주로 자신의 부모를 기쁘게 해주고 싶은 바람, 아마도 자기 자식은 부모가 노쇠해지면 보답해야 할 의무가 있다고 느낄 거라는 보험의 필요성, 인간으로서 도리를 다하지 못했다는 죄책감이나 자기중심성의 완화, 그리고 자식 없는 사람과 연관된 비애를 밟아 뭉개기.[3]

이런 것들은 미래를 인간으로 넘쳐나게 할 바람직하지 않은 동기 중 일부이다. 그리고 그것들은 모두 어떤 형태로든 압박으로 작용한다. 우리 내장이 배설물이 쌓이는 불쾌감을 피하고자 배출시켜달라고 아우성치듯, 이런 압박은 평생 사람들의 내면에 쌓이기에 해소시켜달라고 아우성치게 된다. 피할 수 있다면 누가 배설물이 쌓이는 불쾌감을 바랄까? 그래서 우리는 배변을 통해 이런 압박을 해소한다. 이와 비슷하게 적지 않은 사람들이 정원을 가꾸지 않는 데 대한 압박을 견디지 못해서 정원을 가꾼다. 다른 사람들은 아는 사람이든 지나가는 낯선 사람이든 누군가를 죽이고 싶다는 압박이 쌓이는 걸 견디지 못해서 살인을 저지른다. 만사가 이런 식이다. 우리 삶의 대부분은 실제 배변뿐만 아니라 비유적 배변을 통해서도 해소시켜야 할 압박들로 구성된다. 이런 압박을 해소시키는 것은 우리 삶의 계획에서 중대하거나 사소한 결과를 초래할 수 있다. 하지만 그것들은 모두 일종의 배변 압박이다. 특정 연령이 된 아이들은 허락된 방식으로 배변을 하면 칭찬받는다. 시간이 지나 이런 성취에 대한 다른 사람들의 칭찬이 사그라지면, 우리의 배변은 자신만의 일이 된다. 비록 우리가 계속 스스로를 칭찬할 수는 있지만 말이다. 하지만 다른 의견 대신 특정 의견을 지녀야 한다는 압박을 비롯해, 여러 압박은 계속 우리 삶에 영향을 미친다. 근본적으로 이런 배변 압박에 대한 적절한 해소는 다시 한번 모든 종류의 칭찬과 감사와 환호를 불러올 수도 있다.

이 행성의 다른 종들과 마찬가지로, 인간종은 번성할 만한 바람직한 동기가 없더라도 가능한 한 오래 번성할 것이다. 그럼에도 불구하고 수백 혹은 수천 년이 지나면 우리가 불멸이나 이에 준하는 무언가를 획득할 가능성을 배제할 수는 없으며, 이는 그 최고 관심사가 생존과 번식인 우리 종의 하인 역할을 하는 우리의 기능을 제거할 것이다. 또한 인류 진화의 아득히 먼 단계에 이르러, 우리가 우주의 모든 물질적 문제, 즉 시작과 끝 그리고 모든 작용을 완전히 파악했다고 가정해보자. 그런 지적 정점에 이르게 되면, 단 하나의 질문, 물질적으로나 형이상학적으로나 긍정적인 해답이 없는 질문에 대한 우리의 사고를 금지해야 할 필요를 느끼게 될 것이다. 그 질문은 다양한 형태를 취한다. 우리는 이미 이 질문의 한 가지 형태를 탐구해보았다. '존재하는 것에 무슨 소용이 있는가?' 헤르만 퇴네센Herman Tønnessen은 에세이 〈행복은 돼지에게나 어울린다: 철학 대 심리요법Happiness Is for the Pigs: Philosophy versus Psychotherapy〉(《실존주의 저널Journal of Existentialism》, 1966)에서 그 질문의 다른 형태, 즉 "이 모든 것의 의미는 도대체 무엇인가?What is it all about?"를 언급한 바 있다. 그런 다음 그는 이 질문의 맥락과 중요성을 설명한다.

> (《카라마조프 가의 형제들》의 등장인물) 미챠는 자신의 질문이 부조리하고 무분별하더라도, 바로 그 질문을 바로 그런 식으로 제기해야 한다고 느꼈다. 소크라테스는 성찰되지 않는 삶은 인간에게 가치가 없다고 했다. 그리고 아리스토텔레스는 인간 고유의 능력을 올바르게 행사하는 것에서 인간의 "적절한" 목표와 "적절한" 한계를 본다. 다른 생물과는 달리, 인간은 자기 존재의 자동적 유지를 위한 내장된 기제를 갖추고 있지 않은 게 보통이다. 학습되지 않은 생물학적으로 유전된 행동 방식만으로 자신이 처한 환경에 대응하면, 인간은 즉각 사멸하고 말 것이다. 인간은 생존하기 위해서 **그 자신**뿐만 아니라 주위의 다양한 요소가 어떻게 작동하는지를 파악해야만 한다. 현재의 생명 창조 체계에서 인간이 차지한 자리는 그러한 파악을 위해 자신의 지적 능력을 개발하는 방법을 배운 결과이다. 그러므로 인간의 다른 어떤 열망보다 더 인간적인 것

은 우주 안에서의 인간의 작동(혹은 오작동)에 대한, 상상할 수 있는 **가장 광범위한 우주의 체계** 안에서 인간에게 가능한 자리와 중요성에 대한 **총체적** 관점의 추구이다. 다시 말해 그것은 대답하려는 시도, 혹은 적어도 존재론적 절망이 죽어가며 내는 신음에 수반되는 어떤 질문이든 분명히 제기하려는 시도이다. **'이 모든 것의 의미는 도대체 무엇인가?'** 라고. 이는 인간에게 생물학적으로 유해하다고 혹은 심지어 치명적이라고 밝혀질지도 모른다. 질서와 의미를 추구하는 지적 정직성과 인간의 높은 영적 요구는 인간을 삶에 대한 가장 깊은 반감으로 몰아붙이고, 이는 어느 실존주의자의 표현에 따르면 "세상의 공동묘지에서 개최되는 이 거칠고 범속하고 기괴하며 역겨운 카니발에 대해 **아니오**라고 말하는" 결과를 수반한다. (퇴네센의 강조)

퇴네센의 에세이에서 발췌한 이 글의 끝에 나오는 인용문은 삽페의 《비극적인 것에 관하여On the Tragic》에서 가져온 것이다. 퇴네센은 "지적 정직성"이 "존재론적 절망"으로 이어져야 한다고 믿는다. 그리고 결국 그가 선호하는 것은 인간 돼지의 자기기만적 행복 속에서 뒹구느니, 미겔 데 우나무노, 알베르 카뮈, 윌리엄 브래시어, 조슈아 포아 딘스태그 등등의 실존적 방식을 따라, 비관론의 맑은 눈을 한 무법자로서 영웅적인 삶을 사는 것이다. 원칙적으로는, 무법자의 방식과 돼지의 방식 사이에는 도덕적 간극이 있는 듯하다. 하지만 실질적으로는, 그런 것은 없다. 양쪽 모두 **악성으로 쓸모없는** 세상 속에서 생존하고자 엉망으로 만들고 있다. 그리고 생존은 돼지에게나 어울린다.

노바디 교수에게 우리 삶의 상태를 극한까지 추론하는 것에 관해 물어보자. 그는 "비관론과 초자연적 공포—제2강"에서 다시 한번 이 주제에 관해 더 단호한 태도로 이야기한다.†

> 한밤중에 걸어 다니는 시체들, 새로운 주인과 파멸적인 열망에 사로잡힌 살아 있는 육체들, 감지할 수 있는 형태가 없는 몸들, 기괴한 법체계에 따라 자행되는 고문과 처형 같은 것들이 초자연적 공포가 다루는 논리의 예시이다. 이것은 공포에 기반한 논리이며, 그 유일한 원칙은 '존재는 악몽과 같다'이다. 삶이 꿈이 아니라면, 모든 것이 난센스다. 삶이 현실이라면, 그것은 완벽한 실패이기 때문이다. 몇 가지 예를 더 들어보자. 쉬이 믿는 영혼은 불쾌한 기분으로 밤을 맞이하고 끔찍한 대가를 치러야 한다. 다른 영혼은 엉뚱한 문을 열었다가, 봐서는 안 될 것을 보고, 그 결과로 고통받는다. 또 다른 영혼은 낯선 거리를 걷다가… 영원히 **길을 잃는다**.
>
> 우리 모두가 공포에 시달려 마땅하다는 것은 거부하기 어려운 만큼이나 불가해하다. 아무리 비자발적이어도, 분별없는 비실재의 공모자가 되는 것은 가장 엄혹한 선고가 내려지기에 충분한 사유다. 하지만 우리는 비실재적 세계의 '질서'를 받아들이도록 잘 훈련받았으므로, 여기에 맞서 저항하지도 않는다. 우리가 어떻게 맞서겠는가? 고통과 쾌락이 우리에게 맞서 타락한 연합체를 구성하는 곳에서, 천국과 지옥은 다만 동일한 괴물 같은 관료 체계에 속

† 이어지는 내용은 토머스 리고티 본인의 단편 〈노바디 교수의 짧은 강의〉(《죽은 채 꿈꾸는 자의 노래》)의 한 꼭지인 "비관론과 초자연적 공포—제2강 Pessimism and Supernatural Horror—Lecture Two"의 인용이다.

한 서로 다른 부서일 뿐이다. 이 양극 사이에 우리가 알고 있거나 알 수 있는 모든 것이 존재한다. 이 세상에서든 다른 세상에서든, 가장 온화한 비판이나마 견뎌낼 수 있는 유토피아조차 상상할 수 없다. 하지만 우리가 **자전하는** 세계에서 살고 있다는 충격적인 사실을 감안해야 한다. 이 사실을 고려한다면, 놀랄 일은 아무것도 없다.

그럼에도 매우 드문 일이지만, 우리는 절망과 사소한 욕망을 극복하고, 실재적 세상에서, 적어도 일시적으로나마 우리에게 유리하게 배열된 세상에서 살고자 하는 반항적 요구를 한다. 하지만 어쩌면 그것은 우리를 그런 무익한 불복종으로 인도해서, 비실재에서의 우리 여건을 더욱 악화시키는 일종의 악마일지도 모른다. 결국 우리가 휴지를 낭비하는 장례식의 목격자이자 희생자가 될 수 있다는 건 놀랄 일도 아니지 않은가? 우리가 아는 한 가지 실재하는 것은 바로 '공포'다. 사실 공포는 너무나 실재적이어서, 우리는 우리 자신이 없으면 공포도 존재할 수 없다고 장담하지 못한다. 그렇다. 공포는 우리의 상상력과 의식을 필요로 하지만, 그것들을 사용할 때 우리의 동의를 묻거나 요구하지는 않는다. 정말로 공포는 완전한 자율성을 띠고 작용한다. 공포는 우리 삶이 그 위에 떠다닐 뿐인, 존재론적 혼란을 불러일으키는 악취 나는 거품이다. 그리고 궁극적으로, 우리는 이러한 사실을 직시해야 한다. '공포는 우리보다 더 실재적이다.'

꼭두각시에 대한 부검:

초자연적인 것의 해부

분위기

지구의 형성에 뒤이어 그 대기atmosphere가… 분위기를 얻기까지 수십억 년이 지나야 했다. 이런 전환은 모든 공포의 근원이자 분위기atmosphere의 모체인 의식이 등장함으로써 비로소 일어날 수 있었다. 우리 육신을 이 세계의 오물에 담근 채로, 우리의 새 능력은 다른 세계들의 발생, 현상 속으로 침투하는 보이지 않는 존재론을 부추겼다. 이제 우리는 육체의 감각이 미치는 범위 너머에 있는 것들의 존재를 느낄 수 있다. 의식이 더 확장되면서, 우리 공포의 범위도 넓어진다. 대기의 범위 안에는 우리가 알던 혹은 안다고 생각했던 존재 영역의 이면이 있는 듯하다. 달빛 속에서 그림자를 보고 바람에 부스럭거리는 나뭇잎 소리를 들으면서, 우리 조상은 이런 광경과 소리에 상상과 불안을 배어들게 했다. 공포의 그늘을 드리우는 동시에 공포의 실체를 갖춤으로써, 마침내 분위기가 도래했다. 이런 연합 없이, 최초의 공포소설은 나올 수 없었을 것이다.

공포소설이 성숙하여 분화하면서, 무엇보다도 이 문학 장르의 위대한 작가들에 의해 그 분위기의 질 또한 발전했다. 이런 작가들에게 작품의 분위기는 서명이나 지문처럼 고유하다. 분위기는 감각, 기억, 감정, 그리고 각 개인의 본질을 형성하고 장차 예술가로서 표현할 것을 결정짓는 다른 모든 것의 혼합물로부터 양조된 식별 가능한 의식의 지표다. 그래서 러브크래프트는 1935년에 캐서린 L. 무어 Catherine L. Moore에게 보낸 편지에서, 기이한 이야기에 대해 이렇게 말했다.

> 기이한 이야기가 진정한 예술이 되려면, **사건**을 묘사하려는 시도가 **아니라**, 1차적으로 **명확한 인간 기분의 결정화 혹은 상징화**를 형성해야 합니다. 왜냐하면 수반되는 '사건'은 물론 대개 허구이며 현실에서는 불가능하기 때문입니다. 이런 사건은 **2차적으로** 묘사되어야 하며, **분위기**가 우선입니다. 모든 참된 예술은 어떤 식으로든 진실과 연결되어 있어야 하며, 기이한 예술의 경우에는 진실을 대표하는 한 가지 요소를 반드시 강조해야 합니다. 그 강조점은 확실히 사건이 아니라(!!!), **우주 법칙의 가상적 전복과 가능한 인간 경험의 가상적 초월로 대표되는 강렬하나 무익한 인간 열망이라는 기분**입니다. (러브크래프트의 강조)

러브크래프트가 자신의 분위기 이론을 가장 성공적으로 실천에 옮긴 작품들은 위어드 픽션weird fiction(혹은 초자연적 공포소설)의 훌륭한 전범이다. 하지만 그는 구상했던 바를 지면에 옮기는 데 실패했다고 스스로를 평가절하하면서도, 다른 어느 공포소설 작가가 지금껏 한 적 없고 앞으로도 하지 않을 것을 하고자 생애 끝까지 분투했다. 그것은 인공물 속에서 자신의 의식을 드러내는 것이었다. 러브크래프트는 분위기를 강조함으로써, 공포 문학에서 이런 요소를 분석하는, 더 나아가 장르 전반을 평가하는 방법을 보여주었다. 그의 개성 있는 분위기 조성은 우주 법칙의 전복 및 인간 경험을 초월하는 감각을 촉진하는 것이었다. 하지만 그는 또한 공포소설에서 분위기의 일반적 목적을 이렇게 규정하기도 했다. '최소한 우리 비루한 인류로부터 벗어나, 인간이 설 자리가 없으며 존재의 공포에 흐느끼거나 비명을 지르거나 경외심 속에서 자신을 잊게 될 우주로 접어드는 시늉이라도 할 수 있는 상상의 세계에 일관성(기분mood)을 부여하는 것.' 도피주의적 모험으로 공포를 소비하는 것의 역설이 여기 있다.

초자연적 공포에서 분위기의 비밀은 단순성 그 자체다. 이 장 첫 문단에서 이미 언급한 내용을 여기서 반복하고 정언定言화하자면, 분위기는 우리 감각이 인지하고 우리 마음이 온전히 이해할 수 있는 것 너머의 불길한 상황을 암시하는 모든 것에 의해 조성될 수 있다. 분위기는 쇼펜하우어가 비관론에서 드러내는 특유의 모티프다. 즉 삶의 무대 뒤에 우리 세계를 악몽으로 만드는 위협적인 무엇이 있다는 것이다. 이 무엇, 우리 감각이 인지하고 우리 마음이 온전히 이해할 수 있는 것 너머의 이 불길한 상황은, 앞서 블랙우드의

〈버드나무〉와 관련하여 논의한 바 있다. 이 단편에서 블랙우드는 상세한 설명 때문에 자신이 조성한 분위기가 흩어지지 않도록 신중을 기했다. 러브크래프트는 끝까지 이름이 밝혀지지 않지만 강렬하게 느껴지는 "이름 없는 존재들"을 불러낸다는 점에서 이 단편을 높이 평가했다. 러브크래프트 자신이 이 규칙을 자주 따랐던 것은 아니며, 이는 특히 그의 후기 소설에서 더욱 두드러진다. 〈버드나무〉에서 블랙우드와는 달리, 〈더니치 호러〉와 《광기의 산맥》 같은 작품에서 러브크래프트는 세부 사항을 묘사하고 분석하며, 이 서사의 중심에 위치한 괴물에게 이름을 지어준다. 그럼에도 러브크래프트의 소설에서는 비길 데 없는 심상과 착상이 항상 독자 곁에 머물면서 익숙한 공포를 능가하는 미지의 공포감이 스며들게 한다.

분위기라는 관점에서, 공포소설의 기원은 앤 래드클리프Ann Radcliffe의 소설까지 거슬러 올라갈 수도 있는데, 그의 소설은 에로틱한 연애소설의 플롯을 만회하기에 충분한 예언적 기분을 내포하고 있다. 래드클리프의 특별한 재능은 18세기 후반에 자연 경관을 그림처럼 묘사하고자 하는 열망을, 하나의 미학으로서 숭고한 두려움을 강조하려는 열망으로 전환시킨 데 있다. 그의 작품은 위협적으로 보일 만큼 우뚝 솟은 산봉우리, 광활하고 깊은 계곡, 음울한 황혼이 특징인 풍경에 대한 묘사로 유명하다. 래드클리프의 가장 유명한 소설 《우돌포의 비밀The Mysteries of Udolpho》(1794)의 주인공 에밀리 생 오베르가 목도한 그런 광경을 여기서 인용해보자. 이 장면에서, 이야기 속 악당인 몬토니는 에밀리와 그의 고모를 자기 집으로 데려가는 중이다. (래드클리프의 긴 소설에서 가져온 긴 인용문에 대해 양해를 구한다. 그는 이 소설에서 숭고하고 스릴 넘치는 마차 탑승 장면을 여러 차례 길게 묘사해서 독자를 즐겁게 한다.)

하루가 저물어갈 무렵, 길은 깊은 계곡 안으로 굽이쳤다. 초목이 우거진 도저히 오를 수 없을 듯한 비탈로 이루어진 산들이 계곡을 감싸다시피 하고 있었다. 동쪽으로 탁 트인 경관이 그 어두운 공포에 쌓인 아펜니노 산맥을 드러냈다. 그리고 서로의 머리 위로 솟아오르며 뒤로 물러서는 산꼭대기들과 침엽수로 뒤덮인 능선들이 이룬 한 폭의 원근화가, 에밀리가 여태껏 보았던 그 무엇보다 더 강렬하게 웅장한 광경을 드러냈다. 그가 내려가고 있던 산꼭대기 아래로 막 태양이 가라앉자, 그 긴 그림자가 계곡을 가로질렀지만, 산 사면의 열린 틈으로 쏟아져 들어오는 비스듬한 햇빛이 맞은편 산 사면을 뒤덮은 숲의 꼭대기를 노랗게 물들인 다음, 그 위의 벼랑 끝을 따라 연장된 성곽이 펼쳐져 있는 어느 성의 탑과 총안 흉벽 위로 장려하게 흘러내렸다. 빛이 물체에 비춰 만들어낸 이 장엄한 광경은 저 아래 계곡의 그늘과 대조되어 더욱 두드러졌다.
몬토니가 몇 시간만에 처음으로 입을 열었다. "저기가 우돌포 성이오."

우돌포 성에 대한 에밀리의 첫 인상은 자연을 접할 때 느끼는 위협적인 거대함과 얼을 빼놓는 장엄함이 뒤섞인 감정과 같은 종류의 저릿한 감각을 끌어낸다.

에밀리는 우수에 젖은 경외감을 품고 몬토니의 것이라 알고 있는

성을 올려다보았다. 하지만 지금은 저물어가는 햇빛을 받아, 웅장한 고딕풍 외형과 허물어진 진회색 돌벽은 어둡고 숭고한 형체로만 보였다. 그가 보고 있는 동안, 벽에 비친 빛은 점점 더 진하게 번지는 우울한 자줏빛 색조를 남기며 사그라들었고. 희미한 증기가 산을 서서히 오르는 동안, 위쪽 총안 흉벽은 여전히 숭고한 느낌에 감싸여 있었다. 이윽고 그곳에도 햇빛이 저물자, 건축물 전체가 엄숙한 초저녁 어둑함에 뒤덮였다. 고요하고 외로우며 숭고한 성은 그 광경의 군주처럼 서서, 감히 자신의 고독한 영지를 침범한 자 모두를 잔뜩 찌푸린 얼굴로 거부하는 듯했다. 황혼이 깊어갈수록, 성의 모습은 불분명해져 더욱 경외심을 불러일으켰다. 에밀리는 숲 위로 우뚝 솟은 빽빽한 탑들만 보일 때까지 계속 바라보았고, 그 짙은 그림자 아래에서 이윽고 마차들이 올라가기 시작했다. 높이 자란 넓고 어두운 숲이 마음속에 두려움을 불러일으킨 나머지, 그는 나무 아래에서 도적들이 올라오는 것을 보게 될까 걱정이 될 지경이었다. 마침내 마차들은 관목으로 무성한 암반 위로 올라왔고, 이윽고 성문에 이르렀다. 일행의 도착을 알리기 위해 성문의 종이 울리자, 두터운 음색의 종소리에 실린 섬뜩한 느낌이 에밀리를 엄습했다. 일행이 성 안의 하인이 문을 열어주러 나오기를 기다리는 동안, 그는 불안한 마음으로 성을 살펴보았다. 하지만 성을 뒤덮은 어둠 때문에, 성곽의 거대한 석축을 비롯해 일부 윤곽 외에는 거의 알아보기 힘들었고, 성이 거대하고 오래되었으며 음울하다는 것만 알 수 있었다. 자신이 본 부분들을 통해, 그는 성 전체의 육중한 견고함과 규모를 가늠했다. 그의 앞에 열린 중정으로 통하는 성문은 거대했고, 꼭대기가 돌출된 망루들로 둘러싸인 두 개의 원통

형 탑이 이를 방어하고 있었다. 이제는 깃발 대신 허물어진 돌벽 사이에 뿌리를 내린 웃자란 풀과 야생식물이 휘날리는 흉벽은, 그 폐허 위를 바람이 휘두르고 지나가면 한숨을 짓는 듯했다. 탑들은 또한 총안이 뚫려 있고 흉벽이 설치된 막벽으로 연결되어 있었고, 그 아래에는 커다란 내리닫이 창살문이 설치되고 최상단이 뾰족한 아치가 있었다. 여기서부터 다른 탑들로 이어진 성곽의 석축이 벼랑을 내려다보며 서 있고, 서쪽 하늘에 남은 미광에 언뜻 보이는 그 부서진 윤곽선이 전쟁의 참화를 이야기했다. 이 모든 것 너머는 저녁 어스름에 가려 사라졌다.

우돌포 성에서 에밀리의 체류는 끔찍하게 변하면서, 그가 빠져든 영혼을 동요시키고 짙은 분위기를 자아내는 세계를 더욱 확장시킨다. 본질적으로 로맨틱한 서사의 플롯을 따라 이야기를 진행시키기 위해, 래드클리프는 여성 주인공을 성에 가두는데, 그 성은 워낙 크고 어두워서 지하 감옥 안에 또 지하 감옥이 있고, 탑에서 무수히 많은 부속 탑이 자라날 듯 보인다. 그렇게 거대한 배경 속에서, 래드클리프의 젊은 여성들은 사악한 본성을 지닌 남성들에 의해 공포에 사로잡힌다. 한편 초자연적인 존재를 모사하는 것들simulacra도 그들을 위협하는데, 그것은 나중에 본래 자연적인 존재로 밝혀진다. 그런 다음 여성 주인공은 연인에 의해 구조되고, 짐작건대 정신적 외상을 남길 만한 사건을 경험했음에도 망가지지 않고 유쾌한 삶을 살게 될 것이다.

일부 독자와 평론가는 래드클리프가 사건 당시에는 진짜 초자연적 현상의 묘사로 보였던 것을 사후에 합리화하는 것을 비판하는

데, 그들이 보기에 이는 작가가 애써 만들어낸 무시무시한 분위기의 상당 부분을 무너뜨린다. 작가가 자연으로 돌아오는 길을 보여주지 않았다면, 작가의 주인공은 성품 나쁜 남자와의 결혼이라는 비교적 사소한 공포가 아닌 자신의 현실 개념에 도전하는 형이상학적 공포를 정면으로 직시해야 했으리라는 것이다. 그렇다면 여기서 래드클리프를 자신의 서사 속에서 아무런 초자연적 현상이 일어나지 않는데도 초자연적 분위기를 조성하는 수법의 창시자로 인정하는 것이 분명 역설로 보일 것이다. 이 역설에 대한 해법은 이 장 뒷부분의 "초자연주의" 절에서 논의할 것이다. 지금은 일단, 래드클리프를 "마지막에 가서 공들인 기계적 설명을 통해 자신의 망령을 부숴버리는 짜증나는 습관에도 불구하고, 잔혹함과 공포를 불러일으키는 분위기에 대한 새롭고도 더 높은 기준을 제시"했던 작가로 평가했던 러브크래프트의 말에 귀 기울여보자.†

> 선배 작가들이 구축한 익숙한 고딕풍 장치에, 래드클리프는 거의 천재에 가까운 솜씨로 장면과 사건에서 참으로 이 세상 것이 아닌 듯한 감각을 더했다. 모든 배경과 행동을 다루는 솜씨는 작가가 전달하고자 했던 무한한 공포의 인상에 예술적으로 기여한다. 성내 계단에 남은 핏자국이나, 멀리 떨어진 납골당에서 들리는 신음, 혹은 한밤의 숲에서 들리는 이상한 노래 같은 몇몇 불길한 세부 묘사는 임박한 공포에 관한 아주 강력한 심상을 불러일으키며, 다른 작가들의 잔뜩 과장된 노작을 훨씬 능가한다. 이런 심상들은 소설의

† H. P. 러브크래프트, 《공포 문학의 매혹》, 홍인수 옮김, 북스피어, 2012, 60쪽.

결말에 이르기 전에 합리적으로 설명되지만, 본디 내포하고 있던 효과마저 감소하는 것은 결코 아니다. (《문학에서의 초자연적 공포Supernatural Horror in Literature》, 1927; 개정판 1933~1935)†

래드클리프의 작품들에서 단 하나 정말 실망스러운 점은, 작가가 주요 등장인물을 죽음의 위험에 몰아넣기는 하지만 진짜 죽게 만들지는 않는다는 것이다. 작가의 작품들을 전반적으로 고려할 때, 주인공을 서사의 끝에서 죽게 내버려 두는 것은 행복한 결말의 눈부신 태양으로 쌓아올린 분위기 일부를 태워버리게 태워버리는 것일 터이고, 작가가 다루는 고딕 로맨스의 장르 규칙을 위반하는 것일 터이다. 그러면 그것이야말로 숙달된 이야기꾼으로서 작가의 경력에 오점이 되었을 것이다. 분위기상, 죽음 그 자체는 아직 공포소설의 효과를 응축시키는 요소로 추가되지 않았다.

분위기에 있어서 다음 혁신은 19세기 초 에드거 앨런 포에 의해 시작되었다. 포는 고딕 장르의 기반을 닦으며 불티나게 팔렸던 래드클리프의 작품을 이미 잘 알고 있었다. 아마도 래드클리프의 작품에 대한 응답으로, 그는 〈어셔 가의 몰락The Fall of the House of Usher〉에서 한 폭의 그림 같은 배경 위로 전율과 구원이 펼쳐지는 세상을 전복시켜 보여준다. 이야기는 말에 탄 화자가 해 질 녘 썩은 늪지처럼 보이는 산중 호숫가에 자리 잡은 외딴 저택에 도착하면서 시작된다. 어셔 저택은 처음에 고혹적인 고딕풍 분위기를 풍기는 듯하지

† 위의 책, 30쪽.

만, 화자는 사실 그렇지 않다고 애써 주장한다. 굵은 균열이 건물 정면 외관을 가로지르는 황폐한 저택은, 래드클리프의 작품에 등장하는 허물어진 고성과는 달리 숭고한 폐허가 아니다. 오히려 그곳은 굴복시킬 수 없는 절망의 근원지라고 해야 마땅할 것이다. 여기서 그 낡은 저택을 방문한 등장인물이 어셔 영지를 바라보는 시각을 알 수 있다.

> 어째서인지는 알 수 없지만, 처음 그 저택을 본 순간 참을 수 없는 우울함이 내 영혼에 스며들었다. 참을 수 없다고 한 이유는, 대개 마음은 극도로 황량하거나 무시무시한 자연의 가장 엄혹한 풍경을 받아들일 때조차 시적인 감상으로 반쯤 유쾌한 기분을 느끼는데, 이 우울함은 그런 감정으로 완화되지 않았기 때문이다. 나는 아편 사용자가 겪는 환각의 잔상, 일상으로의 쓰디쓴 추락, 끔찍한 진실을 가린 베일의 제막이라는 표현 말고 이 세상의 감각에 더 적절하게 비교할 길 없는 영혼의 완전한 우울함으로, 눈앞에 펼쳐진 광경을, 덩그러니 선 저택, 영지의 단출한 풍경, 황량한 벽들, 공허한 눈 같은 창문들, 무성하게 자란 몇몇 사초들, 새하얗게 썩은 나무 등치들을 바라보았다. 심장이 얼어붙는, 철렁 내려앉는, 멎는 듯한 느낌, 상상력의 자극조차 조금도 숭고함으로 바꿀 수 없는 누그러지지 않은 음산함이 있었다. 나는 걸음을 멈추고 생각했다. 도대체 무엇일까? 무엇이 어셔 저택을 생각할 때마다 나를 불안하게 만드는 것일까? 그것은 해명할 수 없는 미스터리였다. 깊이 생각에 잠긴 동안 내 위로 내려앉은 어두운 상상과 맞서 싸울 수도 없었다. 나는 우리 인간에게 영향을 미치는 권능을 지닌 매우 단순한 자연

물의 조합이 있다는 점은 의심할 여지가 없지만, 이 힘을 분석하는 것은 우리 능력 밖의 문제라는 불만족스러운 결과로 돌아올 수밖에 없었다. 그 장면의 개별 요소를, 그림의 세부 사항을 재배치하는 것만으로도, 비애에 젖은 인상이 들어설 여지가 개변되거나 어쩌면 일소되는 것도 충분히 가능하다는 생각이 들었다. 이런 생각에 따라, 나는 저택 옆 고요한 빛 속에 펼쳐진 시커멓고 짙은 산중 호의 가파른 물가 쪽으로 말을 세우고, 아까보다 더 긴장한 나머지 온몸을 덜덜 떨면서, 잿빛 사초와 어스름한 나뭇가지들, 공허한 눈처럼 보이는 창문들이 뒤집힌 채 재구성된 반영을 내려다보았다.†

화자는 저택과 그 영락한 영지의 분위기에 동요하기보다는 즐기려고 애쓰지만, 그럴 수 없다. 도입부의 흐름으로 미루어볼 때, 독자는 구원에 이르는 결말을 기대할 수 없다. 이 가장 위대한 단편의 도입부에서 포가 조성했던 분위기는 단 하나의 파국, 즉 죽음을 암시하는 것이기에 진정한 분위기를 자아낸다. 〈어셔 가의 몰락〉에서 상속받은 저택에서 거주하는 가문의 마지막 후손 로더릭과 매들린 남매의 운명 또한 그러하다. 게다가 저택의 위태로운 상태는 구조물 자체의 붕괴가 시작될 정도로 악화된다. 어셔 저택이 산산이 부서져 여전히 독기를 머금은 산중 호수의 수면 아래로 가라앉는 동안에도, 피처럼 붉은 달빛은 저택 돌벽의 벌어진 균열 사이로 스며들며, 이런 종말의 대기를 짙게 한다. 소설 앞부분에서 화자는 독자에게 지역 주

† 에드거 앨런 포, 〈어셔 가의 몰락〉, 《모르그 가의 살인: 추리·공포 단편선》, 권진아 옮김, 시공사, 316~317쪽.

민들이 어셔 저택과 저택의 거주자를 동일시하더라는 이야기를 한 적이 있다. 포의 소설은 양자 모두의 파멸을 감탄할 만한 솜씨로 마무리한다. 이런 결말을 통해, 한 폭의 그림 같은 래드클리프의 고딕 세계는, 우리가 다루어야 할 가장 불길한 상황인 죽음으로부터 새어 나온 분위기로 대체된다.

포는 자신의 소설에서 총체적으로 사악하고 황량하며 파멸된 세상을 창조했다. 이런 특징은 그가 상상한 세계에 일관성을 부여한다. 그리고 이런 세계에서 벗어날 방법은 없고, 다만 그 속으로 추락할 수밖에 없다. 출구 없는 환경 속에 독자를 가두는 포의 기법은 그의 작품을 래드클리프 같은 선대 작가의 작품과 구분 짓는 특징이다. 그의 등장인물은 경치 구경하라고 우리를 한 장소에서 다른 장소로 데려가는 것이 아니다. 그들은 외부가 없는 세상의 내부, 즉 누가 오고 갈 수 있도록 지도로 잘 그려진 장소가 아닌 곳에 있다. 포의 독자는 그가 만들어낸 서사 틀 외부에 무엇이 존재한다는 감각을 결코 느낄 수 없다. 그의 서사는 우리 감각이 지각할 수 있고 우리 마음이 온전히 이해할 수 있는 것 너머에는 어둠뿐이라고, 그밖에는 아무것도 없다고 암시한다. 우리가 아는 가장 분위기 있는 경험, 즉 꿈 역시 마찬가지다.

꿈을 꿀 때, 주변에 있지도 않은 무엇을 존재한다고 느낄 수는 없다. 당신은 꿈속에서 자신이 이미 가 있는 장소가 아닌 어디에도 있을 수 없다. 꿈에는 심리적 함정 외에 근본적인 기이함도 있는데, 포는 자신의 소설에서 이런 현상을 넌지시 암시하는 데 전문가였다. 〈어셔 가의 몰락〉을 읽는 것은 자각몽을 꾸는 것과 마찬가지다. 우리는 눈앞에 펼쳐진 모든 게 비현실적임을 알고 있지만, 역설적이게도 그 모든 것에는 매우 고양된 사실성이 담겨 있다. 그런 꿈에서 깨어나는 것은 자신으로부터의 자유를 잃고 번거로운 육신으로 돌아가야 한다는 의미인데, 그 육신은 의식이 곧 비극이며 당신이 죽음의 분위기 안에서 아무 상처 없이 솟아오를 수는 없다는 걸 보여준다. 당신은 그저 죽을 수 있을 따름이다.

1839년 〈어셔 가의 몰락〉이 출판된 지 거의 한 세기가 지난 뒤, 러브크래프트는 자신의 단편 〈크툴루의 부름The Call of Cthulhu〉으로 분위기의 예술에서 장족의 발전을 이룩했다. 공포소설 독자들에게는 잘 알려져 있겠지만, 소설의 도입부 문장들을 여기 옮길 필요가 있다.

> 내 생각에 세상에서 가장 다행스러운 일은, 인간의 정신이 자기 머릿속에 든 모든 내용물을 서로 관련짓지는 못한다는 것이다. 우리는 무한한 검은 바다 한가운데 있는 무지라는 평온한 섬에서 살고 있는데, 이는 우리가 거기서 멀리 항해해야 한다는 뜻은 아니다. 과학이 각각의 분야에서 최선을 다해 진리를 탐구해왔어도, 지금까지는 우리에게 거의 해를 입히지 않았다. 그러나 언젠가 흩어져 있던 지식이 한데 합쳐지면, 현실과 그 안에서 우리 위치에 대한 무서운 전망을 드러낼 것이고, 그러면 우리는 그 폭로로 인해 광기에 사로잡히거나, 잔혹한 계몽의 빛으로부터 도망쳐서 평화롭고 안전한 새로운 암흑시대로 돌아가려 할 것이다.†

† H. P. 러브크래프트, 〈크툴루의 부름〉, 《하워드 필립스 러브크래프트》, 김지현 옮김, 현대문학, 2014, 165~166쪽.

러브크래프트의 이 단편 도입부로부터, 독자는 등장인물 한둘이 죽는 것 말고도, 인간종 자체가 "무한한 검은 바다"에서 너무 먼 곳까지 항해하다가 침몰할지 모른다고 추측할 수 있다. 앞의 기술은 추상적이지만, 그럼으로써 그만큼 더 분위기를 띠게 되고, 우리는 진상을 드러내는 충격적인 한 문장이 아닌 "흩어져 있던 지식"이 프랜시스 웨일랜드 서스턴이라는 한 인물에 의해 맞춰지는 걸 열심히 읽게 된다. 그는 자신이 속했던 예전 현실로부터 끌려나와, 지난날이 마치 순수한 낙원처럼 여겨질 법한 불운한 가공의 세계에 던져진다.

F. W. 서스턴은 퍼즐 조각을 맞추고 나서 이렇게 쓴다. "나는 우주가 품은 모든 공포를 보았다. 봄날의 하늘과 여름의 꽃마저 내게는 평생 독이 될지니."† 다시 말해 그는 그 이전에 누구도 할 수 없었던 작업을 완수한 것이다. 여느 배당소득으로부터 존재의 최악을 추려내는 것이자, 삶은 알 수 없다면 더 나았을 악의라는 결론으로 그를 이끄는 과정을 통해서. 이것이 러브크래프트의 분위기, 즉 그가 모든 인간 존재를 위치시킨 "끔찍한 처지"가 일순간의 깨달음으로 인해 보편적 광기나 멸종으로 이어질 수도 있는 세계의 분위기다. 이런 분위기를 통해, 러브크래프트는 상상의 세계에 일관성을 부여한다. 여기서는 크툴루가 그림자를 드리운 행성의 공포와 그것이 우리 존재에 관해 암시하는 모든 것을 너무 많이 알게 되는 그 지점에 중대한 의미가 있다. 부여한다. 봄날의 하늘과 여름의 꽃을 흐뭇하게 만끽하고, 자신과 공존하는 괴물을 순진하게도 인식하지 못한 채, 여전히 자신의 평범하고 평균적인 일상에 매달려 있는 사람들, 그들은 어

† 위의 글, 207쪽.

린아이나 마찬가지다. 러브크래프트의 세계에서는 살아갈 만한 가치가 있는 것은 아무것도 없다는 사실을 그들은 모른다. 그들은 그 분위기 속에 있지 않다. 그러나 언제라도 그 분위기 속에 빠질 수 있다. 초자연적 세계의 분위기와 그 공포는 인간의 상상 속에서만 존재한다는 것을 기억해야 한다. 자연에는 그와 같은 것이 없으며, 자연은 그런 감정을 불러일으킬 수도 없다. 공포는 우리 의식의 발명품이고, 지구상의 모든 유기체 가운데 우리만이 공포를 안다. 우리는 초자연적 세계의 분위기와 그 공포와 함께 우리 마음속에 홀로 남겨졌다. 우리는 다른 피조물과는 전혀 무관한 으스스한 것의 창조자이자, 그것의 피조물이기도 하다.

테마

문학계는 대등하지 않은 두 집단, 즉 내부인과 외부인으로 양분된다. 전자는 다수파고, 후자는 소수파다. 특정 작가를 어느 한쪽 집단에 배치하는 작업은 문체, 일반적 어조, 주제와 테마의 선택 등등을 포함한 그의 작품 속 다양한 요소가 누설하는 작가의 의식을 평가함으로써 처리할 수 있다. 여느 독자도 알다시피, 그런 요소는 작가에 따라 다양하게 나타난다. 내부인과 외부인이라는 변덕스럽거나 몽상적인 분류법에 그들을 끼워 넣는 일은 필연적으로 쓸모없는 실험이 될 것이다.

어니스트 헤밍웨이, 윌리엄 포크너, 장 폴 사르트르, 사뮈엘 베케트, T. S. 엘리엇, 크누트 함순, 헤르만 헤세. 이 중 누가 내부에 있고 누가 외부에 있는가? 이 작가들의 유명한 작품은 평범한 필멸자의 감수성으로부터 한참 동떨어진 것을 표현하는 듯하기에, 그런 작품을 생각할 때면 머리가 어지럽다. 당장 주기도문의 희화화로 끝나는 헤밍웨이의 단편 〈깨끗하고 밝은 곳A Clean, Well-Lighted Place〉[†]을 떠올려보자. "무無, nada에 계신 우리 무여, 이름을 무하게 여김을 받으시오며." 그다음에는 포크너의 소설에 등장하는, 인류의 고결한 측면을 내보일 생각조차 없는 듯이 퇴락한 인간 군상이 우리 머릿속에 떠오른다. 엘리엇이 엔트로피에 바치는 시 《황무지The Waste Land》(1922)나 균형을 잃은 주인공들이 이끄는 이야기인 함순의 《굶주림Sult》(1890), 헤세의 《황야의 이리Der Steppenwolf》(1927), 사르트르의 《구토La Nausée》(1938), 그리고 베케트의 모든 작품도 잊으면 안 된다. 편리하게도 이 작가들의 지위(내부인이냐 외부인이냐)는 "이상적인 방향으로 문학 분야에서 가장 눈에 띄는" 작가에게 매년 노벨문학상을 수여하는 스웨덴 선정위원회에 의해 결정되었다.

하지만 스웨덴 심사위원단으로부터 무슨 **상**을 하나 받았다고 해서, 이 문학적 거인들을 내부인으로 분류해야 할까? 어떤 사람들은 '예'라고 말하겠지만, 이는 노벨상 때문만은 아닐 것이다. 어떤 사람은 노벨상이야 어떻든 '아니오'라고 말할 것이다.[1] 이렇게 엇갈리는 견해는 작가의 의식이 내부자적인지 외부자적인지 판단하려는 한 우리 작업을 미완으로 남게 한다. 이런 심리審理 과정을 신속히 진행하기 위해, 그 자질로 미루어 보아 명확하게 외부자 집단에 포함

† 어니스트 헤밍웨이, 〈깨끗하고 밝은 곳〉, 《헤밍웨이 단편선 1》, 김욱동 옮김, 민음사, 2013.

시킬 수 있는 후보자를 찾아볼 수도 있다. 이 자리를 채우기 위해, 자격을 충족하는 외부인을 얼마든지 거명할 수 있다. 그들 중 한 사람이 롤랑 토포르로, 그의 짧은 공포소설 《세입자Le Locataire chimérique》(1964)는 의심할 여지 없이 외부인인 사람의 의식을 묘사한 작품이다. 작가가 내부인인지 외부인인지 어느 정도 확신을 갖고 판단하기 위해, 같은 테마를 공유하는 다른 짧은 소설인, 노벨상 수상작가 루이지 피란델로의 《아무도 아닌, 동시에 십만 명인 어떤 사람Uno, nessuno e centomila》(1926)†과 비교할 것이다. 테마 자체가 작가의 의식을 누설하지는 않는다. 중요한 것은 그 테마가 어떻게 해소되느냐이다. 피란델로 해소법은 "이상적인 방향"의 증상을 늘어놓는 데 반해, 토포르의 해소법은 반反이상적인 입장을 취한다.

《아무도 아닌, 동시에 십만 명인 어떤 사람》의 테마는 명백히 우리 지각과 인식 체계에서 기인한 거짓으로서의 자아에 관한 것이다. 다수의 정설과는 대조적으로, 피란델로의 화자이자 주인공인 비탄젤로 모스카르다의 평가를 통해, 자아는 실상 혼란스럽고 무의미한 존재에 일관성과 의미를 부여하기 위해 발명된 실체 없는 구조물로 취급된다. 우리 몸이 아무리 잘 기능하더라도, 우리는 또한 (바로 우리가 종종 그러도록 강요받기 때문에) 우리 몸을 불안정하고, 쉽게 손상을 입으며, 일회성인 현상으로 인식한다. 동시에 악성 뇌 질환이나 생명을 앗아가는 사건으로 인해 이 믿음에 의문이 들기 전까지, 우리는 자신이 갇혀 있는 퇴화하는 조직보다 우리 '자아'가 더욱 견

† 루이지 피란델로, 《아무도 아닌, 동시에 십만 명인 어떤 사람》, 김효정 옮김, 최측의농간, 2018.

고하고 오래 가며 진짜라고 믿는다.

《아무도 아닌, 동시에 십만 명인 어떤 사람》에서 모스카르다는 자기 몸에 대한 오해에서 출발하여, 자기 자아에 대해 오해하고 있었음을 인식하게 되고, 그 인식은 자아가 기능하는 형상들로 구성된 온 세상으로 확장된다. 이야기 초반에, 그는 자기 코가 좌우 대칭이라고 믿는다. 그러다가 아내로부터 그의 코가 대칭이 아니라 왼쪽이 오른쪽보다 약간 처져 있다는 말을 듣는다. 깊은 생각에 잠기는 것이 고질병인 모스카르다는 아내의 말에 심하게 동요한다. 지적으로 정직한 사람인 그는 그 말이 사실임을 인정해야 한다. 자신의 외모에서 한 가지 특징을 오해하고 있었다는 사실은, 모스카르다로 하여금 평생 자신이 자기 외모에 대한 다른 망상을 가지고 있지는 않았나 조사하도록 이끈다. 그는 그런 망상이 별자리처럼 많음을 확인한다. 육체적 인간으로서 자신에 대해 철저히 조사한 뒤, 그는 자신이 한때 알고 있던 그 사람이 아님을 인정한다. 이제 그는 자신이 스스로에 대한 외부인이자, 자신의 눈과 다른 사람의 눈에 비치는 허구라고 믿는다.

나중에 모스카르다는 다음과 같이 새로운 사실을 발견하게 된다. "여전히 나는 그 외부인이 단 한 명이라고 믿었다. 내가 나라고 믿었던 어떤 사람처럼, 모두에게도 유일한 어떤 사람. 그러나 곧 타인에게뿐만 아니라 나에게도 있었던 십만 명의 모스카르다를 발견하면서부터, 나의 끔찍한 드라마는 복잡해지기 시작했다. 그들 모두는 모스카르다라는 하나의 이름만을 가지고 있었다. 끔찍할 정도로 불쾌한 일은 그들 모두가 나의 이 불쌍한 육체 안에 들어 있었다는 것이다. (…) 아, 그것은 한 사람이면서 아무도 아니었다."† 모스카르다에게는 다행스럽게도, 그리고 독자에게는 (혹은 적어도 외부인인 독자에게는) 안타깝게도, 그는 스스로 생각했던 만물의 비현실성을 인정하고 존재하는 모든 것과 하나가 된다. 그는 더 이상 생각하지 않고, 그저 **존재한다**. "이렇게 해야만 나는 비로소 살 수 있다. 매순간마다 다시 태어날 수 있다. 생각이 내 안에서 다시 작동하는 걸 막기 위해."[††] 소설의 마지막 문단은 그의 새로운 존재 양식으로 인한 고양감을 묘사한다.

> 도시는 먼 곳에 있다. 고요한 해 질 녘에 때때로 종소리가 들려온다. 그러나 나는 더 이상 내 안에서 그 종소리를 듣지 못한다. 하지만 그 밖에서, 따뜻한 태양이 푸른 하늘을 가득 채우고 제비들이 지저귀는 곳, 너무나, 너무나 높은 허공의 종탑에서 바람과 구름에 따라 무겁게 흔들리면서, 종은 스스로를 위해 아마도 기쁨에 떨며 울려 퍼질 것이다. 죽음을 생각하고, 기도하라. 아직도 이런 욕구를 느끼는 사람들이 있을지도 모르는데, 그들의 욕구는 종을 울리는 것이다. 나는 더 이상 그런 필요를 느끼지 않는다. 왜냐하면 나는 매 순간 죽고, 모든 기억을 잃은 채 새로 태어나기 때문이다. 더 이상 내 안이 아닌, 외부의 모든 사물 속에서 완전하고 생생하게. (새뮤얼 퍼트넘Samuel Putnam 옮김)[†††]

여기서 이야기는 끝난다. 결국 상황은 모스카르다에게 괜찮은 방향으로 마무리된다. 그는 이제 **구원받은** 외부인이다. 자아의 상실

†, ††, ††† 각각 위의 책, 25~26쪽, 240~241쪽, 241쪽.

이라는 점에서, 그는 U. G. 크리슈나무르티, 존 렌루이스, 수잰 시걸 처럼 자신의 체계가 받은 충격에서 회복되고 나서, 가공의 에고를 형성하는 인지 기제가 중단되어버린 결과, 의도치 않게 경이로운 체험을 한 사람들을 연상케 한다. 이런 경우에 자신을 잃어버린 개인은 환호할 만한 보상의 수혜자이다. 이는 자아라고 알려진 것이 사라진 다음… 아무도 아닌 존재로 다시 태어나는 진정 '바람직한 죽음'이다. 그는 그저 존재하는 것으로 만족하며, 마찬가지로 존재하지 않는 것에도 만족한다.

하지만 루이지 피란델로가 자기 주인공이 다다른 자아 없는 지복 상태를 직접 체험으로 알았다고 정말 믿는 사람이 있을까? 아니면 작가가 단호하게 "이상적인 방향"의 끝을 상상해보았다고 하는 게 더 그럴듯할까? 피란델로가 실제로 체험했든 아니면 그저 모스카르다의 고통스러운 자의식에 대한 이상적 해소법을 탐색했든 간에, 그것은 모스카르다가 구원에 이르렀던 길을 한 걸음씩 따라갈 수는 있어도 에고-죽음이라는 약속의 땅에는 결코 다다를 수 없는 독자에게 적용 가능한 해소법은 아니다. 만약 그랬다면, 피란델로는 특별히 인류에게 운명 지어진 고통에 가장 놀라운 효능을 보이는 치료제를 발견했을 것이다. 그는 우리가 일개 종으로서 직면하는 모든 재난을 해결했을 것이다. 하지만 누구나 예상할 수 있듯, 그는 그렇게 하지 않았다. 대신 피란델로는 데우스 엑스 마키나deus ex machina를 내려보내서 자신이 쓴 동화를 해결했다. 그의 책은 모스카르다가 더 이상 필요하지 않다고 말한 기도를 신비로운 초월로 대체한 도덕적 사기극이다. 이것이 문학적 내부인이 제공하는 것이다. 롤랑 토포르는 《세입자》에서 외부인의 입장으로 상반된 관점을 제시한다.

피란델로의 등장인물 모스카르다가 자신의 정체성에 대한 고조되는 당혹감을 "끔찍한 드라마"로 묘사할 때, 그의 말은 의례적 행위, 즉 자신이 처한 상황의 으스스한 본질을 전달하는 데 실패한 열의 없는 몸짓으로 보인다. 반면 《세입자》에서 토포르는 자신의 소심한 주인공 트렐콥스키가 이탈리아인 전 세입자와 똑같은 고초를 겪는 동안 느끼는 공포를 충격적으로 극화한다. 토포르의 소설 속 한 중요 부분은 이런 문장으로 시작한다. "트렐콥스키는 스스로에게 물었다. '한 사람이, 자신(과 다른 모든 이들)이 믿었던 사람이 아니게 되는 때는 정확히 언제인가?'"

현실 세계에서 그렇듯, 슬라브계 이름을 지닌 파리 사람인 트렐콥스키는 외부인이라는 이유로 박해받는 세계로 들어온 외부인이다. 중상을 입어 회복할 가망이 없는 시몬 슐이라는 여자가 살던 새 다세대주택으로 이사 가기를 바라는 그는, 건물주 지 씨를 비롯해 이 불길한 건물의 다른 입주자들로부터 아무도 아닌 사람 취급을 받는다고 느끼게 된다. 트렐콥스키의 박해자들은 자기 스스로 규정한 우월성을 과시함으로써, 유의미한 존재로서의, 즉 자신들이 스스로 만들어낸 지옥에 잘 적응한 진짜 사람으로서의 망상 속 지위를 유지할 수 있다.

집단 바깥에 있다고 낙인찍힌 사람은 누구나 다른 모두에게 자신의 실재성을 주장하려는 사람들에게 만만한 사냥감이 된다. (공포 관리 이론의 심리사회적 장치들과 비교해보라.) 하지만 그들 역시 아무도 아닌 사람들이다. 그렇지 않았다면, 그들은 박해할 필요도 없었을 것이다. 그런 사람들은 자신의 본질과 가치를 확고하게 염두에 둔 채 살아갈 수 있기 때문이다. 하지만 여느 선량한 불교도가

(혹은 심지어 피란델로의 모스카르다도) 알려줄 수 있듯이, 인류는 지구상의 다른 어떤 존재보다 더 많은 본질과 가치를 지닌 존재가 아니다. 이 행성의 산과 흙과 더불어 평정을 유지할 수 있는 능력이 결여되어 있다는 점이, 우리가 서로를 괴롭히게 하는 고통의 원천이다. 어떤 사람이나 집단이 우리만큼 옳고 현실적이라는 주장을 부인하는 한, 우리는 이 꿈 같은 주장을 우리만을 위한 것으로 독점할 수 있다. 그리고 자신들을 모방하지 않는 이들에게 본질과 가치가 결여되어 있다는 감각을 심어주는 것은 모든 이의 의무다.

트렐콥스키는 자신을 향한 이웃의 행동으로 말미암아, 소설 중간쯤에 부지불식간에 개안開眼, epiphany을 체험한다. "트렐콥스키는 울분을 터트렸다. '그 개새끼들! 대체 원하는 게 뭐야? 모두 잠자코 죽은 사람인 척하라고? 그걸로도 성에 안 차겠지!'" 그는 스스로 생각하는 것보다 더 옳다. 왜냐하면 그들이 원하는 것은 모두 잠자코 **그들**인 척하는 것이기 때문이다.

> 화성인, 그들은 모두 화성인이다. (…) 그들은 이 행성에서 이방인이지만, 그 사실을 인정하지 않았다. 그들은 자기 고향에 있는 듯 아주 편안하게 행동했다. (…) 그 역시 아무 차이가 없었다. (…) 그는 그들의 일족이었으나, 알 수 없는 이유로 추방당했다. 그들은 그를 신뢰하지 않았다. 그들이 그에게 원하는 것은 그들의 모순된 규칙과 우스꽝스러운 관례에 순종하는 것뿐이다. 그들의 복잡함과 미묘함을 결코 가늠할 수 없기 때문에, 그에게만 우스꽝스러워 보이는.

트렐콥스키의 이웃은 그가 깨달은 사실을 받아들이지 못한다. 모든 사람은 아무도 아닌 사람이다. 아무도 자신이 누구인지 정의할 권한은 없다. 그러나 사람들은 자신에게 **당신**이 누구인지 판결할 권한이 있다며 월권을 행하고, 당신은 그들의 재판관석 앞에서 묵비권을 행사하게 될 것이다. 처음부터 트렐콥스키는 이런 평결을 받아들이도록 조종당한다. 마침내 그는 자신에게 그 평결을 선고한다. 그가 망가진 정신으로 생각하기에는, 자신에 대한 이웃의 살의 어린 음모에 저항하는 유일한 방법은 그 음모에 협조하는 것인 듯하다. 그는 스스로 다세대주택의 자기 방 창문에서 뛰어내려 안뜰의 유리 지붕을 뚫고 추락하는 것으로 이를 실천에 옮긴다. 첫 번째 시도에 죽지 않자, 그는 피에 젖은 반反자아를 일으켜 세워 계단을 오르면서, 그의 몸을 찌르려고 날카로운 물건을 들고 나온 이웃들을 비웃는다. 그런 다음 그는 두 번째로 창에서 뛰어내린다. 글로리아 비티의 발자취를 따르며, 그는 이 세상의 가련한 놀이를 그만두기로 마음먹는다. 흥미롭게도 《아무도 아닌, 동시에 십만 명인 어떤 사람》과 똑같이, 《세입자》 또한 범속한 세계 너머로 도약하는 것으로 마무리된다. 트렐콥스키에게는 애석하게도, 그것은 반대 방향으로의 도약이다. 더 정확하게 말하자면, 토포르의 주인공을 그의 "끔찍한 드라마"로부터 구원해주는 도약이 아니라, 아무도 아닌 존재라는 가장 먼 악몽으로 내던지는 도약이다.

내부인으로서 피란델로는 《아무도 아닌, 동시에 십만 명인 어떤 사람》의 테마를 영혼을 고양시키는 양식으로 풀어냈다. 다른 의식에 물든 외부인은 비참한 성격의 해결책만을 제공해줄 수 있다. 지난 인류 역사에서 짧은 기간 동안, 자유세계라고 불리는 곳에 사는 사람들만이 이질적 세계관을 갖도록 허용되었지만, 그것도 직접적이든 간접적이든 종의 생존에 대한 긍정이라는 조건하에서만 가능했다. 사람들은 비관론이나 허무주의 혹은 인간 삶은 살 만하다는 것에 대한 회의적인 관점을 지녀서는 안 되었다. 외부인에게는 그런 관점이 가치가 있을 수 있지만, 인류의 지배적인 분파를 형성하는 내부인은 외부인의 냉혹한 태도와 불행한 결말을 자신들의 철학과 이데올로기, 국가정책 또는 공제조합 규약에 편입하지 않을 것이다. 피란델로와 토포르 모두 똑같이 변화를 통한 자아 개념의 해체라는 테마를 다루었다. 피란델로는 소설 제목에 명시된 "아무도 아닌 사람"이 됨으로써 그 자신을 기꺼이 초월하는 사람의 초상으로 자신의 이야기를 마무리했다. 이런 해결책은 짜고 치기라고 이미 개탄한 바 있다. 트렐콥스키가 전혀 예상 못했던 악몽으로 하강하는 것을 암시하는 토포르의 소설 결말에 관해서, 내부인은 아마 할 말이 많을 것이다.

《세입자》의 결말에서, 트렐콥스키가 투신자살 시도에서 살아남았음이 드러난다. 하지만 그는 이상한 방식으로 살아남았다. 병원 침상에서 의식을 회복한 그는 문안객이 찾아온 걸 본다. 그리고 이제 그는 모든 것을 뼈저리게 깨닫는다. (누구라도 이 장면이 어디서 일어나고 있는지 눈치 챌 수 있다.) 지금 그가 기대어 있는 병원 침상은, 이야기 도입부에서 그가 온몸에 붕대를 감고 누워 있는 전 세입자를 바라보며 옆에 서 있었던 그 침상이다. 그는 부상에서 회복되지 못해서 자신의 옛 셋방으로 돌아올 수 없을 이전 세입자를 직접 보고 싶었던 것이다. 이전 세입자 또한 그 허름한 주택의 창문에서 추락했다. 이전 환자처럼 병상에 새로 누운 환자는 자신을 방문한 사람을 알아보고 공포에 질린다. 그건 바로 자기 자신이다. 부상으로 꼼짝 못한 채 한쪽 눈과 입을 뺀 온 얼굴을 붕대로 감고서, 그는 자신이 한때 탐냈던 집의 전 세입자와 입장이 바뀌었음을 깨닫는다. 어쩌면 이는 처음이 아니며, 그는 윤회의 순환에 붙잡혀 그 자신의 병상 옆에 서게 되었을지도 모른다. 침대에 누워 있는 자신에게 무슨 일이 일어났는지 깨달은 그는, 자신 옆에 서 있는 사람, 더 이상 그가 아니지만 여전히 그이기도 한 그 사람에게 무슨 일이 일어날지 이미 알고 있다. 트렐콥스키는 이제 자신(그리고 모스카르다)의 수수께끼를 풀었다. "한 사람이, 자신(과 다른 모든 이들)이 믿었던 사람이 아니게 되는 때는 정확히 언제인가?" 해답은 이렇다. '한 개인이 자신이 정체성의 역설에 갇혀 있으며, 스스로를 자신이 아닌 무엇이라고 믿는 한 빠져나갈 길이 없음을 의식하게 되었을 때.' 자신이 사람이라고 생각하는 꼭두각시에게 물어보라.

피란델로도 토포르도 자신의 작품에서 공통적으로 다룬 테마인 변화를 통한 자아 관념의 해체를 겪어본 적이 없다. 그들이 그런 경험을 했다면, 이는 각자의 전기에서 가장 눈에 띄는 대목이었을 것이다. 그렇다면 그들은 똑같이 부정직하지 않은가? 이 질문에 대한 대답은 당신이 생각하기에 어느 작가의 세계 재현이 상징적으로 더 근거가 있는지에 좌우되는 듯하다. 세상을 구성하는 모든 것과 고요한 교감을 나누면서 여생을 마무리하거나… 혹은 중상을 입고 병원 침상에 누운 육체에 갇힌 채, 영문 모르는 망령, 즉 당신의 삶이었던 꿈속에서 한때 당신이었던 아무도 아닌 사람을 보고 비명 지르는 것 말고는 아무것도 할 수 없게 되거나. 이런 테마상 유사한 이야기를 어느 쪽으로 결론짓는 게 인간 경험에 더 충실해 보이는지는, 당신은 누구인가… 혹은 당신이 생각하는 당신은 누구인가에 달려 있다. 이는 매우 피란델로적인 테마다.

토포르의 통찰이 경험적으로 더욱 견고해 보이지만, 피란델로의 통찰은 대중이 선호한다. 피란델로가 모스카르다에게 준 상을 받는다면, 죽기 직전 한순간이라도 평생 시달린 채찍질에 대한 보상이 될 것이다. 괴로운 일이지만, 어떤 것이 절실히 필요하다는 이유만으로는 그에 대한 믿음이 당신을 구해주지는 않는다. 하지만 피란델로와 그와 비슷한 부류의 사람들은 당신이, 그리고 그들 스스로도 죽을 때까지 노력하기를 바란다. 토포르와 그와 비슷한 부류의 사람들이 해야 할 말은 항상 신변 정리를 잘 해두어야, 당신이 병상에 누워 있거나… 혹은 새 다세대주택을 찾고 있을 때 조금이나마 마음의 평온을 얻을 수 있으리라는 것이다.

등장-인물들

시오랑은 에세이 〈구원받지 못한 자들The Undelivered〉에서 이렇게 썼다. "'형성된 것은 소멸하기 마련이다. 방일하지 말고 해야 할 바를 모두 성취하라'는 붓다의 마지막 설법을 생각하면 할수록, 우리는 스스로를 요소들의 우연한 수렴으로까진 아니더라도, 집합체이자 일시적인 것으로 **느끼는** 일도 불가능하기 때문에 고통받는다." 스스로를 부품들로 구성된 사물, 만들어진 대로 만들어진 존재로 생각하는 일의 불가능성에 대한 시오랑의 판단은 이보다 더 정확할 수 없다. 이 땅 위를 분주히 돌아다니는 동안, 우리는 끈질기고 그럴싸한 **등장인물**이지만, 그 이상의 무엇이라고 입증되지는 않는다. 하지만 우리는 겉보기에 그 이상의 무엇이라도 되는 듯 구는데, 사실 우리가 지금까지처럼 그럭저럭 해나가는 데는 겉보기만으로 충분하다.

환멸의 과정에서, 우리는 자신이 다른 모든 것처럼 기본 입자로 구성된 몸이라고 인정한 바 있다. 그러나 우리를 박테리아나 맥주잔과 동등한 위치에 놓게 될 모든 소식에 대해서는 귀를 막아야 한다. 그런 논의는 환멸을 대기권 바깥까지 치솟게 해서, 우리에게 소중한 자아와 자아가 벌이는 게임마저 다 날려버릴 것이다. 대부분의 공포소설 작가가 자기 등장인물과 벌이는 한 가지 놀이는 바로 선과 악의 대결이다. 그리고 그들은 그것을 할 수 있는 유일한 놀이처럼 여긴다. 확실히 그것은 가장 오래된 놀이이자, 우리가 누구인지 처음 알았을 때 혹은 우리가 누구인지 안다고 처음 생각했을 때부터, 인물의 성격을 묘사할 때 상당 부분 의존해왔던 놀이이다. 하지만 소수의 공포소설 작가는 설득력 있는 등장인물 대신 "공포는 플롯의 영혼이다"라는 포의 경구에 바탕을 둔 다른 종류의 놀이를 수행한다. 선과 악의 대결이라는 놀이는 이 세상 **속**의 공포에 관한 것이며, 놀이의 참가자, 즉 등장인물에게는 싸울 수 있는 기회가 부여된다. 다른 놀이는 이 세상**의** 공포에 관한 것이며, 그 참가자 중 누구에게도 순전한 우연이 아닌 이상 싸울 기회가 주어지지 않는다.

예로 초자연적 빙의의 실재를 상정하는 공포소설 두 편을 비교해보자. 하나는 윌리엄 피터 블래티의 《엑소시스트The Exorcist》(1971)[†]이고, 다른 하나는 러브크래프트의 《찰스 덱스터 워드의 사

† 윌리엄 피터 블래티, 《엑소시스트》, 하길종 옮김, 범우사, 1994.

례The Case of Charles Dexter Ward》(1927년 집필, 작가 사후 1941년에 출판)[†]이다. 선과 악이 대결하는 블래티 소설의 세계에서, 설득력 있는 어떤 인물은 죽도록 다른 인물은 살도록 예정되어 있다. (이것은 거의 모든 인기 있는 공포소설의 공식과도 같은 요소다.) 두 신부 카라스와 메린은 (기독교 종파들 사이에 육체와 영혼의 관계에 대한 입장이 일치하지는 않지만) 그 육신과 아마도 영혼까지 하나 혹은 그 이상의 악마에게 빙의된, 설득력 있게 성격이 부여된 소녀인 리건을 구하기 위해 목숨까지 내놓는다. 두 신부는 평범한 사람들이 **신경 쓸 만한** 종류의 등장인물이지만, 그들의 죽음은 독자에게 이야기 공식의 일부로 받아들여질 수 있다. 리건의 어머니이자 배우인 크리스 맥닐이 출연하는 영화의 감독 버크 데닝스는 빙의된 리건에게 살해당한다. 그는 불경하고 폭력적인 술꾼으로 그리 호감이 가지 않는 인물이라, 그가 아무리 설득력 있는 캐릭터라 해도 독자는 그에게 별로 신경 쓰지 않기 때문에, 그는 서사를 충격적인 방향으로 진행시키기 위해 죽어 없어져도 괜찮은 인물 역할을 수행한다. 이것은 공포소설이 진행되는 동안 적어도 한 명 정도는 살해당할 것이라 예상하는 독자에게 아주 당연하게 받아들여진다. 소설 작품을 즐겨 읽는 독자 상당수는 작가가 인물을 그런 식으로, 즉 설득력 있게 다루는 것을 보고 싶어 한다. 또한 그들은 선이 악에 대해 승리를 거두는 결말을 원하는데, 이는 그들에게 '살아 있음은 괜찮은 일이다'라는 공식이 옳다는 확신을 심어준다.

† H. P. 러브크래프트, 〈찰스 덱스터 워드의 사례〉, 《러브크래프트 전집 3》, 정진영 옮김, 황금가지, 2012.

《찰스 덱스터 워드의 사례》는 모든 면에서 블래티의 《엑소시스트》에 대한 대립항을 구성한다. 러브크래프트의 소설에서 우주는 실제 세계에서처럼 인간의 삶 따위는 조금도 신경 쓰지 않고, 등장인물의 안위를 염려하지도 않는다. 등장인물은 플롯의 공포를 관찰하기 위한 일개 시점일 뿐이다. 이것을 받아들이는 독자는 거의 없다. 선과 악은 실제 세계에서처럼 오래전 사라진 생존 규칙의 지시문이다. 다시 한번 강조하지만, 이것을 받아들이는 독자는 거의 없다. 영혼을 지닌 피조물로서 인간이라는 관념은 《찰스 덱스터 워드의 사례》에서 중요한 문제가 아니다. 왜냐하면 이것이 러브크래프트에게 중요한 문제가 아니기 때문이다. 이 책의 불운한 주인공뿐만 아니라 모든 사람은 악몽이 만연한 세계 속에 존재한다. 러브크래프트의 **공식이 없는 우주**에서 모든 사람은 살해될 수 있으며, 일부는 자신에게 더 나쁜 일이 닥치기 직전에 자살한다. 찰스 덱스터 워드라는 이름으로 통하는 원자의 구성체는 말할 것도 없고, 우리가 상상하는 생명은 영구적인 위험이라는 맥락 속에서 일어나는 현상이다. 오직 발견되기만을 기다리는, 그로부터 어떠한 구원도 얻을 수 없는 위험이라는 맥락 속에서. 러브크래프트는 당신을 감정의 롤러코스터에 태우고서, 끝에 가서는 탈것이 멈춘 다음 내릴 때 발 조심하라는 이야기를 하려는 것이 아니다. 그는 단지 이 세상에서나 다른 세상에서나 인간종은 항상 중요치 않은 존재였다는 걸 알기 위해, 더 이상 그리 멀리 물러서서 볼 필요가 없다고 말하고 싶을 뿐이다. 이는 어떤 사람들에게는 해방이지만, 러브크래프트의 등장인물을 포함한 다른 사람들을 미치게 만든다.

러브크래프트가 《찰스 덱스터 워드의 사례》에서 이야기 전개

장치로 초자연적 빙의를 채용한 방식은 블래티가 《엑소시스트》에서 사용했던 것과는 너무 이질적이라, 두 사람이 다른 세기, 아니 다른 천년기를 살았다고 해도 좋을 정도다. 《엑소시스트》의 서사적 지표는 신약성서로 시작하고 끝나는 반면, 《찰스 덱스터 워드의 사례》의 서사적 지표는 현대 소설가만이 구상할 수 있을 법하다. 여기서 현대는 인류를 창조의 중심 바깥에 위치시킬 뿐만 아니라, 우주 자체를 중심 없는 것으로, 또 실제 세계에서 우리가 그렇듯 우리 종을 단지 우리가 알지 못하는 권능의 자비로 말미암은 유기물질의 얼룩에 불과한 것으로 조망하더라도 안전해진 시대다.

러브크래프트 소설의 주인공에게 준비된 특별한 운명으로 말하자면, 워드가 자신의 조상이자 오컬트 마술의 대가인 조지프 커웬에 빙의된 것은 영겁의 세월 동안 진행되어온 더 큰 목적을 위한 수단에 불과하다. 앞서 묘사했듯, 그는 지난 거의 수십만 년 동안 우리를 가지고 놀았던 어느 신이 영혼을 불어넣어 만든 피조물이 아닌, 단지 원자의 구성일 뿐이다. 전적으로 최신식인 (즉 **모든 면**에서 이전 세대와 결별한post-*everything*) 《찰스 덱스터 워드의 사례》는 어떤 전통이나 교리도 존중하지 않는 상상력에서 모습을 드러냈고, 그 저자는 과학과 철학 분야에서 후대 연구자를 위한 출발선이 된 무의미한 우주를 가정하면서 환멸을 극한까지 추구했다. ("우주를 이해하면 할수록, 우주는 그만큼 무의미해 보인다"라는 악명 높은 경구를 남긴 노벨상을 수상한 물리학자 스티븐 와인버그에게 물어보라.) 비록 러브크래프트 역시 자기 나름의 세속적 환상을 지니고 있었지만, 결국에 그는 환멸에 관해 그 누구도 가본 적 없는 경지에 이르렀다. 실제 세계에는 인간 삶을 받아들일 수 없는 인물이 항상 많기 때문에, 소설가로서 러브크래프트는 새로운 필멸자 세대가 나타날 때마다 언제나 동시대 작가로서 남을 것이다.

등장-비非인물들

많은 공포소설에는 분위기 조성을 위해 서사에 으스스한 느낌을 보태려고 등장하는 다양한 형태의 단역 내지 엑스트라가 있지만, 진짜 무서운 것은 전혀 다른 무엇이다. 꼭두각시, 인형, 그리고 다른 서투른 인간 모사품들이 종종 아이 침실 한구석이나 장난감 가게 선반에 축 늘어진 형상으로 찬조 출연한다. 또한 마네킹의 분해된 수족이나 잘린 머리가 예비 부품으로 분류되어, 그것을 보관하거나 폐기하는 낡은 창고 바닥에 흩어져 있다. 배경이나 단역으로서 인간 형체의 모사품에는 상징적인 가치가 있는데, 이는 그것이 해악과 혼란으로 가득 찬 다른 세계와 연결되어 있는 듯 보이기 때문이다. 우리가 이따금 두려워하는 종류의 장소는 우리 자신의 본거지를 본떠 만든 모형이므로, 우리는 그 본거지가 그럭저럭 견고하고 안전하다고, 아니면 적어도 가짜 사람을 진짜로 착각할 법한 환경은 아니라고 믿어**야 한다**. 하지만 실제 인생에서 그렇듯, 소설에서도 때때로 실수가 발생한다. 그럴 때 그런 인간 모사품 가운데 하나가 이야기 진행의 중심부로 나아갈 수도 있다.

예를 들어 E. T. A. 호프만의 〈모래 사나이Der Sandmann〉[†]에서,

† E. T. A. 호프만, 〈모래 사나이〉, 《모래 사나이》 2판, 김현성 옮김, 문학과지성사, 2020.

주인공 나타나엘은 자신이 청혼한 완벽한 여성이 실은 자동인형에 불과하다는 걸 알게 된다. 이는 그를 매우 심하게 동요시키고, 그 결과 그는 제정신을 찾을 때까지 정신병원에 입원하게 된다. 나타나엘의 기계 약혼녀, 즉 이야기 속에서 신비스러운 두 등장인물이 창조한 부품으로 구성된 물건을 둘러싼 사건은 이상적인 여성과 사랑에 빠진 다른 사람들마저 동요시킨다. 호프만의 이야기가 진행되면서 사람들은 이렇게 행동하게 된다. "많은 연인이 자기가 나무 인형에 매혹되지 않았다는 걸 확신하기 위해서, 사랑하는 여인에게 박자에 약간 어긋나게 노래하고 춤춰달라고, 책을 낭독하는 동시에 자수를 놓고 뜨개질을 하고 강아지와 놀아보라고, 무엇보다도 가만히 듣고 있지 말고 실제 사고와 감정에 바탕한 말을 해달라고 요구하게 되었다." 〈모래 사나이〉의 결말에서 나타나엘은 다시 광기에 사로잡혀, "돌고 돌아라, 작은 인형아"라고 외치고서 첨탑에서 뛰어내려 목숨을 끊는다.

공포소설에는 끔찍한 운명이 많이 등장하지만, 그 가운데서 나타나엘의 운명도 빼놓을 수 없다. 그러나 한층 더 나쁜 것은 여전히 인간이 꼭두각시, 인형, 혹은 우리 종의 서투른 모사품으로 대상화되어, 우리 **내면**의 오싹한 작은 장소라고 생각했던 세계에 모습을 드러낼 때다. 자신이 이 불길한 영역의 포로임을 깨닫고 인간의 나라를 내다보는 복합 기계장치로 축소되는 상황, 혹은 우리가 단어의 정의에 따라 인간이라고 믿어오던 이가 인간으로부터 배제되는 상황은 얼마나 큰 충격인가. 우리가 꿈이 우리 현실에서 일어나는 사건의 반영일 뿐이라고 알고 있듯, 우리는 꼭두각시, 인형, 우리 종의 서투른 모사품 또한 우리 자신의 반영일 뿐이라고 상당히 확신한다. 제정신인 세상에서는, 그런 인공 신체 모형과 우리의 자연적 신체 사이의 어떠한 상응도 존재할 수 없다. 사물이 그런 식으로 혼동되는 것은 정말 이상하고 끔찍한 일일 것이다. 물론 더욱 이상하고 끔찍한 일은 이것이 **살아 있는 혼동**임을 깨닫는 것, 즉 삶은 꼭두각시가 꾸는 꿈과 같음을 깨닫는 것이다.

초자연주의

조지프 콘래드의 소설 《서구인의 눈으로Under Western Eyes》(1911)의 화자가 "악의 초자연적 근원에 대한 믿음은 불필요하다. 인간만으로도 모든 사악함을 감당하기에 충분하다"라고 썼을 때, 그는 작품에서 초자연적 요소를 기피했던 작가를 대변하는 듯하다. 그럼에도 콘래드는 자신이 느꼈던 존재하는 모든 것의 그림자 속에 둥지를 튼 형언할 수 없는 잔학함을 다루는 최고의 묘사가였다. 콘래드의 작품을 자세히 읽어본 독자라면 누구든지 그의 작품 상당수에서 초자연적인 것의 불경스러운 숨결을 느낄 것이다. 예를 들어 《암흑의 핵심The Heart of Darkness》(1902)[†]에서 그는 심리학적 사실주의의 숨통을 틔우면서, 미묘함을 다루는 재능을 십분 발휘하는 한편, 초자연주의의 경계에까지 슬금슬금 다가갔다. 이런 과정을 통해 콘래드는 자신의 독자에게 인간의 경계를 넘어 존재의 모든 것을 삼키는 공포에 대한 의식을 각인시킨다.

† 조셉 콘래드, 《암흑의 핵심》, 이상옥 옮김, 민음사, 1998.

공포의 내부로 들어가는 콘래드의 여정은 《암흑의 핵심》의 화자 찰스 말로가 유럽 기업에 증기선 선장으로 취직하면서 시작된다. 그의 첫 번째 임무는 배를 몰아 어느 구불구불한 아프리카 강을 거슬러, 고용주에게 물자를 대량 공급하는 회사 최고의 주재원 커츠가 관리하는 외딴 전초기지에 이르는 것이다. 모든 점에서 말로는 목적지를 향해 나아가는 동안 불경스러운 대지 한가운데로 점점 더 깊이 들어가는 듯한 기분을 느낀다.

> 그 강을 거슬러 올라가는 일은 마치 이 세상이 처음 시작되던 때, 지상이 식물들로 무성하고 키 큰 나무들이 왕 노릇을 하던 시대로 되돌아가는 것 같았어. 말라버린 한 줄기 강, 거대한 정적, 그리고 지나갈 수 없는 숲이 있던 그때로. 공기는 덥고 짙었으며 무겁게 가라앉아 있었어. 찬란한 햇빛 속인데도 아무런 환희도 없었지. 길게 이어진 인적 없는 물길은 그늘이 드리운 머나먼 오지의 어둠 속으로 계속 흘렀어. 은빛 모래톱 위에서는 하마와 악어들이 나란히 엎드려 햇볕을 쬐고 있었고. 강은 넓어지면서 숲이 우거진 섬들 사이로 흘러서, 사막에서 그러듯 강 위에서도 길을 잃을 지경이었지. 뱃길을 찾으려 애쓰면서 하루 종일 여울목에 부딪히다 보면, 어쩌면 별천지일지도 모를 곳에서 한때, 저 멀리 어디선가, 우리가 알던 모든 것으로부터 유리된 채 마법에 걸린 게 아닐까 하는 생각이 들 때도 있었어. 짬이 없을 때도 이따금 그러듯, 한 사람에게 그의 과거가 문득 떠오르는 순간이 있지. 하지만 과거는 불안하고 소란스러운 꿈이라는 형태로 찾아왔고, 식생과 강물, 그리고 정적으로 이루어진 이 이상한 세계의 압도적인 실재들 가운데서 느낀 경

이로 기억에 남았어. 그리고 이런 생명의 고요함은 평화로움과 전혀 닮지 않았어. 그건 헤아리기 어려운 어떤 의도를 품은 달랠 길 없는 권능의 고요함이었지. 그 고요함은 복수심에 가득 찬 얼굴로 노려보았어. 나는 나중에 그 고요함에 적응했어. 더 이상 그 고요함을 보고 있을 수도 없었고, 그럴 만한 시간도 없었거든. 계속 어림짐작으로 뱃길을 찾아내야 했어. 대개 직감에 따라 눈에 띄지 않는 모래톱의 징조를 분간해야 했지. 암초도 조심해야 했고. 깡통처럼 연약한 배 밑바닥을 찢어 배를 침몰시키고 타고 있던 모든 승객을 익사시킬 수도 있는 고약한 장애물을 요행히 스쳐 지날 때, 심장이 철렁 내려앉기 전에 잽싸게 이를 악무는 요령을 터득하게 되었어. 그리고 고사한 나무가 있는지 살펴봐야 했어. 다음 날 증기기관 땔감으로 쓰게 밤에 잘라두어야 했거든. 그런 종류의 일들, 단순히 표면상의 일들에만 신경 써야 할 때, 실재, 분명히 말해두지만 실재는 서서히 사라져버려. 내면의 진실은 드러나지 않는데, 그건 참으로 다행스러운 일이야. 하지만 나는 똑같이 느꼈어. 이따금 그 신비스러운 고요함이 나를 주시하는 것을 느낄 수 있었단 말이야.†

이 구절은 초자연적인 것을 환기시키는 데 초자연적인 요소가 필요치 않다는 사실을 입증한다. 말로가 사물의 무시무시한 "내면의 진실"을 체화한 커츠에게 가까이 접근할수록, 실재는 점점 더 사라져 간다. 서사의 차원에서, 이런 내면의 진실은 커츠가 직업적으로 성공하기 위해 동원한 야만적 수단을 사방에서 확인할 수 있는 그의 전

† 위의 책, 76~78쪽.

초기지를 일별하는 것으로 외견상 훤히 드러난다. 하지만 커츠는 그저 아프리카의 무역 거점을 경영하는 짐승 같은 관리자만은 아니다. 등장인물로서 그의 온전한 의미는 그 이상이다. 야만적이고 원시적인 커츠가 말로에게 의미하는 바는 "인간의 사악함"을 아득히 능가하며, 증기선 선장을 자신이 줄곧 알고 있던 유일한 실재의 근거인 문명이라는 고착된 허구에 관한 오컬트적 진실의 경계에 데려다 놓는다.

커츠가 단순히 자신에게 잠재된 사악함을 깨달은 사람이라면 (추론하건대 그 사악함은 우리 각각에게도 잠재되어 있겠지만), 그는 그저 투옥이나 사형으로 처벌될 또 다른 후보일 뿐이다. 하지만 그가 본질적으로 사악한 무엇의 신비를 조사했던 사람이라면, 그는 돌아올 수 있는 지점을 넘어섰으며, "공포로구나! 공포야!"라는 그의 유언은 놀랄 만한 의미를 함축하고 있다. 문학평론가가 이 이야기에서 들었던 여러 가지 배음倍音[†](문명은 단지 표층에 지나지 않는다, 유럽의 식민주의는 잘못된 일이었다)이 공포가 아니라고는 말할 수 없다. 하지만 그것들은 서사상의 모든 사건이 예시하는 **바로 그** 공포는 아니다. 콘래드는 《암흑의 핵심》에서 '공포'에 (예를 들어 영화 〈검은 석호로부터 온 괴물The Creature from the Black Lagoon〉에서처럼) 거주지와 이름을 부여하지는 않지만, 인간의 잠재적 비열함과 존재 자체로부터 활성화된 비열함을 결합하는 악의를 예술적인 솜씨로 암시한다.

일개 종으로서 우리는 잠재적이든 아니든 우리의 비열함과, 존

† overtone. 진동체가 내는 여러 가지 소리 가운데, 원래 소리보다 큰 진동수를 가진 소리를 뜻한다.

재 자체로부터 활성화된 비열함이라는 관념, 양쪽 모두에서 구원받았었는지도 모른다. 진짜 공포, 진짜 비극은 우리가 구원받지 못했다는 것이다. 콘래드는 스코틀랜드 작가 R. B. 커닝엄 그레이엄R. B. Cunninghame Graham에게 부친 1898년 편지에서 이렇게 썼다.

> 그렇습니다. 이기주의도 좋고, 이타주의도 좋으며, **본성**에 충실한 것은 최고입니다… 우리가 의식을 제거할 수만 있다면요. 인류를 비극적으로 만드는 것은 그들이 **본성**의 피해자라서가 아니라, 그들이 그것을 의식하기 때문입니다. 이 땅의 조건하에서 **동물 왕국**의 일부가 되는 것은 아주 잘된 일입니다. 하지만 당신이 자신의 예속된 상태와 고통, 분노, 불화를 알게 되자마자, 비극이 시작됩니다. 그 속에서 우리 위치를 바꿀 수 없기 때문에, 우리는 자연으로 돌아갈 수 없습니다. 우리의 피난처는 어리석음에 있습니다… 거기에는 도덕성도, 지식도, 희망도 없습니다. 오직 항상 헛되고 표류하는 걸로 보일 뿐인… 세상으로 우리를 몰아가는 **우리 자신에 대한 의식**뿐입니다. (콘래드의 강조)

《암흑의 핵심》이 그런 논의에 적절한 장소가 아님을 지나치게 의식하면서도, 콘래드는 "헤아리기 어려운 어떤 의도를 품은 달랠 길 없는 권능"에 대한 말로의 감수성과 깊은 울림을 남기는 커츠의 유언을 우리에게 전했다. 우리 종이 의식으로부터 구원받진 못했다고 하더라도, 적어도 콘래드의 마음속에 어떤 공포가 있었는지 알게 해주는 앞서 본 편지는 보존되어 남았다.

일부 공포소설 작가는 인간의 사악함에 관해 조금도 신경 쓰지 않고, "헤아리기 어려운 어떤 의도를 품은 달랠 길 없는 권능", 다시 말해 우리 삶을 살아 있는 악몽으로 만드는, 삶의 무대 뒤에 있는 위협적인 무엇에 외곬으로 주목한다. 러브크래프트에게 이 모든 것을 포괄하는 악몽은 그의 작품에 등장하는 초자연주의를 위한 바탕이 되었다. 그의 다차원적 공포를 다루는 부정적인 신화에서 가장 유명한 것은 이따금 "고대 신들"이라고 총칭되는 존재로서, 그들은 '신체 강탈자'와 [[〈괴물〉의]] '그것'처럼 다른 세계로부터 도래한 것들이다. 이 책 앞에서 언급한 몇몇 이름을 비롯하여, 그들 각자의 이름만으로도 다른 세상에 속한 듯한 악마적 인상이 효과적으로 전달된다. 여기서는 다른 이름을 나열해보자. 데이곤Dagon, 요그-소토스Yog-Sothoth, 천 마리 새끼를 거느린 숲의 흑염소 슈브-니구라스Shub-Niggurath. 또한 〈우주에서 온 색채The Colour Out of Space〉†에서 제목처럼 "색채"라고 칭해지는 존재나, 〈에리히 잔의 연주The Music of Erich Zann〉††에서 오제이유 거리 위에 드리운 어둠 속에서 연주되는 "아주 낮고 희미한 음악 소리"의 보이지 않는 근원처럼, 러브크래프트는 감각적 속성에 의해서만 파악할 수 있는 이름 없는 존재에 관한 작품을 쓰기도 했다.

〈에리히 잔의 연주〉를 집필하면서, 러브크래프트는 주관적 정신과 객관적 괴물이 서로 녹아드는 초자연적 공포소설의 모범을 제시하기에 이르렀다. 한쪽이 자신을 외부로 발산하면 다른 한쪽은 이

† H. P. 러브크래프트, 〈우주에서 온 색채〉, 《하워드 필립스 러브크래프트》, 김지현 옮김, 현대문학, 2014.

†† 〈에리히 잔의 연주〉, 위의 책.

를 반사하면서, 그들은 완벽한 협연으로 존재의 으스스한 음악을 완성한다. 이 작품에서 정신은 신경과민이 되도록 시달린 화자이고, 괴물은 신경과민이 되도록 시달린 잔의 이름 없고 이름 붙일 수도 없는 맞수이다. 잔은 자신의 비올viol을 연주하면서, 자신이 살고 있고 또 눈을 감게 될 장소인 오제이유 거리로 표상되는 무너져 가는 세계를 완전히 파괴하려는 **그것**을 막기 위한 싸움을 벌인다. 러브크래프트가 〈에리히 잔의 연주〉에서 들려주는 것은 온전한 정신세계나 의미 체계 같은 것이 아니다. 그가 들려주는 것은 구성된 우리 세계를 비웃고 우리 삶의 공포를 드러내는 무질서의 권능에 대응하는 잔의 "기이한 음률"이다.

초자연적인 것에 대한 믿음은 미신일 뿐이다. 그렇지만 콘래드가 《암흑의 핵심》에서 입증한 바와 같이, 공포의 경계로 향하는 성향을 지닌 사람이라면 **초자연적인 것에 대한 감각**을 인정해야만 한다. 그것은 존재해서는 안 되는 것에 대한 감각이자, 불가능한 것에 의해 파괴되고 있다는 감각이다. 현상적으로 말하자면, 초자연적인 것은 제정신이 아닌 것의 형이상학적 대응물이자, 미쳐버린 정신의 초월적 상관물로 간주될 수도 있다. 이런 정신은 '인간에 대한 인간의 비인간성'의 연대기를 계속 기록하지는 않지만, 대신 다른 모든 생명체에게는 자연스러우나 우리에게는 그렇지 않은, 우주 속 덧없는 존재로서의 우리 삶의 징후적인 불쾌감을 추적한다.

피조물의 특징 가운데 가장 으스스한 것, 초자연적인 것에 대한 감각, 가시적인 것으로부터 위험할 정도로 소원해진다는 인상은 우리의 의식에 달려 있으며, 이는 우리 외면과 내면을 결합하여 웃을 수 없는 우주적 희극을 구성한다. 우리는 맹목적 변이의 정글을 찾아 온 우연한 방문자일 뿐이다. 자연 세계는 우리가 존재하지 않을 때에도 존재했으며, 우리가 사라진 뒤에도 오랫동안 계속 존재할 것이다. 의식의 문이 우리 머릿속에 열렸을 때, 비로소 초자연적인 것이 삶 속으로 슬금슬금 기어들 수 있었다. 그 문 너머로 발을 내딛는 순간, 우리는 자연과 결별했다. 자연에 관해 할 말을 하고서, 죽을 때까지 이를 부정하라. 우리는 거리를 걷고, 직장에서 일하고, 잠을 자면서도, 서로에게 말하기에는 너무 비밀스러운 것을 너무 많이 안다는 걸 알기에 고통받는다. 그것은 이 조잡한 우주를 스쳐 지나갈 뿐인 존재로서의 종에 대한 앎이다.[2]

지금 논의하는 발명품에 대해 앞 절에서 설명했던 바와 같이, 초자연적인 것의 문학적 사용은 다양한 작가의 작품 사이에서 놀랄 만큼 제각각이며, 심지어 단일 작가의 산출물 내에서조차 그러하다. 후자의 경우 가운데 두드러지는 사례로 셰익스피어의 가장 위대한 희곡 두 편, 《햄릿》(1600~1601년경)과 《맥베스》(1606년경)를 대조해보면 확인할 수 있다. 《햄릿》에서 초자연적 요소는 부수적이지만, 《맥베스》에서는 필수적이다. 두 희곡 모두 부정직한 세상을 배경으로 분쟁, 음모, 배신, 기만으로 완성되는 소프 오페라와 유사하지만, 《맥베스》는 초자연적 질서가 극 전체에 걸쳐 강화되어 《햄릿》에는 없는 무시무시한 미스터리를 제공한다. 《햄릿》에도 유령이 등장하지만, 이 유령은 플롯을 진행시키기 위한 극적 장치로서 기능할 뿐이다. 이런 진행은 시작부터 작품의 핵심 비밀을 까발리는 저승의 개입 없이도 가능한 것이어서, 《맥베스》와는 달리 어떤 의미로도 극의 사건에 음산하고 사악한 존재의 기척을 스미게 하지는 않는다.

이야기의 등장인물을 꼭두각시의 지위로 격하시키는 권능의 소유주로서 그 힘을 행사하는 (기이한 자매 혹은 운명의 자매로도 알려진) 세 마녀 없이, 《맥베스》는 《맥베스》가 아닐 것이다. 반면 햄릿 부친의 유령이 없어도, 《햄릿》은 여전히 《햄릿》일 것이다. 우리 모두 알고 있듯, 극의 후반에서 햄릿은 자기 부친 유령의 추정적인 말에 의심을 품고, 일단의 배우들로 하여금 "곤자고의 살인"이라는 연극을 상연하게 함으로써 폭로를 교차 검증한다. 그 결과 우유부단한 주인공은 새로 왕위에 오른 숙부 클로디어스가 자기 형을 죽인 수법을 재연한 연극에 반응하는 것을 직접 목격하게 된다. 햄릿으로서는 범죄를 입증하기 위해 망령의 호소가 아니라 구체적인 증거가 필요하다. 유령이 아니라 연극이 중요하다. 제1막에서 선왕이 큰소리로 내부 정보를 모두 알려준 후에도, 햄릿이 다음 행동을 취하기 전에 자기 나름대로 추리에 몰두할 필요성을 느끼는 것은 확실히 과잉이다. 다른 설정으로 (아마도 관목 숲에 숨어서 미행하기처럼) 클로디어스의 악행을 지목하는 다른 장치가 사용되고, 아버지의 유령은 극에서 편집될 수도 있다. 이런 삭제로 인해 셰익스피어 연구자들의 부차적 관심사 하나(즉 이 음유시인이 가톨릭의 연옥 교리를 어떻게 다루는가)는 사라지겠지만, 이야기에 적합한 요소는 전혀 사라지지 않을 것이다. 그 유령이 정말 햄릿의 아버지인지 혹은 거짓말하는 정령인지에 관한 문제는 독자나 관객의 뇌리에 그리 오래 남아 있지도 않아 큰 긴장감의 근원이 되지 않을 뿐만 아니라, 후자로 밝혀졌다면 《햄릿》의 플롯은 경로를 이탈했을 것이다. 전체적으로 봤을 때, 《햄릿》은 초자연적 침입에서 중요한 효과가 발생하는 작품이 아니다.

《햄릿》과 《맥베스》 모두 제목에 나오는 등장인물은 인간 삶의 불가사의에 관한 대량의 장중한 대사를 읊는다. 그러나 《맥베스》에는 자연 질서의 경계 바깥 우주적 무질서의 세계에 우리를 위치시키는 불가해한 차원이 있다. 《햄릿》은 인간 오류의 비극인 반면, 《맥베스》는 으스스한 꼭두각시 공연이다. 다시 한번 강조하지만, 전자의 작품에서는 햄릿의 부친이 배신당해 죽은 사건이 도약대가 된다. 후자의 작품에서 도약대는 이 세계의 사악한 주술이며, 이는 맥베스를 움직여 그 피해자만큼이나 맥베스 자신과 그 아내도 파멸로 이끄는 육신 없는 행위자이다. 연극은 죽음으로 요동친다. 초자연주의에 의해 연출된 모든 행동은 주요 인물로부터 생존과 번식을 하려는 자연스러운 충동을 제거하고, 특히 맥베스를 "인생은 걸어 다니는 그림자일 뿐"이라는 계시로 이끈다. 죽음은 우리를 나머지 피조물과 무관한 으스스한 것으로 만드는 것이다. 햄릿은 우리 모두가 그러하듯 악몽을 꾼다. 하지만 맥베스는 꿈을 꿀 수조차 없다. 운명의 계약으로, 그가 잠을 죽여버렸으니 깬 채로 꾸는 악몽밖에 알 수 없다.

플롯

독일 신학자 루돌프 오토는 저서 《성스러움의 의미: 신 관념에 있어서의 비합리적 요소 및 그것과 합리적 요소와의 관계에 대하여Das Heilige: Über das Irrationale in der Idee des Göttlichen und sein Verhältnis zum Rationalen》(1917)[†]에서, "두렵고 매혹적인 신비mysterium tremendum et fascinans"로서 "신령스러운 것the numinous", 절대 타자(즉 신)에 관

해 기술한다. 종교적 신비주의자의 삶 바깥에서 신령스러운 것과의 대면은 드문 일이다. 그들은 초자연적 임무로 인해 공포에 질릴지언정, 결코 이를 방기하지는 않는다. 이런 극단주의 신앙인에게 초자연적인 것은 악마의 공포가 아니라 거룩한 것에 대한 두려움이다. 그리고 그것은 절대적인 실재이기도 하다. 기도와 묵상을 통해 절대 타자를 불러내면, 신성한 것에 대한 열광자 자신이 그 현존 앞에서 아무것도 아닌 것, 신령스러운 것의 신발에 붙은 먼지가 된 듯한 기분을 느낀다. 오토는 결국 그들이 신령스러운 것과 연합하여 스스로에 대해 좋은 감정을 느낄 수 있게 된다고 말한다. 오토의 견해에 따르면, 이것이야말로 가장 참되고 가장 포괄적인 의미에서 초자연적인 것과의 조우이며, 초자연적 공포소설에 의해 환기되는 것을 포함한 다른 모든 것은 원시적이거나 왜곡된 것이다. 신학자가 달리 무어라 할까? 그가 무슨 다른 종류의 초자연적 이야기에 관해 할 말이 있을까? 《성스러움의 의미》에는 무언가가 스치고 지나갈 때의 감전되는 듯한 순간이 몇 번 있긴 하지만, 결론은 모든 게 축복이고 아무 해도 끼치지 않는다. 하지만 초자연적인 것이 주된 요소일 때 독자가 기대하는 것은 이런 이야기가 아니다. 그들은 좋든 나쁘든 죽음을 기대하므로, 그게 나오지 않으면 사기당했다고 느낄 것이다. 왜냐하면 죽음은 그들을 진정으로 두렵게 하고 매혹하는 것이기 때문이다. 삶의 한가운데서, 그들은 죽음에 깊이 잠겨 있고… 그들도 그 사실을 알고 있다. 그들은 삶의 무대로부터 물러나 극소수의 사람만 그 일원으로 받아들이는 신령스러운 것 따위는 모른다. 사정이 이런 식으로 돌아

† 루돌프 오토, 《성스러움의 의미》, 길희성 옮김, 분도출판사, 1987.

가야 하는 이유야말로 진짜 미스터리다.

오토가 쓴 저서의 맥락은 종교의 본질과 기원이며, 학자, 종교인, 그리고 헌금함에 넣을 푼돈이 있는 사람을 대상으로 한 존중받을 만한 집착이다. 하지만 초자연 현상 연구자들도 자신의 연구 분야에 관해 그만큼 많은 신념, 연구의 엄격함, 개인적 경험을 가지고 저술 활동을 했다. 그들 역시 마치 누군가에게 이런 감정에 대해 독점권이 있다거나 참되게 믿는 사람만 그 저작권을 보유할 수 있다는 양 굴면서, 두렵고도 매혹적인 것에 대해 들려줄 이야기가 있다.[3] 초자연적인 것은 저작권 없는 공유 영역에 속하며, 어느 존재론적 관점에서 보든 자연 세계에 결여된 플롯으로 포장되어 있다. 우리와 우리 원형이 자연 세계의 일부였던 시기에, 우리 삶은 지구상 동식물이 하는 행위나 마찬가지로 거의 플롯이 없었다. 나중에 우리 의식이 팽창하기 시작하면서, 우리는 자연으로부터 분리되었다. 우리의 육체는 뒤에 남겨졌지만, 우리 정신은 단순히 생존하고 번식하는 것을 넘어 더 나은 플롯이 있는 이야기를 찾았다. 그러나 이 이야기는 이야기가 없는 자연 세계, 즉 상황이 아무 계획 없이 그저 발생하고 사건이 물질적 실현 가능성 바깥에서는 아무 의미 없는 곳을 배경으로 할 수는 없었다. 이야기는 생물학적 작용과 구분되는 플롯을 가져야만 했다.

동의하지 않을지 모르지만, 우리는 자신이 단순한 유기체라고 믿지 않는다. 단란한 가정에서 쉬고 있는 의료계 연구자에게 자신과 아내와 아이를 연구실에 두고 온 동물과 똑같이 생각하는지 물어보라. 우리가 **축생**이라는 것은 과학적으로 엄밀히 따져서 그렇다는 것뿐이다. 우리가 거울을 통해 보는 것은 인간이며, 우리가 섭취해야 하는 것은 자신이 동물적인 부분의 총합 이상임을 상기시켜주는 이야기라는 영양분이다. 이런 양식을 공급하는 단 하나의 원천은 바로 우리 의식이다. 의식은 생존을 만인과 자기 형제 사이의 투쟁으로서 극화하고, 출산을 궁정 연애, 침실 소극, 그리고 웃기든 아니든 로맨스 소설로 치장한다.

하지만 우리가 직접 확인할 수 있듯이, 그런 서사는 사실 자연과 그리 다르지 않다. 우리 사이의 육체적 또는 심리적 투쟁을 다룬 이야기가 자연 세계에서의 생존으로부터 정말 분리된 것일까? 그렇지 않다. 그것은 여전히 이빨과 발톱을 붉게 물들인 자연이다. 우리 의식과 그것이 만든 환상에 의해 인간에게만 고유한 듯 위장된 우리의 전쟁 이야기, 성공담, 여타 전기 작품은 야생의 대응물과 질적으로 다르지 않다. 이는 자연 다큐멘터리에 나오는 짝짓기 의식을 한껏 치장한 변종인 로맨스 소설에서는 곱절로 그러하다. 그런 이야기는 동물학자가 보기에 번식을 위한 요란한 쇼와 구분되지 않으며, 그 주요 동기인 성적 결합 없이는 극적으로 불완전할 것이다. 충분히 고려해봐도, 그것은 화려하게 치장된 포르노그래피다. 자주 반복되는 줄거리는 두 당사자 간의 긴장을 해소하는 절정을 담고 있으며, 그 갈등을 마무리하는 행위가 기존 영상 상품 속의 포르노 영화 제작자가 말하는 이른바 '돈이 되는 장면money shot'에서 키스 혹은 첫날밤으로 완성되는 결혼으로 대체될 뿐이다.

생존자이자 출산자로서, 우리는 자연에서 관찰할 수 있는 습관적 행동과 근본적으로 그리 다르지 않은 이야기를 풀어낸다. 하지만 언젠가 죽을 것을 아는 존재로서, 우리는 자연 세계로부터 완전히 단절된 일화와 서사시에 몰두한다. 우리는 이런 인식을 고립시키고, 그 인식으로부터 우리 주의를 산만하게 만들며, 우리 정신이 그 인식에 이르지 못하도록 고착시키는 한편, 우리 영웅담의 모티프로서 그 인식을 승화시킨다. 그러나 어깨를 툭툭 치면서 '알다시피, 너는 죽게 될 거야'라고 상기시키는 일로부터 우리를 보호할 수 있는 때와 장소는 없다. 아무리 무시하려고 노력해도, 우리 의식은 이런 앎을 계속 떠올린다. 우리는 죽음의 세례반洗禮盤으로 세례를 받으면서, 소멸에 대한 공포를 머리에 끼얹었다.

죽음. 우리는 그것이 우리 삶의 질서의 일부라고 정말 믿는 걸까? 우리는 그렇다고 말한다. 하지만 죽음이 우리 상상 속에서 빛을 발할 때, 그것은 얼마나 자연스럽게 느껴질까? W. A. 모차르트의 유언은 여기서 적절하다. "혀끝에 죽음의 맛이 나. 이 세상 것이 아닌 무엇도 느껴지고"(자크 초롱Jacques Choron, 《죽음과 현대인Death and Modern Men》, 1964에서 인용). 죽음은 생존이나 출산과 다르다. 그보다는 우리 의식으로 연결된 외부의 불가사의한 세계로부터의 방문에 가깝다. 의식 없이는 죽음도 없다. 죽음 없이는 시작, 중간, 끝이 있는 이야기도 없다. 동물은 죽음을 의식하지 않기 때문에, 생존과 출산에 관한 동물 이야기에는 비교할 만한 구조가 없다.

분명히 등장인물의 인생을 더 이상 따라갈 수 없을 때까지 따라가는 종류의 플롯을 제외하면, 모든 허구의 플롯이 죽음으로 끝나진 않는다. 그러나 우리 나름대로 잘 해나가고 있는 허구가 아닌 세계에서, 플롯이 우리 인생을 어디까지 따라올지 우리는 이미 알고 있다. 우리가 결코 알 수 없는 것은 따라오던 그 플롯이 '어떻게' '언제' 끝날지다. 하지만 그 끝이 '어떻게' '언제' 일어날지 우리가 안다면 어떨까? 그러면 무슨 일이 일어날까? 우리는 계속 나아갈 수 있을까?

첫 페이지를 펼쳤을 때부터 인생 이야기의 결말을 안다면, 누가 **살아**갈 수 있을까? 포괄적인 의미로 아는 게 아니라, 안락한 중단이 아닌 십자가형일지도 모를 삶의 끝이 '어떻게' '언제' 찾아오게 될지 안다면 말이다. 우리 인생 이야기가 '어떻게' '언제' 끝날지 모르기 때문에, 비로소 우리는 계속 살아갈 수 있다. 우리는 이런 세부 사항에 대한 긴장감을 유지함으로써, 개인적 플롯의 우여곡절을 주의하며 따라갈 수 있게 된다. 그래서 이야기가 지속되는 한 끝까지 우리의 관심도 이어진다.

그러나 사실 모든 사람은 자기 인생의 끝에 **무슨** 일이 일어날지 알고 있다. 그저 일어날 일이 실제로 일어날 때 사정이 어떨지 모를 뿐이다. 어떤 이는 **무슨** 일이 일어날지 아는 것만으로 이야기를 망치기 충분하다고 생각할 것이다. 누구도 이를 견뎌내지 못하리라는 것이다. 하지만 왜인지 그렇지 않다. 우리의 교활한 정신은 그 점을 잘 다루어왔다. 우리 정신은 가장 눈에 띄는 해결책인 잠든 사이 죽는 것을 포함하여 천 가지 다른 결말을 구상하거나, 아예 아무런 구상조차 하지 않는다. 하지만 때가 되면 일은 일어나기 마련이다. 이 특별한 방문객을 돌려보낼 방법은 없다. 우리 삶 속으로 들어오는 것을 오랫동안 거절당한 후에야, 죽음은 문밖에 갑자기 나타나 들여보내달라고 세차게 문을 두드리기 시작한다. 이제 모든 것이 으스스한 것의 기운으로 떨리고, 이름 없는 형체가 형성되기 시작한다. 끝이 다가오는 동안, 의식은 활발해지고 모든 조각이 하나로 맞춰진다. 살아있음은 괜찮은 일이다, 혹은 적어도 우리 대부분은 그렇다고 말한다. 하지만 죽음이 문으로 들어오면, 아무것도 괜찮지 않다. 몇몇 사람들이 삶은 **존재해서는 안 된다**고 믿듯이, 나머지 우리 대다수는 죽음이 존재해서는 안 된다고 믿는다. 그것이야말로 죽음의 두려움이자 매혹이다. 모든 사람이 우리 모두 죽을 운명임을 알고 있다. 우리 필멸의 형상보다 더 오래 형태를 유지하는 싸구려 골동품이 있다. 우리가 태어난 시점부터 이미 죽은 상태였다고 해도, 우리는 진실에서 그리 멀지 않을 것이다. 하지만 걷고 기고 튜브를 꽂은 채 침대에 누워 있는 한, 우리는 여전히 살아 있음은 괜찮은 일이라고 말할 수 있다.

죽음이 없었다면, 다시 말해 죽음을 의식하지 않았다면, 초자연적 공포에 관한 어떤 이야기도 쓰이지 않았을 것이고, 그런 주제에 관련된 인간 삶의 어떤 예술적 재현도 창작되지 않았을 것이다. 비록 행간이나 붓질 사이에, 그 부재로 인해 더 눈에 뜨이는 방식이긴 해도, 죽음은 항상 거기에 있었다. 죽음은 우리의 가장 중요한 무기이자 가장 큰 약점인 상상력에 대한 강렬한 자극이다. 우리가 무언가 찾으려 끊임없이 세계를 돌아다니는 동안, 우리 정신은 항상 사고와 심상으로 폭발 직전이다. 우리가 도출한 가장 정교한 사유와 최악의 인지적 헛소리를 통해, 우리의 원초적 고뇌를 알 수 있다. 우리는 자연의 결여로 발생한 고요함 속에 머물 수 없다. 그래서 우리는 스스로를 현혹하는 상상력을 갖게 된다. 의식의 사생아이자 우리 종이 타고난 결함인 상상력은, 흔히 우리를 구성하는 생기의 증표로 존중되었다. 하지만 사실 상상력은 존재로서 우리의 무능함에 대한 정신적 과잉 보상일 뿐이다. 가공의 계획으로부터 자연의 면제를 거부당한 우리는, 상상력의 마지막 학대가 닥치는 죽음의 시간까지 상상력의 계약제 하인이다.

비천한 필멸성으로부터 거리를 둔 채, 초자연적 문학은 또한 제정신, 정체성, 이상, 능력, 열의, 그리고 우주와 그 안에 존재하는 모든 것에 관해 물려받은 개념의 사멸에 초점을 둔다. 허구의 세계 속에서 두려움을 불러일으키지 못하는 플롯은 서사의 실패이기 때문에, 죽음은 공포소설에서 널리 받아들여진다. 하지만 현실 세계에서 시체 안치소나 영묘를 어슬렁거리는 사람은 우리 가운데 극소수이며, 그런 사람들조차 그저 이런 장소들에 우리가 있는 상황에 대한 시각적 세부 내용에 도착적인 방식으로 익숙해졌을 뿐이다. 살아 있음은 괜찮은 일이겠지만, 대안을 고려하는 것 외에 **선택의 여지가 없을** 때는 그렇지 않다. 이런 일이 어떻게 일어나는지에 대한 예시가 바로 우리 대부분에게 익숙한 교통사고의 무미건조한 플롯으로, 그 불운은 사고 과정에 예상치 못하게 시간이 멈추면서 꿈결처럼 독백하는 식으로 흔히 묘사된다.

상상해보자. 미끄러운 도로를 달리고 있는데, 당신이 모는 차량이 예고도 없이 반대편 여러 차선을 가로지르며 미끄러지기 시작했다. 당신은 그런 일이 일어난다는 것을 알고 있다. 그 일은 지난번에 당신에게 일어날 수도 있었다. 당신은 그런 일이 다른 사람에게 항상 일어난다는 것을 알고 있다. 그럼에도 이 사고는 당신이 계획한 바가 아니었기 때문에, 사고라고 부른다. 비록 당신이 시발점으로 돌아가더라도 결코 사고의 근원을 되짚을 수는 없겠지만, 그럼에도 원칙상 그 사고는 여러 상황이 인과관계로 결합한 것으로 그려질 수 있다. 하지만 때 아닌 부탁이 아니었다면 당신은 집 밖으로 나오지도 않았을 테니, 당신에게 일어날 사고의 책임이 와서 수리하는 일을 도와달라고 부탁한 친구나 친척에게 있다는 생각이 문득 떠오를지도 모른다. 그래도 당신은 다른 요인에 책임을 묻는 게 옳을 것이다. 당신이 차를 몰던 미끄러운 길, 길을 미끄럽게 만든 날씨, 날씨를 그렇게 만든 모든 요소, 혹은 문제의 수리 작업에 가장 적합한 신발을 찾느라 옷장을 뒤지는 데 걸린 시간, 즉 늦지도 이르지도 않게 교통사고에 휘말리려면 당신이 있어야 했던 바로 그곳에 있게 한 정확한 타이밍 등에 대해서 말이다.

당신이 당한 교통사고의 직접 혹은 간접 원인이 무엇이든 관계없이, 매일 그렇듯 당신은 그날 있을 일들에 대한 당신만의 생각이 있었다. 그런데 다른 자동차들이 당신과의 충돌을 피하려 애쓰는 동안 당신의 차가 통제 불능으로 회전하는 것은 예정에 없던 일이었다. 1초 전만 해도 당신은 상황을 확고하게 통제하고 있었지만, 지금은 어디인지 모를 곳으로 떠밀려가고 있다. 바람이 흐느끼고 그림자가 흩어지는 가운데, 달빛에 반짝이는 빗물 혹은 눈으로 미끄러운 포장도로를 위태롭게 달리는 동안, 아직 당신은 공포에 질리지 않는다. 이 시점에 이르면 모든 것이 이상하다. 당신은 바로 한순간 전에 있던 곳으로부터 전혀 다른 장소로 옮겨졌다.

바로 그때부터가 시작이다. **이건 있을 수 없는 일이야**라고 당신은 생각한다. 당신이 조금이나마 생각을 할 수 있다면, 당신이 공황의 소용돌이보다 조금이라도 나은 상태라면. 하지만 실제로는 지금 무슨 일이든 일어날 수 있다. 이는 당신 생각 속으로 스멀스멀 스미는 속삭이는 암류다. 그 무엇도 안전하지 않고, 그 무엇도 금지되지 않는다. 불현듯 무엇이 시작되더니, 모든 것을 바꿔버렸다. 당신이 태어난 날 이후로 당신 삶 위를 맴돌고 있던 무엇이 당신을 덮쳤다. 그리고 처음으로 당신은 한 번도 느껴본 적 없던 것, 즉 당신 자신의 죽음이 임박함을 느낀다. 이제 자기기만의 가능성은 없다. 의식과 함께 발생한 역설은 소멸한다. 오직 공포만이 남는다. 이것이 실재다. 대단히 비실재적으로 보일지 몰라도, 이것이 줄곧 실재했던 유일한 것이다. 물론 모두 알다시피, 나쁜 일은 일어나기 마련이다. 나쁜 일들은 언제나 일어났고 앞으로도 언제나 일어날 것이다. 그것은 사물의 자연스러운 질서의 일부다. 하지만 이것은 우리가 가질 수 있는 방식이 아니다. 이것은 우리가 우리에게 일어나야 할 일을 생각하는 방식이 아니다. 이것은 우리가 일어나선 **안 될** 일을 생각하는 방식이다. 그리고 기억하다시피 모든 초자연적 공포는 우리가 무엇이 존재해야 하고 무엇이 존재해서는 안 된다고 믿는지로부터 유래한다.

그러면 무엇이 존재해야 하고 무엇이 존재해서는 안 되는지에 대한 우리 믿음을 배척하고, 그저 존재하는 것을 믿음으로써, 우리는 이 공포를 피할 수 있었을까? 그건 불가능하다. 우리는 이런 믿음을 유지하고, 그로부터 어렴풋이 나타나는 것으로 인해 고통받을 운명에 처해 있었다. (이 주제를 다시 긴급하게 반복하는 것을 용서한다면) 우리를 파멸시킨 것은 의식, 즉 모든 공포의 근원이자 우리가 존재해야 한다고 혹은 존재해선 안 된다고 믿는 모든 것의 창작자인 의식이었다. 의식이 자연 세계의 혼수상태로부터 우리를 끌어내었는데도 불구하고, 우리는 여전히 자신이 다른 생물로부터 아무리 떨어져 있어도 다른 생물과 본질적으로 완전히 멀어지지는 않았다고 생각하고 싶어 한다. 우리는 다른 여느 동식물과 마찬가지로 살아가고 새끼를 치면서, 다른 피조물과 어울리려 노력한다. 우리가 만들어진 대로 만들어진 것, 즉 평행 존재에 대한 실험체가 된 것은 우리 잘못이 아니다. 이것은 우리 선택이 아니었다. 우리는 현재의 우리 존재가 되기로 자원하지 않았다. 특히 우리가 대안을 염두에 두고 있을 때에는 살아 있음이 괜찮은 일이라고 생각할지도 모르지만, 바로 이런 대안에 대한 생각이 죽은 자의 영혼과 자연의 다른 모든 괴물을 불러들이기 때문에, 우리는 그런 문제에 관해서 가능한 한 드물게 생각하려 한다.

다른 어느 생명체도 자신이 살아 있다는 것을, 그리고 자신이 죽게 되리라는 것을 알지 못한다. 이는 오롯이 우리에게만 내려진 저주다. 우리 머리 위로 내려진 이 주술이 없었더라면, 우리는 결코 자연적인 것으로부터 이렇게 멀리 떨어져 나오지 못했을 것이다. 너무 멀고 너무 긴 시간 동안이기에, 우리가 전력을 다해 말하지 않으려고 했던 말을 하는 것은 안도감을 준다. **우리는 자연의 품에서 떨어져 나온 지 오래되었다**라고. 우리 주위로 사방이 자연 서식지이지만, 우리 내면에는 경악스럽고 무시무시한 것들로 인한 전율이 남아 있다. 그 전율을 간단히 말하자면 이렇다. **우리는 여기서 난 존재가 아니다**. 만일 내일 우리가 사라진다 해도, 이 지구상 어느 유기체도 우리를 그리워하지 않을 것이다. 자연계의 그 무엇도 우리를 필요로 하지 않는다. 우리는 마인랜더의 자살하는 신과 같은 존재다. 그 무엇도 그를 필요로 하지 않았고, 그가 사멸한 이후 그의 쓸모없음은 우리에게 전이되었다. 우리는 이 세상과 무관한 존재이다. 우리는 생물 사이로, 즉 머릿속에 아무것도 없는 그 모든 자연의 꼭두각시 사이로 돌아다닌다. 하지만 우리 머리는 다른 곳, 즉 모든 꼭두각시가 삶 한가운데가 아닌 삶 바깥에 존재하는 동떨어진 세계에 있다. 우리가 그런 꼭두각시, 바로 **인간** 꼭두각시다. 우리는 결코 우리 것이 되지 않을 평안을 찾아 헤매는 자연의 미친 흉내꾼이다. 그리고 우리가 분주히 돌아다니는 환경은 초자연적인 것의 생활공간, 즉 공포라는 음울한 환경이다. 이곳은 무엇이 존재해야 하고 존재해서는 안 되는지를 믿는 이들을 위한 장소이다. 여기가 우리의 비밀 구역이다. 여기는 실재가 파열되고 일상의 법칙이 무너지는 형이상학의 차원에서, 우리가 제정신이 아닌 채로 헛소리를 늘어놓는 곳이다.

자연적인 것으로부터의 일탈은 우리 시대 내내 우리 주위에서 소용돌이쳤다. 우리가 거리를 두고 부정한 괴이는 우리 존재에 필수적이었다. 하지만 우리가 없으면, 우주에 초자연적인 것도 있을 수 없다. 우리는 변이체다. 우리는 언데드로 태어난 존재, 이것도 저것도 아닌, 혹은 동시에 두 가지 모두인 존재… 나머지 피조물과 아무 상관 없는 으스스한 것이자, 가는 곳마다 우리 광기의 씨앗을 뿌리고 넘치는 무형의 외설로 햇빛과 어둠을 오염시키는 공포이다. 헤아릴 수 없는 간극을 가로질러, 우리는 초자연적인 것을 분명히 현시된 만물에게로 가져왔다. 초자연적인 것은 흐릿한 안개처럼 우리 주위를 떠돈다. 우리는 유령과 어울려 지낸다. 우리 정신 속에 표시된 그 무덤은 우리 기억의 공동묘지에서 결코 파묘되지 않을 것이다. 우리의 심장박동은 세어지고, 우리의 걸음은 헤아려진다. 우리가 생존하고 번식하는 동안에도, 우리는 무한의 어느 어두운 구석에서 죽어가리라는 걸 알고 있다. 우리가 어디로 가든, 우리는 무엇이 우리 도착을 기다리는지 모르고, 다만 그 무엇이 기다리고 있다는 것만 알 뿐이다.

우리 눈앞에서 가물거리는 어렴풋한 장막을 꿰뚫고, 우리는 반대편에서 삶을 바라본다. 거기서, 다른 세계로 드리워져 우리를 그곳에 붙드는 또 하나의 그림자처럼, 무언가가 밤낮으로 우리를 따라다닌다. 초자연적인 것에 매인 우리는 그 징조를 이해하고, 그것들을 무감각화desensitization하고 풍자함으로써 길들이려 한다. 우리는 그것들을 상징으로서 연구하고, 그것들과 함께 놀이를 한다. 그러면 그것들은 으스스한 색조의 빛에 잠기면서, 독특한 양상으로 실재가 된다. 히죽 웃는 두개골, 날이 구부러진 큰 낫, 곰팡이 낀 비석, 지상과 공중의 그 모든 어두운 생명체, 우리가 내면에 감추어두었던 모든 메멘토 모리. 우리의 해골은 언제쯤 모습을 드러낼까? 그것들은 해가 지날수록 점점 더 큰 소리로 신음한다. 시간은 서둘러 서늘하게 스쳐 지나간다. 저 낡은 사진 속의 아이는 당신의 예전 모습이다. 작은 손을 흔드는 건 작별 인사일까? 아이의 얼굴은 지금 당신의 얼굴과 닮은 구석이 없다. 이제 아이의 얼굴은 당신 뒤, 당신 앞, 당신 주위의 어둠과 뒤섞인다. 당신이 모는 차가 느닷없이 단축된 미래를 향해 계속 미끄러지는 동안, 미소 지으며 손 흔드는 아이의 모습이 흐려진다. 안녕.

그러자 다른 얼굴이 떠오른다. 후방 거울이 비뚤어졌을 때 자주 보이던 얼굴 대신, 이제 그 얼굴이 당신을 응시한다. 보름달처럼 환하게 빛나는 그 얼굴이 두렵기도 하고 매혹적이기도 해서, 당신은 눈을 뗄 수 없다. 그 얼굴은 어느 모로 봐도 자연스럽지 않다. 경직된 듯한, 장난감 상자에 들어 있어야 할 물건의 얼굴이다. 얼굴은 미소 짓고 있지만, 실재라고 하기에는 너무 환하고 너무 오래 가는 미소다. 그리고 눈도 깜빡이지 않는다. 장면은 순간순간 전환된다. 사람, 장소, 사물이 나타났다 사라진다. 당신은 다른 사람들의 모습을 예상했지만 **당신이 선택하지는 않은** 모습으로 나타난다. 이 세상에서 당신의 차례를 맞이하면, 당신은 마치 처음부터 존재하지 않았던 것처럼 사라질 것이다. 당신은 언제나 스스로에게 이것이 자연의 순리라고, 당신은 자연의 일부이니 이를 감수할 거라고 말했지만… 그 자연은 거대한 폐에서 나온 작은 가래 한 방울처럼 당신을 뱉어낸 **악성으로 쓸모없는** 자연이다. 그런데도 초자연적인 것은 처음부터 당신에게 달라붙어, 죽음이 당신 집의 문을 두드리기를 기다리는 동안 당신의 삶 속에서 이상하게 작용했다. 초자연적인 것은 당신을 구하기 위해서가 아니라, 당신을 그 공포 속으로 데려가기 위해 왔다. 어쩌면 당신은 삶 위에 괴물 석상처럼 앉아 있던 이 공포를 이겨내기를 희망했을지도 모른다. 이제야 당신은 그럴 방도가 없다는 것을 알게 되었다. 남은 시간은 불과 몇 초뿐이고, 매초마다 더욱 힘차게 당신의 목을 조른다. 사방에서 주문을 읊는 소리가 들려온다. 그것들은 힘을 잃었다. 산 자와 죽은 자가 당신 안에서 지껄인다. 그들이 하는 말은 알아들을 수 없다. 꿈은 기억보다 더욱 매력적이다. 어둠은 삽으로 푼 흙이 되어 꿈 위로 덮인다.

깜빡이지 않는 그 눈은 여전히 거울 속에서 빛나고, 그 얼굴은 너무 환하게 너무 오래 미소 짓고 있다. 그리고 당신은 자기 얼굴도 미소 짓고 있으며, 눈도 깜빡이지 않음을 느낀다. 이제 결코 알고 싶지 않았던 그 비밀이 당신 머릿속에 떠오른다. 당신은 만들어진 대로 만들어졌으며, 행동했던 대로 행동하도록 조종당했음을. 그리고 이 비밀이 머릿속에 떠오르면, 거울 속에 비친 얼굴은 거울 가장자리까지 가득 차게 미소 짓는다. 당신도 명령받은 대로, 따라서 미소 짓는다. 두 얼굴이 동시에 똑같은 미소를 짓고 있다. 미소는 이목구비의 정상적인 비율을 넘어서 번져간다. 마침내 오래 억눌렀던 목소리가 비명을 지른다. **무슨 삶이 이래!** 하지만 오직 침묵만이 대답하며, 당신이 여태 품어왔던 모든 미친 희망을 낱낱이 조롱한다.

이제 자아는 없다고 의식적으로 말한다.

당신의 옛 자아든 새 자아든 느낄 수 없다. 자아에 관해 생각하는 것은 그릇된 상상이고, 당신 주위에 보이는 것은 자의식 있는 무뿐이다.

당신이 낸 흐느낌이나 비명을 들을 사람은 없다. 알아서 잘 해나가길, 안녕히.

당신을 받아줄 자연의 품은 없다. 초자연적인 것의 문 앞에 버려진, 노골적으로 음울한 가능성으로 가득한 정신, 이것이야말로 진짜 실수, 인간의 비극이다.

논의할 실재는 없다. 여기에는 꼭두각시, 모순된 존재, 역설의 뒤틀린 논리를 체화한 돌연변이인 우리를 제외하면 아무도 없다.

불멸은 없다. 비존재와 약속을 잡은 평범한 사람들과 평균적인 필멸자들은 오래 머무를 수 없다. 고려할 다른 대안도 없이, 그들은 삶이 계속되는 동안 살아 있음은 괜찮은 일이라고 말할 뿐이다.

행복한 결말로 끝나는 인생 이야기는 없다. 오로지 공포라는 발명품, 그런 다음 무로 끝날 뿐. 그밖에는 아무것도 없다.

자유로운 삶에의 의지도 없고, 죽음에의 의지로 말미암은 구원도 없다. 참으로 우울하게도.

팔아먹을 철학은 없다. 비관론은 팔리지 않으며, 낙관론은 통과하기 위한 조건이 너무 사악해서 문을 닫아야 했다.

의미도 정신적 대결도 없다. 억압 기제는 부서지고, 자기기만이 그 창문을 닫는다.

꿈속의 꿈에서 깨어나는 일은 없다. 공포의 근원이자, 얽히지 않는 게 최선이며, 언제나 그보다는 차라리 멸종이 나아 보이는 의식의 돌연변이가 있을 뿐.

그런 게 있었다면 말이지만, 더 이상 즐거움은 없다. 혼돈이 잔칫상에 남긴 몇 조각 부스러기뿐이지만, 고통을 공급하기에는 여전히 충분하다.

바람직한 동기는 없다. 배변 압박, 감자 으깨는 도구식 상대주의뿐이다.

안락사는 없다. 자신이 알아서 처리해야 할 인생의 과업이 있는 사람에게는 안 된 일이지만, 우주에서 가장 무시무시한 발상인 영겁회귀를 조심하라.

우리를 사랑하는 신은 없다. 전능은 비번이고, 전지는 휴가 중이며, 신은 죽었다. 공포로구나, 공포야. 봄날의 하늘과 여름의 꽃마저 내게는 평생 독이 될지니, 조각조각 흩어져 있던 지식을 한데 모으는 것을 비난하라.

자비로운 붓다는 없다. 들은 얘긴데, 신체 강탈자가 그를 잡아갔다나 뭐라나. 어쩌면 내세에는 만날 수 있겠지.

이 근처에는 선과 악의 대결이라는 공식은 없다. 아자토스가 진행하는 쇼에서, 인간은 실수나 농담거리에 불과하고, 위협적인 무엇이 우리 세계를 악몽으로 만들고 있다.

정상적이고 실재하는 존재는 없다. 으스스한 것이 전속력으로 당신을 향해 다가와, 경악과 무시무시함에 떨게 만든다.

에고-죽음은 없다. 깨달음은 우연히 얻었을 뿐이다.

해악을 입지 않을 방법은 없다. 태어나지 않는 편이 낫고, 최악은 마지막까지 남겨진다.

마지막 메시아는 없다. 손톱을 세운 채 달려든 산파와 고무젖꼭지 제조자에 의해 묻혀, 지난 메시아들의 뒤를 따랐다.

황량함은 없다. 확실히 실패한 것이다.

고립, 고착, 산만함, 승화를 통한 공포 관리는 없다.

읽거나 쓸 비극은 없다. 길을 따라 소실점 너머에서 죽음은 안전거리

를 유지한다.

쓸모없는 은총, 쓸모없는 존재로 통하는 탈출로는 없다. 악성으로 그렇다…

이제 무엇이 있을까? 이제 부자연스럽게 떠오른 미소만이 있다. 어둠이 어둠으로 이어지는 거대하게 벌어진 심연 말고는 아무것도 없다. 그때, 존재의 감각이 삼켜진다. 이야기는 끝난다. 플롯은 마무리된다.

최종 국면

삽페의 철학 혹은 그와 유사한 철학에 반론을 제기하는 일은, 그 논증이 당신의 선호와 일치하지 않는 여느 다른 철학자의 주장에 반론을 제기하는 일만큼 쉬울 것이다. 인간 존재에 대한 그의 분석이 어떤 측면에서는 견고하게 보일지 몰라도, 조롱하고자 마음먹은 사람은 조금만 노력해도 그렇게 할 수 있을 것이다. 삽페는 한 줌의 흙을 증거로 신세계를 발견했다고 주장하지 않았다. 다만 그와 그의 마지막 메시아가 말하고자 했던 바가 무엇이든 상관없이, 그는 자신이 왜 인류가 멸종되어야 하는지를 탐구했다고 생각한 사람이었다. 우리가 그런 선택을 결코 하지 않을 것을 알면서도 말이다. 우리가 우리 존재의 주권자든 노예든, 그게 무슨 상관인가? 우리 종은 여전히 미래를 바라볼 것이며, 자신을 잡아당기는 줄에 매인 꼭두각시의 우주에서 이에 화답하는 꼭두각시 춤을 포기할 필요성을 느끼지 못할 것이다. 우리가 다른 일을 할 거라는, 다른 일을 할 수 있다는 말은, 우습기 짝이 없다. 우리 삶이 역설이자 공포일지 모른다는 점은, 사실 알고 싶은 것만 아는 정신에게 너무 끔찍해서 알아서는 안 될 비밀은 아닐지도 모른다. 인간 의식이라는 지옥은 그저 어느 철학자가 들려주는 잠자리 동화일 뿐이며, 매일 밤마다 들어도 다음날 아침 일어나 학교나 직장 혹은 매일매일 어딘가로 갈 때면 잊어버릴 수 있다. 우리가 살아 있으며 언젠가 죽을 거라는 견딜 수 없는 자각의 공포와 관련해서, 우리는 무엇에 신경 쓰는가? … 지구를 뒤덮은 자아 없는 그림자에 대한 공포? … 혹은 놓쳐버린 풍선처럼 바람 속에서 까닥이다가 어두운 하늘로 사라지는 꼭두각시 머리에 대한 공포? 그런 식으로 생각한다면, 지붕 위로 올라가 그 생각을 크게 소리친 다음 그게 당신을 어디로 데려가는지 살펴보라. 우리는 가만히 있겠지만, 당신은 원한다면 멸종하기를 선택할 수도 있다. 우리는 당신처럼 생긴 작은 꼭두각시를 더 만들 수 있지만, 그것을 꼭두각시라고 부르지는 않는다. 우리는 그것을 당신과는 다른 분리할 수 없는 자아와 이야기를 지닌 사람이라고 부른다.

의미 있는 사람이 되는 것은 힘들지만, 무의미한 사람이 되는 것은 불가능하다. 우리는 행복해야 하고, 시시포스가 행복하다고 상상해야 하며, 믿는다는 것은 부조리하기에 믿어야 한다. 우리는 매일매일 모든 면에서 점점 더 나아지고 있다. 긍정적인 사람을 위한 긍정적 환상. 사람들은 말을 쏘아 편히 보내주지 않나? 하지만 우리 자신을 쏘아 편히 보내주는 일에 대해서는, 글로리아 비티에게, 미켈슈테터에게, 바이닝거에게, 헤밍웨이에게 물어보라. 하지만 스스로 목을 매단 마인랜더나 비에르네보에에게는 묻지 말라. 그리고 수면제

과다 복용으로 스스로 세상을 등진, 《자유죽음: 자발적 죽음에 관한 담론On Suicide: A Discourse on Voluntary Death》(1976)[†]의 작가 장 아메리에게도 물어서는 안 된다. 아메리는 아우슈비츠에서 살아남았지만, 자신의 살아남았음으로부터 살아남지는 못했다. 아무도 그럴 수는 없다. 우리보다 앞서 간 조상들과 우리 뒤에 올 세상이 있기에, 우리는 삶을 **악성으로 쓸모없는** 것으로 여기지 않을 것이다. 조상의 저주가 우리를 자궁 속에서 감염시켰고 우리 존재를 타락시켰다고 선언하는 사람은 거의 없다. 의사는 분만실에서 울지 않거나, 아주 드물게만 운다. 그들은 고개조차 숙이지 않은 채 이렇게 말한다. "스톱워치가 시작됐습니다." 분만이 제대로 진행되면, 아기는 울음을 터트릴 것이다. 하지만 시간은 그 눈에서 눈물이 마르게 할 것이다. 시간은 아기를 돌볼 것이다. 시간은 우리 가운데 돌볼 사람이 아무도 남지 않을 때까지 모두를 돌볼 것이다. 그러고 나면 우리가 자신이 속하지 않은 곳에 뿌리를 내리기 전과 똑같을 것이다.

우리 각자에게, 그런 다음 우리 모두에게, 미래가 끝나는 날이 올 것이다. 그때까지 인류는 태초부터 그랬던 것처럼 우리 문을 두드리는 새로운 공포에 적응할 것이다. 그 과정은 중단되기 전까지 계속될 것이다. 그리고 그 공포는 계속될 것이고, 그동안 수많은 시신이 열린 무덤 속으로 떨어지듯 여러 세대의 사람들이 미래 속으로 떨어질 것이다. 우리가 물려받은 그 공포는 소문이 좋지 않은 가보처럼

† 장 아메리, 《자유죽음: 살아가면서 선택할 수 있는 유일한 것에 대하여》, 김희상 옮김, 위즈덤하우스, 2022.

후세에게 물려주게 될 것이다. 살아 있음. 그것은 수십 년 동안 제때 일어난 다음, 정신적 동요의 전 영역을 포괄하는 기분, 감각, 생각, 갈망의 순환을 한 번 더 터덜터덜 통과하고 나서, 마침내 침대에 풀썩 쓰러져 식은땀에 젖은 채 죽은 듯 잠들거나 꿈꾸는 우리 정신을 방해하는 몽환 속에서 서서히 끓어오르는 것이다. 왜 우리 가운데 상당수가 올가미나 총구 대신 종신형을 기대하는 걸까? 우리는 죽음을 **누릴 자격**이 없는가? 하지만 우리는 그런 질문에 사로잡히지는 않는다. 그런 질문을 하거나 거기 진심으로 답하는 일은 우리 관심사가 아니다. 그런 정신으로 우리는 인간종에 대한 음모에 종지부를 찍을 수 있지 않을까? 비존재의 품속에서 비극을 죽게 하는 것은 올바른 과정인 듯하다. 태어나지 않은 사람으로 붐비는 인구 과잉의 세계는 우리가 저질렀던 일을 바로잡음으로 말미암아 고통을 겪지 않아도 될 것이다(그래야 우리가 지금까지처럼 지낼 수 있을 것이다). 그렇긴 하지만, 우리가 아는 그 무엇도 우리로 하여금 그 걸음을 내딛게 하지는 않을 것이다. 이보다 더 일어날 법하지 않은 일이 뭐가 있을까? 우리는 그저 인간일 뿐이다. 아무나 붙들고 물어보라.

주석

존재라는 악몽

1 이 문단에서 묘사된 인간 의식의 탄생은 (1) 인류의 '순수의 상실'과 세계 내 존재의 '자연적인' 존재 방식으로부터의 소외에 대한 우화로 볼 수도, (2) 진화심리학에 느슨하게 기반하여 추측한 순간으로 볼 수도 있다.

2 〈마지막 메시아The Last Messiah〉, 《야외의 지혜: 심층 생태학의 노르웨이적 근원Wisdom in the Open Air: The Norwegian Roots of Deep Ecology》(1993), 피터 리드Peter Reed와 데이비드 로센버그David Rothenberg 편집(피터 리드와 시그문 크발뢰위Sigmund Kvaløy 함께 옮김); 〈마지막 메시아The Last Messiah〉, 《이 시대의 철학Philosophy Now》, 2004년 3~4월(이슬레 R. 탕게네스Gisle R. Tangenes 옮김). 유감스럽게도 삽페의 철학적 정수인 《비극적인 것에 관하여Om det tragiske》(1941)는 이 글을 쓰는 시점에 어느 주요 언어로도 번역되지 않았다. 그러나 이 해당 논문의 초록과 탕게네스에 의해 영어로 번역된 삽페의 논문 및 여타 글들을 검토하면, 긴 생애 동안 그는 〈마지막 메시아〉에서 압축하여 표현된 《비극적인 것에 관하여》의 비관론적 원칙들을 포기하거나 누그러뜨리지 않았음을 확인할 수 있다. 어떤 책이든, 잘 알려지지 않은 1930년대 초 유럽 철학자가 쓴 짧은 에세이에 대한 담론에 지나치게 많은 비중을 두면 이상하거나 우스꽝스러워 보이겠지만, 그래도 누군가 어디에선가는 시작해야 한다.

3 '구성주의자'라는 집합적 명칭 아래, 철학자와 사회학자 및 다양한 분야의 권위자들이 인간 삶의 구성된 특질에 관해 여러 방면으로 연구해왔다. 예를 들면, 피터 버거P. L. Berger와 토마스 루크만T. Luckman의 《실재의 사회적 구성The Social Construction of Reality》, 1966[[하홍규 옮김, 문학과지성사, 2014]]; 파울 바츨라비크Paul Watzlawick가 편집한 《발명된 실재: 우리가 안다고 믿는 것은 어떻게 알 수 있는가?Invented Reality: How We Know What We Believe We Know?》, 1984; 에른스트 폰 글라저스펠트Ernst von Glasefeld의 《급진적

구성주의: 알고 배우는 방식Radical Constructivism: A Way of Knowing and Learning》(1996) 등이 여기 해당한다. 독서에 익숙한 지식인에게 이는 일상을 채우는 수많은 발상 가운데 하나일 뿐이다. 그 중요성은 대중에게 그리 자주 공유되지 않지만, 가끔 터무니없진 않은 방식으로 전달된다. 구성된 것이 우리 삶의 토대를 이룬다고 가정하는 영화 속 장면이 〈리틀 빅 히어로Hero〉(1992)의 결말에 등장하는데, 여기서 제목이 지칭하는 영웅인 버나드 러플랜트는 예전에 소원해진 아들에게 지혜로운 조언을 건넨다. "내가 인생이 무언지 말해준다던 거 생각나니? 삶이란 건 살수록 이상한 거야. 사람들은 진실이 마치 벽장에 재어놓고 꺼내 쓰는 화장실 휴지처럼, 항상 네게 진실에 관해 말하고 그게 무언지 아는 듯 행동하지. 하지만 네가 좀 더 나이를 먹으면서 알게 되는 건 진실은 없다는 사실이란다. 있는 모든 건 개소리일 뿐이지. 상스러운 말을 쓰는 건 이해해주렴. 개소리에는 여러 겹이 있어. 한 겹의 개소리 위에 또 한 겹의 개소리가 있지. 네가 살면서 하게 될 일은 네 맘에 드는 개소리를 고르는 거란다. 그게 너의 개소리가 되는 거지. 알겠니?" 러플랜트의 말에 담긴 냉소주의에도 불구하고, 그가 아버지로서 가르침을 전하면서 달성하려는 목적은 자신과 아들 사이에서 유대를 형성하는 것이다. (할리우드는 무너진 가정이 '치유되는' 줄거리에 많은 투자를 한다.) 이런 유대는 개소리로서의 삶을 드러내는 데 의존하는 한편, 그 자체가 개소리다. 이미 개소리로 가득하지 않다면, 여러 겹의 개소리 중에서 한 겹의 개소리를 선호할 근거가 없기 때문이다. 여기서 채용된 논리는 부지불식간에 러플랜트의 주장도 "개소리일 뿐"인 것으로 만드는데, 바로 이것이 개소리가 작동하는 방식이다. 이것은 영화 관객이 〈리틀 빅 히어로〉에 담긴 대중 철학에서 얻어 가도록 의도한 메시지는 아니겠지만, 어쨌든 이런 식으로 해석할 수도 있다.

4 바이닝거가 기독교로 개종한 반유대주의 성향의 유대인이고, 제2차 세계대전 이전의 이력서에나 적으면 좋을 만한 인생 경로를 밟아왔으며, 최후 심판의 날 전까지 평균적인 기독교 극단주의자에게 좋게 보일 인물이라는 점은, 그가 스물셋의 나이에 권총 자살을 한 이후 얻은 명성에 흠집을 내지 못했다. (당연히 바이닝거의 저작들은 널리 번역되고 비평적으로 검토되었다.) 《성과 성격》에서 유대인에 대한 비방 섞인 묘사는, 분명 아돌프 히틀러 같은 자에게 자신이 유대인이 아닌 건 물론 개종자도 아닌 진짜 인간이라는 자기만족감을 불어넣었을 것이다. 총통 자신의 명성과 관련하여, 우리가 가진 것은 자신의 대량

학살 성향으로 목표 집단의 생활양식을 뒤흔드는 데 실패한 서툰 사람의 전기이다. 이는 원주민을 자신들의 근거지에 억류된 이들로 격하하고, 그들의 땅을 멋대로 침탈한 미국 정부의 전문성과 상당히 대조된다. 원주민으로서 그들의 속성은 영원히 사라져버렸다. 그 반대라고 의심하는 것을 막는 차원에서 말하자면, 여기서 의도는 어떤 개인이나 집단에 공감하고자 하는 것이 아니라, 다만 피해자의 기억 속에 생생하게 살아 있지만 가해자의 양심 속에서는 틀림없이 억압되어 있을 역사적 사실을 강조하고자 할 뿐이다. 그러한 억압은 가해자들이 그들 자신, 그들의 신, 그들의 국가, 그들의 가족, 그리고 인간종 혹은 그들이 자신들과 운명을 공유한다고 믿는 인간종 일부에 대한 긍정적인 의견을 유지하기 위한 것이다. 삶과 죽음에 관한 그런 사실들은 그저 사실일 뿐이다. 하지만 그 사실들을 인간성에 대한 고발로 제출하는 실수를 저지르는 지경에 이르렀다. '인간에 대한 인간의 비인간성'이라고 불리는 것이 우리 종을 멸망시키는 벌을 내릴 인간 혐오misanthropy로 우리를 이끌어서는 안 된다. 그러한 추론은 또 다른 실수, 실제로 넘칠 듯이 많은 '인간적' 행위라고 평가되는 것에 기대어 우리의 생존을 부르짖는 것만큼이나 실수이다. 우리 종의 '비인간적인' 운동과 '인간적인' 운동 모두 적절하지 못하다. 우리 가운데 누구도 이 운동들에 대한 방향키를 쥐고 있지 않다. 우리는 자신이 우리 행위의 주인이라고 믿는다—이것은 실수다. 우리는 스스로를 우리가 아닌 중요한 무엇이라고 믿는다—이것은 실수다. 우리가 우리의 구제할 길 없는 본성을 교정할 준비가 되어 있거나 그럴 능력이 있는 게 아닌 이상, 이런 실수를 영속하게 하는 것, 미래 세대가 고통받도록 공모하는 것은 그저 속죄해야 할 비행일 뿐이다. 우리가 자연이나 신에 의해 바로 우리 자신의 고통과 인간 후손의 고통에 협력하도록 만들어졌다는 것이 실수다. 우리가 매일 재현하는 모든 실수 가운데 가장 유해한 실수의 상징인 아담과 이브에게 물어보라.

5 이 장에서 기술한 마인랜더 철학의 개요는 다음의 몇몇 출처에 기초하고 있다. 토머스 휘태커Thomas Whittaker, 《철학적·심리학적 에세이와 단평Essays and Notices Philosophical and Psychological》, 1895; H. P. 블라바츠키H. P. Blavatsky, 〈악의 기원The Origin of Evil〉, 《루시퍼Lucifer》, 1897년 10월호; 루돌프 슈타이너Rudolph Steiner, 《철학의 수수께끼들The Riddles of Philosophy》(1914)와 《악: 강의록 선집Evil: Selected Lectures》, 1918; 라도슬라프 차노프Radoslav Tsanoff, 《악의 본성The Nature of Evil》, 1931; 프

랜체스카 애런데일Francesca Arundale, 《환생의 관념The Idea of Rebirth》, 1942; 알렉산더 사마린Aleksander Samarin, 〈불멸의 불가사의The Enigma of Immortality〉, 2005년 5월(http://www.thebigview.com); 요한 요아힘 게스테링Johann Joachim Gestering, 《독일 비관론과 인도철학: 해석학적 독해German Pessimism and Indian Philosophy: A Hermenuetic Reading》, 1986; 헨리 셸던Henry Sheldon, 《19세기의 불신Unbelief in the Nineteenth Century》, 2005. 인간종이 멸종되어야 하는 이유를 다룬 더 전통적인 철학 저작은 이 장 후반부의 "무효화 III" 절에서 다룬다.

6 한 사람의 주관적 안녕은 자조론 서적이 개인에게 달성하도록 가르칠 수 있는 무엇이라기보다, 50퍼센트쯤은 유전적 운에 의해 50퍼센트쯤은 인생 경험에 의해 결정된다는 연구로는, 데이비드 리켄David Lykken과 아우케 텔레겐Auke Tellegen의 〈행복은 확률적 현상이다Happiness Is a Stochastic Phenomenon〉, 《미네소타대학 심리과학University of Minnesota Psychological Science》(1996)을 참조하라. 리켄과 텔레겐의 연구에서 유전적 요인과 경험적 요인의 동등한 비율은, 행복이 "우연의 문제"이며 전적으로 유전에 의해 결정되는 현상이 아니라는 결론을 도출한다. 한 사람의 행복과 우리의 다른 모든 특질에 대한 완전한 유전적 결정론은 '꼭두각시 결정론'으로 알려져 있다. 그렇지만 왜 인간 존재가 겪는 사건과 결부된 유전적 특질이 아니라 오직 유전적 특질만이 유일한 인형사여야 하는지는 의아하게 느껴진다. 전자의 경우 우리가 무엇인지에 관한 아무것도 우연으로 남지 않을 텐데 말이다. (결정론에 관한 더 많은 논의는 〈거기 누구냐?〉 장의 "배우들" 절을 참조하라.)

7 자연이 장난삼아 인간종을 주조한 것에 대한 삽페의 해결책은 비관론의 마지막 검문소처럼 보일지 모른다. 독일 철학자 에두아르트 폰 하르트만Eduard von Hartmann은 자신의 저서 《무의식의 철학Philosophy of the Unconscious》(1869)에서 한 발 더 나아가 이렇게 생각했다. "예를 들어 전 인류가 성적 절제로 인해 절멸한다면, 어떤 점에서 유익할까? 그런 세계는 지속 가능하다는 점이다." 유기체의 이런 지속성은 생명의 저항력이 "**새로운 인류나 그와 유사한 종**을" 만들어내게 하여, "그 모든 비참함은 처음부터 다시 시작될 것이다"(하르트만의 강조). 하르트만에게 구원을 위한 몸부림은 대단히 강력한 권능이 창조의 모든 불꽃을 일소할 때까지 끝나지 않을 것이다. 하르트만의 전망은 미

친 소리처럼 들리지만, 인류가 번식을 영원히 중단할 거라는 발상 또한 마찬가지다. 논란이 많고 개연성이 없는 두 가지 가운데, 어째서 어느 한쪽이 다른 쪽보다 더 개연성이 없다고 구별 짓는가?

8 존 그레이John Gray는 《지푸라기 개들: 인간과 다른 동물에 대한 사유Straw Dogs: Thoughts on Humans and Other Animals》(2002)[[《하찮은 인간, 호모 라피엔스》, 김승진 옮김, 이후, 2010]]에서, 인간이 이 세상의 다른 어떤 생물에게도 영향을 끼치지 않는 역설에 사로잡혔다는 생각을 다시 제기한다. 책의 마지막 부분에서 작가의 견해는 삽페의 인류에 대한 개념화와 공명한다. "다른 동물에게는 삶의 목적이 필요 없다. 자기모순적이게도, 인간이라는 동물은 그것 없이는 살 수 없다." 하지만 그레이는 이런 모순을 고찰하면서도, 인간 존재가 오직 자발적 멸종을 통해서만 끝낼 수 있는 역설이 될 가능성을 한순간도 고려하지 않는다. 심지어 그레이는 우리가 비자발적으로 멸종하는 일이 가능할 뿐만 아니라 그리 머지않았다고 전망하면서도, 여전히 인간종의 협력을 통한 종식이 아닌 다른 해결책을 열어두고 있다. 그레이가 제안하는 해결책(그는 이 해결책이 이미 널리 통용되고 있다는 걸 인식하지 못한 듯하다)은, 인류가 치유할 수 없는 망상에 빠져 사는 동안 이 세상 속에서 그럭저럭 살아가기 위해 할 수 있는 일을 해야 한다는 것이다. 앞서 인용한 문장에 이어지는 《지푸라기 개들》의 고별사는 이렇다. "그저 바라보는 것을 목표로 삼는 삶은 생각할 수 없는 걸까?" 이 질문은 인간종이 살아가는 더 나은 방식이 있으며, 우리가 원하면 그런 식으로 살 수도 있다는 전제에 의존한다. 그레이의 마지막 질문에 담긴 낙관적인 정신과 상관없이, 《지푸라기 개들》은 여러 사람에게 비관론의 전례서라고 비난받았다. 사소한 트집을 잡지 않는다면, 이 책은 인간 삶에서 가장 기본적이지만 간과되었던 몇몇 어려움을 일반 독자에게 다시 상기시키는 이단적 저작이라 할 수 있다. 하지만 이 책에 비관론적이라는 꼬리표를 다는 건, 실제로는 비관론에 가볍게 손댔을 뿐인 사람들의 과민 반응에 불과하다.

9 제임스의 믿는 자에 대한 비非논리적 면죄를 지지하는 견해로는, 엘런 캐피 서키얼Ellen Kappy Suckiel, 〈윌리엄 제임스의 감정의 인식 가능성, 종교적 비관론, 삶의 의미에 대한 견해William James on Cognitivity of Feelings, Religious Pessimism, and the Meaning of Life〉, 《사변철학 저널The Journal of Speculative Philosophy》(2004)을 참조하라.

10 여기에는 이런 저작들이 포함된다. 허버트 핑거렛Herbert Fingarette, 《자기기만Self-Deception》, 2000; 앨프리드 R. 밀리Alfred R. Mele, 《자기기만 폭로하기Self-Deception Unmasked》, 2001; 에비아타 제루바벨Eviatar Zerubavel, 《방 안의 코끼리: 일상생활에서의 침묵과 부인The Elephant in the Room: Silence and Denial in Everyday Life》, 2006; 브라이언 P. 매클로플린Brian P. McLaughlin, 아멜리 옥센버그 로티Amélie Oksenberg Rorty 편집, 《자기기만에 관한 관점들Perspectives on Self-Deception》, 1988; E. L. 에델스테인E. L. Edelstein, D. L. 네이선슨D. L. Nathanson, A. M. 스톤A. M. Stone 편집, 《부인: 개념과 연구의 명확화Denial: Clarification of Concepts and Research》, 1989; 마이클 루이스Michael Lewis, 캐럴린 사니Carolyn Saarni 편집, 《일상생활에서의 거짓과 기만Lying and Deception in Everyday Life》, 1993.

거기 누구냐?

1 갤런 스트로슨Galen Strawson은 유사한 용어로 이런 경험을 설명한다. 대부분의 사람에게 "인격성은 인지되지 않으며, 현재로서는 사실상 감지할 수 없는 무엇이다. 인격성은 사람들에게 보이는 무엇이 아니다. 그들은 인격성을 통해서 보거나, 인격성이란 장소에 자리한 채 본다. 인격성은 경험의 대상이 아니라, 공기처럼 그들 삶의 광범위하고 보이지 않는 조건이다"(〈자아 감각The Sense of Self〉, 《영혼에서 자아로From Soul to Self》, M. 제임스 크래브M. James Crabbe 편집, 1999).

구원이라는 괴물

1 한 사람의 '의미 감각sense of meaning'은 자율적 체계로서 작동하며, 고장이 나면 눈에 띄지만 정상적으로 작동할 때는 보이지 않는 무엇이다. 그것은 우리 심리적 기계의 톱니바퀴 기능의 일부이며, 아마도 감각이나 감정보다는 축적된 추정의 집합으로 규정하는 게 더 적절할 것이다. 이런 추정 가운데 한 가지 이상이 누군가 혹은 무언가에 의해 위협받으면, 그들의 의미 체계가 전면에 나서서 그 적과 맞서 싸운다. 위협이 처리되고 나면, 체계는 다시 한번 그 자율

적 작동으로 돌아간다. 아주 낮은 비율의 사람만이 적대적 자극 없이도 의식적으로 의미에 집중한다. 우리 종의 대부분에게 의미가 ('신은 존재한다', '나는 자아를 지니고 있다', '우리 나라가 세계 최고다' 등) 참조한 지침서의 쪽과 문단, 장과 절로부터 바로 나온다면, 이 낮은 비율의 사람들은 의미를 대부분 **신비 감각**sense of mystery이라는 하나의 원천으로부터 받아들인다. 20세기 아르헨티나 작가 호르헤 루이스 보르헤스는 에세이 〈만리장성과 책들La Muralla y los Libros〉에서 이렇게 썼다. "음악, 행복한 상태, 신화, 시간에 시달린 얼굴들, 어떤 황혼과 어떤 장소들은 우리에게 무언가를 말해주려 하거나, 결코 놓쳐서는 안 되었을 무언가를 이미 말했거나, 또는 무언가를 말하려 한다. **이 일어나지 않은 임박한 계시**는 아마도 미학적 현상이리라"(인용자의 강조)[[《보르헤스 논픽션 전집 4: 또 다른 심문들》, 정경원·김수진 옮김, 23쪽]]. 러브크래프트의 〈위어드 픽션 집필에 대한 논고Notes on the Writing of Weird Fiction〉는 이런 문장으로 시작된다. "내가 소설을 쓰는 이유는 어떤 광경(풍경, 건축물, 대기 등), 아이디어, 사건, 그리고 예술과 문학에서 접한 인상들에서 전달된 경이와 아름다움과 **모험적인 기대**에 대한 모호하고 불가해하며 파편화된 인상을 더욱 분명하고 자세하며 안정적으로 시각화하는 데서 만족감을 느끼기 때문이다"(인용자의 강조). 표현된 지식에 의해 결코 소멸되지 않고 영원한 **임박** 혹은 **기대**로 남는 이런 신비 감각은 초자연적 소설(블랙우드의 〈버드나무〉, 러브크래프트의 〈우주에서 온 색채〉, 에드거 앨런 포의 〈어셔 가의 몰락〉 등)이 지닌 매력을 상당 부분 설명해준다. 보르헤스와 러브크래프트에게 의미 있는 신비가 **곧** 드러나려 하는 경험은 예술 작품이나 세상의 사물에 대한 미적 통찰에 의해 자극된다. 다른 사람들에게는 인격적 미성숙 혹은 의미 있을지 모를 모든 것을 억누르는 질병인 우울증처럼 신비를 압살하는 조건 때문에 신비를 통한 의미의 경험이 일어나지 않을 수도 있다. 신비 감각이 발생할 때, 이는 깨달음의 문턱에서 이뤄질 가능성이 가장 높다. 그 신비가 밝혀지면, 그것은 무너져 지상에 산산이 흩어질 것이다. 그런 다음에는 그 신비로운 것을 대상이나 자료로 특정하는 경전, 교리 및 서사의 침투가 일어날 것이다. 어떤 종류의 신이 존재할 **수도 있다**고 말하는 것은, 그 존재에 신비를 불어넣어 생기를 띠게 하는 일이다. 신이 신격으로서 일정한 기준을 충족시킨다는 이유로 신을 존재로 정의하는 것은, 그 신을 신학자로 구성된 홍보팀이 딸린 싸구려 우상으로 전락시킴으로써 죽이는 짓이다. 이것이 그토록 많은 (사실상 모든) 신들이 몰락했거나 몰락해가는 중인 이유일 터이다. 신들이 그 직분에 필요한 것 이상의 자격을 갖췄기에, 결국 모든 신은 그 신비를 잃게 된다. 신의 신비가 사라지고 나면, 그 실재에 대한 논쟁이 시작된다. 건강한 모호함을 잃은 것을 소생시키고자 논리가 개입한다. 마침내 또 다른 '살아 있는 신'이 학자들의 영안실로 운구된다.

2 보르헤스의 에세이 〈순환 이론La doctrina de los ciclos〉[[《보르헤스 논픽션 전집 2: 영원성의 역사》, 박병규 외 옮김, 민음사, 2018]]은 모든 존재와 사건이 영원히 계속 똑같이 반복된다고 가정하는 영겁회귀라는 오래된 개념에 대한 몇 가지 파멸적인 반박을 인용하고 구상한다. 이 현학적인 아르헨티나인의 말에 따르자면, "똑같은 것의 영원한 회귀"는 "우주에서 가장 끔찍한 발상"이다. 보르헤스에게, 이런 발상은 그릇된 철학에서 태어난 악몽이다. 니체에게, 그것은 기뻐해야 할 필요성 혹은 자신에게 어떤 공포가 닥치더라도 기뻐하리라고 믿어야 할 필요성에 의해 배태된 악몽이었다. 니체의 세계에서, 이런 발상을 **실재로서** 받아들이는 일은 한 사람의 삶을 그리고 삶 그 자체를 긍정하기 위해서, 그럼으로써 존재의 공포를 어떻게든 불안보다는 사랑을 고무시킬 숙명 혹은 숙명의 끊임없는 연쇄로서 재검토하기 위해서 필수적이었다. 보르헤스와 니체 사이의 이 문제에 대한 이율배반을 고려할 때, 어느 한쪽이 다른 쪽보다 진실하고 진정성 있다고 선언하거나, 다른 어떤 승인 조건을 휘둘러대야 할까? 이 문제에는 논란의 여지가 있다. 두 사람은 각자 인지적 참견쟁이들이 강요한 방식이 아닌 자기 방식으로, 극도로 부지런한 의식이 겪는 압박감을 다루었다.

3 무신론자가 사용할 때, 불경한 수사는 얼마나 시시한가. 자신이 그들의 신에게 이용당했음을 깨달은 신자의 신성모독만이 불신자는 시도해봤자 헛수고인 증오의 음악을 전달할 수 있다. 〈욥기〉를 보자. 그 주인공이 실존 인물이고 그 내용이 경건한 복종의 교훈을 전하는 게 아니었다면, 구약성서는 이 세상에 알려진 가장 큰 원한의 교향곡을 담게 되었을지도 모른다. 하지만 욥은 독설을 퍼붓기보다 율법적으로 따지기를 택한다. 그는 왜 자신이 그 끔찍한 시련을 면제받아야 하는지 **논쟁하길** 바라는 것이다. 그런 경험에서는 아무런 좋은 것도 얻을 수 없다. 어떤 논쟁이든지 끝없이 계속될 수 있다… 적어도 어느 한쪽이 굴복할 때까지는. 결국 욥은 굴복하고 마는데, 이는 신이 그와 논쟁하지 않을 것이며 전능한 존재이기에 원한다면 거리낌 없이 말하고 행할 수 있기 때문이다. 욥 이야기가 여러 세대에 걸쳐 신자에게 부과한 한 가지는 신정론theodicy이라 알려진 합리화를 받아들이는 의무적인 노력이다. 신정론이란 기독교 변증

론의 한 분야로, 전지하고 전능하며 모두를 사랑하는 신을 존재하는 악들과 조화시키려 한다. G. K. 체스터턴에게는 실례지만, 좋은 창조주와 나쁜 피조물을 조화시키려는 일은 논리가 있든 없든 신자에게 해결할 수 없는 문제를 제기한다. 그리고 이 문제가 완전히 해소될 수 있다고 믿는 사람은 무엇이든 믿을 수 있을 것이다.

4 여기서 U. G. 크리슈나무르티의 글을 일부 인용하면 유용할 것이다. 크리슈나무르티의 주장과 삽페의 주장 사이의 유사성은, 이 글을 쓰고 있는 저자가 했거나 하게 될 주장과 삽페의 주장 사이의 유사성만큼이나 상당히 노골적이다. 이런 개념적 근연성으로 인해, 이 절에 인용된 크리슈나무르티를 비롯한 다른 사람들의 체험과 사상에 대해서는 회의적 관점이 부족하다. 우리가 나누고 싶어하는 통찰력을 기르는 것은 그것이 무엇이든지 항상 부끄러운 자유 재량이 주어지기 때문이다. 하지만 크리슈나무르티가 언젠가 말했듯, "모든 통찰력은 아무리 비범하다 해도 무용지물이다. 당신은 자신이 발견한 것으로부터 광대한 사유 구조를 만들 수 있으며, 이를 통찰력이라고 부른다. 하지만 그 통찰력은 당신 자신의 사유의 결과, 사유의 순열과 조합일 뿐이다. 사실 독창적인 것을 생각해낼 수 있는 방법은 없다." 이어지는 인용문은 크리슈나무르티와의 대담 모음집 《출구는 없다No Way Out》(1991)에서 발췌했다.

문제는 이것입니다. 자연은 이 행성의 모든 종을 불러냈습니다. 인간종은 이 행성의 다른 어느 종보다 더 중요하지 않습니다. 어떤 이유에선지, 인간은 이런 사물의 체계에서 스스로에게 더 우월한 지위를 부여했습니다. 조악한 예를 들자면, 인간은 자신의 피를 빠는 모기보다 자신이 더 거창한 목적을 위해 창조되었다고 생각합니다. 이에 대한 책임은 우리가 만들어낸 가치 체계에 있습니다. 그리고 그 가치 체계는 인간의 종교적 사고에서 나왔습니다. 인간이 종교를 만든 이유는 그것이 자신에게 은신처를 제공하기 때문입니다. 이렇게 자아를 실현하고 저 너머의 의미 있는 무언가를 찾고자 하는 요구는 진화 과정의 어딘가에서 발생한 당신 안의 자아의식 때문에 필수적인 일이 되었습니다. 인간은 스스로를 자연의 총체로부터 분리시켰던 겁니다.

* * *

자연은 오직 두 가지, 생존하는 것과 번식을 통해 스스로와 닮은 것을 남기는 일에만 관심이 있습니다. 당신이 거기에 덧붙인 것, 그 모든 문화적 투입은 무엇이든 간에 인간의 지루함으로 인한 것입니다. 그렇게 우리는 종교적 경험의 다양성을 갖게 됩니다. 당신은 자신의 종교적 가르침이나 계략에 만족하지 못합니다. 그러다 보니 인도나 아시아 혹은 중국에서 다른 요소들을 가져옵니다. 그것은 새로운 요소이기에 흥미를 끕니다. 당신은 자신이 더 중요하다고 느끼기 위해, 새 언어를 하나 배워서 써먹으려 하기도 합니다. 하지만 본질적으로 그것은 똑같은 일입니다.

* * *

의식이 전개되던 도중에 어딘가에서 자아의식이 발생했습니다. (제가 '자아'라는 단어를 사용했다고 해서, 자아나 중심이 존재한다는 의미는 아닙니다.) 그 의식이 인간을 사물의 총체로부터 분리시켰습니다. 태초에 인간은 겁에 질린 존재였습니다. 통제할 수 없는 모든 것을 신성하거나 우주적인 것으로 간주하고, 숭배했습니다. 말하자면 인간이 '신'을 창조한 것도 그런 마음의 틀 안에서였습니다. 그러므로 문화는 그게 무엇이든 당신의 본질에 큰 영향을 미칩니다. 저는 우리가 오늘날 가지고 있는 모든 정치적 기구와 이데올로기가 인간의 동일한 종교적 사고의 부산물이라고 계속 주장하고 있습니다. 영적 스승들은 어떤 면에서 인류의 비극에 책임이 있습니다.

* * *

당신 자신의 죽음, 혹은 당신과 가까운 소중한 사람의 죽음은, 당신이 경험할 수 있는 무엇이 아닙니다. 당신이 실제로 경험하는 것은 다른 개인의 사멸이 만들어낸 공허이자, 존재하지 않는 영원 속에서 그 사람과의 관계를 지속하고자 하는 충족되지 않는 요구입니다. 이 모든 '영구적인' 관계가 지속되는 무대는 내일, 즉 천국이나 내세 등등입니다. 이런 것들은 '자아'가 만들어낸 가공의 미래에서 누릴 방해받지 않는 영구적인 지속성에만 관심 있는 마음의 발명품입니다. 지속성을 유지하는 기본적인 방법은 '어떻게? 어떻게? 어떻게'라고 질문을 반복하는 것입니다. '어떻게 살아야 할까? 어떻게 행복해질 수 있을까? 어떻게 내일 행복할 거라고 확신할 수 있을까?' 이것은 우리에게 삶을 해결할 수 없는 딜레마로 만들었습니다. 우리는 알고 싶어 하고, 그 앎을 통해 우리 비참한 존재를 영원히 지속하고 싶어 합니다.

* * *

저는 여전히 인류를 구원해줄 것이 사랑도, 연민도, 인본주의도, 형제애도 아니라고 주장합니다. 결코, 그럴 리 없습니다. 우리를 구원해줄 수 있는 것이 있다면, 그건 멸종에 대한 절대적 공포일 겁니다.

* * *

저는 여기 앉아 있는 꼭두각시와 같습니다. 저만 그런 것이 아닙니다. 우리 모두는 꼭두각시입니다. 자연이 그 줄을 잡아당기고 있지만, 우리는 스스로 행동하고 있다고 믿습니다. 당신이 그런 식으로 [꼭두각시처럼] 작동한다면, 문제는 간단합니다. 하지만 우리는 거기에다 그 줄을 잡아당기고 있는 어떤 '사람'[이라는 발상]을 덧붙였습니다.

5 이에 관해서는 찰스 휘트먼에게 물어보라. 그는 텍사스대학교 탑에 올라 총으로 생면부지의 사람들을 쏘다가 그 자신이 경찰관에게 사살당한 인물로, 자신이 왜 그런 짓을 저질렀는지 밝히기 위해 부검을 해달라고 요구하는 쪽지를 유서로 남겼다. 휘트먼은 뇌종양을 앓고 있었지만, 그가 이미 죽어버렸기 때문에 신경학자들은 이 질병을 그의 행동과 연관 지을 수 없었다. 1966년 8월 1일 광란의 살인을 저지르기 며칠 전 쓴 쪽지에서, 휘트먼은 그해 3월에 잰 코크럼 박사와 상담을 했으며, 그에게 자신의 "비정상적이고 비이성적인 생각들"과 "압도적인 폭력 충동들"에 관해 털어놓았다고 밝혔다. 코크럼은 휘트먼에게 바리움[[신경안정제]]을 처방해주고, 그를 정신과 전문의 모리스 딘 히틀리 박사에게 보냈다. 히틀리에게 진료를 받으면서, 휘트먼은 "사슴 사냥용 소총으로 사람들을 쏘고" 싶다는 충동을 느낀다고 말했다. 휘트먼의 뇌종양과 그의 피비린내 나는 행각 사이에 인과관계는 밝혀지지 않았지만, 아마 그는 더 일찍 자신의 뇌 상태를 검사하거나, 아니면 적어도 그렇게 많은 생명을 앗아가지 않도록 '선택'해야 했을 것이다. 결정론자의 법정에서라면, 아마도 코크럼과 히틀리는 이 살인의 공범으로 재판을 받았을 것이다. 하지만 법이 그 모든 책임을 휘트먼의 정신 상태로 돌릴 수 있다면, 왜 법적으로 복잡한 그런 사항에 관해 세심히 따지겠는가?

죽도록 지긋지긋한

1 톨스토이는 인생의 이 시점에, 작가로서 자신의 작품을 통해 사람의 의식을 흐리게 하는 삽페의 네 가지 방법, 즉 고립, 산만함, 고착, 그리고 가장 두드러지는 승화를 각각 시도해보고 있었다. 삽페는 니체의 《비극의 탄생》으로부터 자신의 중심 명제를 빌려왔던 것처럼, 톨스토이의 《참회록》에 관해 배우기 위해

서라면 학교라도 다녔을 것이다. 인간의 자기기만 수법에 이름을 붙이는 과정에서, 독창적인 발상을 하기는 쉽지 않다. 〈마지막 메시아〉에 담긴 삽페의 사유는 사실 평범한 필멸자는 듣기 싫어하지만, 일단 듣고 나면 부정할 수 없는 "금기시된 상투어"와 "금지된 빤한 소리"에 기초하고 있다.

2 영화에서 볼 수 있는 이런 배신의 사례로 〈세븐Se7en〉(1995)의 결말부 내레이션을 들 수 있다. 혼돈이 질서에게 승리하는 암울한 전망을 드러내던 영화는, 마지막 순간에 배우 모건 프리먼의 짧지만 의미심장한 내레이션으로 간신히 궁지에서 벗어난다. "어니스트 헤밍웨이는 이렇게 썼다. '세상은 멋진 곳이고, 이를 위해 싸울 만한 가치가 있다'고. 나는 이 말의 뒷부분에 동의한다." 이는 1940년 발표된 소설 《누구를 위하여 종은 울리나》에서 가져온 인용구로, 자신이 생각하는 대의를 위해 전쟁에서 생명을 바치는 주인공 로버트 조던의 대사다. 적에게 살해당하는 것도 두려워하지 않던 조던은 생포되지 않기 위해 기꺼이 자결할 각오까지 되어 있었다. 하지만 자살하지 않는 편이 나을 것이다. 헤밍웨이의 아버지가 그랬듯 조던의 아버지도 스스로 목숨을 끊었고, 조던은 이런 행동을 한 아버지를 겁쟁이라고 여겼다. 《누구를 위하여 종은 울리나》를 집필하고 나서 몇십 년 뒤 자살로 생을 마감할 때, 헤밍웨이도 자신을 겁쟁이라고 생각했을까? 혼돈에 대한 질서의 승리는 이 얼마나 끔찍하지만 영웅적인 통일성인가.

3 1970년대 동안 눌런드 자신도 하마터면 그의 정신을 압도하던 중증 정신병을 전전두엽 절제술로 치료하고 싶어 하던 의사 무리의 피해자가 될 뻔했다. 일이 그대로 진행되어 수술을 받았다면, 눌런드는 한때 자신이 집도하던 병원에서 화장실 청소를 할 수 있을 만큼의 지능만 남은 감정 없는 존재가 되었을 것이다. 마지막 순간에, 그의 의사 친구가 개입했다. 그 친구의 소수 의견으로, 뇌엽 절제술은 먼저 일련의 전기충격요법을 받아본 다음으로 미뤄졌다. 이 치료법은 효과가 있었다. 나중에 눌런드는 "인간 영혼"에 대한, 그리고 쇼펜하우어적인 의미는 아니지만 그 삶에의 의지에 대한 신비주의적 신앙심을 가진 작가가 되었다. 《사람은 어떻게 죽음을 맞이하는가》의 결론에서, 눌런드는 이렇게 썼다. "죽어감의 기술은 살아감의 기술이다." 그가 쓰지 않았던 것은 불필요한 뇌엽 절제술이나 쓸데없는 외과 수술을 받는 일을 피하도록 해줄 의사 친구가 있으면, 살아감의 기술을 연마하는 데 도움이 된다는 점이다.

4 스탠리 큐브릭 감독의 〈닥터 스트레인지러브: 혹은 나는 어떻게 걱정을 멈추고 폭탄을 사랑하는 법을 배웠나Dr. Strangelove or: How I Learned to Stop Worrying and Love the Bomb〉는 자신의 '삶의 방식'을 다른 사람들의 방식보다 오래 지속시키려는 인간 본능을 비꼰다. 미국의 핵 공격을 받으면 작동하도록 프로그래밍된, 러시아인이 만든 파멸의 날 기계로 인해 인류 멸망에 직면하자, 미국의 정치인과 군 간부들은 전前 나치 과학자 스트레인지러브 박사의 종용으로 다음 100년 동안 광산 갱도에 숨어 살아남을 계획을 세운다. 스트레인지러브의 예상에 따르면, 지상으로 올라온 뒤 "향후 20년 안에 현재의 국민총생산 수준으로 복구시킬" 수 있다는 것이다. 러시아인도 똑같은 계획을 수립할 수 있다고 우려하는 벅 터지슨 장군은, 그런 지위에 오른 사람에게 기대할 만한 모든 선견지명을 동원해서 이렇게 추측한다. "이 문제를 군사적 관점에서 봐야 합니다. 그러니까, 만약 러시아 놈들이 대형 폭탄을 숨겨두었다면 말이죠. 100년 뒤에 그놈들이 나오면 우리를 점령할 겁니다!" 터지슨의 의견에 동의하는 다른 장군이 장황하게 말을 늘어놓는다. "대통령 님, 지금의 새로운 상황 전개가 소비에트의 확장 정책에 어떤 변화를 가져올 거라는 생각은 정말 순진합니다. 그들이 광산 갱도 공간을 점령하고 우리보다 훨씬 더 왕성하게 번식해서, 우리가 지상으로 올라올 때 수적으로 압도하는 일을 막기 위해 경계를 강화해야 합니다!" 1964년 큐브릭의 영화가 개봉된 이후로, 이 장면에서 펼쳐지는 멍청한 광기는 관객의 속옷을 축축하게 적셨다. 살아서 그 성패 여부를 보지 못할 생존 계획을 짜는 등장인물들은 작고 우스꽝스러운 꼭두각시 인형처럼 보인다. 그들이 요구하는 것은 다음 세대가 자신들과 똑같은 멍청한 광기를 계속 이어가리라는 희망뿐이다. 삽페의 용어로 설명하자면, 〈닥터 스트레인지러브〉는 예술적인 승화에 해당하는 작품이다. 관객은 배를 잡고 웃고 나서는, 그 작품이 패러디하는 삶의 방식을 보존하기 위해 계속 번식해나갈 수 있다. 이 영화 속 사건이 행여나 실현된다면, 광산 갱도에서 올라오는 사람들은 거기 들어갔던 사람들과 다름없이 그 멍청한 광기에 사로잡혀 기쁨에 소리 지를 것이다. 조지 산타야나George Santayana의 경구 "역사로부터 배우지 못한 자는 그것을 반복할 운명에 처한다"는 하나의 거대한 야유다. 매일 매 순간 역사를 반복해야만 인간은 생존하고 번식할 수 있다. 우리 가운데 누구도 역사를 반복할 운명에 처하길 **원하지** 않으리라는 생각은, 이러한 사실과 얼마나 어긋나는가. 어느 필멸자든 역사로부터 우리 '삶의 방식'을 바꿀 무언가를 배울 수 있을 것이라는 생각도 마찬가지다. 그것은 파멸의 날 시나리오, 마지막 메시아

의 등장으로 끝나는 멜로드라마의 도입부일 것이다.

5 의식 연구는 종종 당신 머릿속에 있는 세계에 대한 재현이 곧 세계 자체, 즉 당신 자신이 만든 유아론唯我論적 꿈나라이기 때문에, 당신이 죽으면 온 세계가 죽는다는 현상학적 관점에 주목한다. 결과적으로 **당신이 알고 있는 대로**의 세계를 미래에 간직하거나, (예를 들어 성적 번식으로 생긴) 대리인을 통해 미래에 참여할 가능성은 없다.

6 케이 레드필드 제이미슨Kay Redfield Jamison은 1993년 저서 《영감을 얻다: 조울증과 예술적 기질Touched with Fire: Manic-Depressive Illness and the Artistic Temperament》[[《천재들의 광기: 예술적 영감과 조울증》, 동아출판사, 1993]]에서, 프랑스 작곡가 엑토르 베를리오즈가 쓴 편지들에 담긴 똑같이 종말론적인 감정을 인용하는데, 그는 빈번히 우울함이 찾아오면 지구를 폭파할 폭탄에 일말의 망설임 없이 불을 붙일 수 있을 듯 느껴졌다고 진술한다. 제이미슨의 저작보다 앞서는 유사한 저술로 다음이 있다. 로버트 버턴Robert Burton, 《우울의 해부The Anatomy of Melancholy》, 1621; 루돌프 비트코워Rudolf Wittkower와 마르고트 비트코워Margot Wittkower, 《토성 아래 태어나다: 예술가의 인격과 처신, 고전 시대로부터 프랑스 혁명기까지 기록된 역사Born under Saturn: The Character and Conduct of Artists: A Documented History from Antiquity to the French Revolution》, 1963; 브리짓 겔러트 라이언스Bridget Gellert Lyons, 《우울의 목소리들: 르네상스기 잉글랜드에서 문학이 우울을 다루는 방식에 관한 연구Voices of Melancholy: Studies in Literary Treatments of Melancholy in Renaissance England》, 1971; 라인하르트 쿤Reinhard Kuhn, 《정오의 악마: 서양 문학에서의 권태The Demon of Noontide: Ennui in Western Literature》, 1976.

7 죽음에 대한 우리 공포를 누그러뜨리기 위해 세상에 제기된 합리화 가운데 가장 허술한 것은 에피쿠로스의 제자인 로마 철학자 루크레티우스에 의해 고안되었다. 죽음 공포를 해결하기 위한 루크레티우스의 합리화는 이렇다. '우리는 태어나기 전에 존재하지 않았음을 아주 태연하게 받아들인다. 그러므로 우리가 죽은 이후 존재하지 않음을 두려워할 이유가 없다.' 이 진술의 두 부분 가운데 어느 것도 타당하지 않다. (인간이 완전히 이성적이라면 이 진술들은 타

당하겠지만, 우리는 그렇지 않다. 만약 우리가 이성적이라면, 논의 중인 합리화는 제기될 필요조차 없을 것이다.) 우리가 존재하지 않았던 시간과 결부된 공포를 경험하는 일은 상식을 벗어날지 모르지만, 우리가 그 시기를 공포 어린 눈으로 보아야 한다고 강요하는 것이 없듯이, 우리가 그 시기를 공포 어린 눈으로 보아서는 안 된다고 강요하는 것도 없다. 우리는 무언가를 공포 어린 눈으로 볼 수도 보지 않을 수도 있다. 파스칼이 "우주의 무한한 광대함"으로 인해 공포에 사로잡혔던 반면, 러브크래프트의 전통에 선 다른 사람들은 이런 공포를 느끼지 않는다. 또한 우리는 무언가에 대해 어떤 때는 공포를 느끼다가, 다른 때는 느끼지 않을 수도 있다. 우리가 존재하지 않을 시간과 결부된 공포를 경험하는 것에 관해서, 누구도 이런 공포를 경험하는 것이 오해라고 이성에 따라 강요할 수 없다. 다른 모든 감정처럼, 공포는 비이성적이다. 공포는 계산 대상이 아니고, 철학적 방정식에 대입될 수도 없다. 그리고 당신이 죽음을 두려워하는지 아닌지는, 일부 철학자가 무엇이 이성적이거나 비이성적이라고 생각하는지와 무관하다. 에피쿠로스는 당신이 "죽음이 우리에게 아무것도 아님을 믿는 것에 익숙해질" 수 있다고 순진하게 믿었다. 어떤 사람들은 대중 앞에서 말하는 것에 대한 불안을 줄여보려고 그렇게 해야만 하는 상황에 스스로를 거듭 밀어 넣을 수 있지만, 어느 필멸자도 이런저런 방식으로 죽음의 공포를 극복하는 **연습**은 할 수 없다. (요점이 분명해졌으므로, 이 주석은 이 지점 이후로 읽을 필요가 없다.) 합리성은 우리가 무언가를 두려워하거나 두려워하지 않는 것과는 아무 상관이 없다. 합리성이 이 문제에 관해 어떤 연관성이 있다고 혹은 있을 수 있다고 주장하는 사람은 자신이 무슨 말을 하고 있는지 모르며, 아마도 무엇보다 죽음의 두려움에 관해 이야기할 때도 자신이 무슨 말을 하고 있는지 모를 것이다. 이 두려움의 여러 이유 가운데 하나는, 우리는 다른 이가 시체가 되듯 자신이 시체가 되는 것을 완벽하게 시각화할 수 있기 때문이다. 누군가가 영면에 들었을 때, 사랑하는 사람들은 애곡하고, 그냥 지인들은 갈 데가 있고 방부처리 되지 않은 만날 사람이 있어 시계를 힐끔거리는 모습을 목격했기 때문이다. 20세기 독일 철학자 마르틴 하이데거라면 '시체-되기를-향한-존재'라고 했을 법한 이것은 상상만으로도 불쾌한 전망이다. 우리가 경험하게 될 또 다른 꺼림칙한 전망은, 우리가 언제 어떻게 죽을 것인가이다. 철학이 이 궁극적 문제와 씨름하는 데 쓸모없다는 사실은, 철학에 신경 쓰지 않을 (필연적이진 않지만) 충분한 이유이다… 철학이 우리가 언제 어떻게 죽을 것인지에 관해 우리 의식을 산만하게 하거나 승화시킬 수 있다는 점을 제외하면. 이것은 말할 필요도 없는 사실이기 때문에, 우리는 그 점에 대해 자주 말하지 않는다. 그 점에 관해 무언가를 말할 때, 우리는 죽어감이 삶의 일부라고 말하고는 더 이상 문제 삼지 않는다. 당연히 아무것도 우리에게 죽어가는 것을 두려워해야 한다거나, 그것에 대해 알아야 한다고 강요하지 않는다. 아무것도 우리에게 두려워해야 한다고 강요하지 않는 대상은 너무나도 많으며, 이런 대상을 두려워하는 사람이 거의 없다는 사실이 바로 핵심이다. 아무것도 우리에게 목 아래 전신이 마비되는 것을 두려워해야 한다고 강요하지 않는다. 아무것도 우리에게 교통사고로 다리나 다른 신체 부위가 손상될 수 있기 때문에, 다리가 절단되는 것을 두려워해야 한다고 강요하지 않는다. 아무것도 우리에게 잠자리에 들기 전에 끔찍한 악몽을 꾸는 것을, 혹은 눈에 거슬리는 티끌이 들어간 채 깨어나는 것을 두려워해야 한다고 강요하지 않는다. 아무것도 우리가 미쳐가거나, 못 견디게 우울해져서 자살하고 싶어지는 것을 두려워해야 한다고 강요하지 않는다. 아무것도 낭포성 섬유증이나 다른 선천성 질환을 가진 아이를 낳는 일을 두려워해야 한다고 강요하지 않는다. 아무것도 부모에게 최소한 자기 아이가 사이코패스에게 납치되어 고문당해 죽을 수 있다고 두려워해야 한다거나, 자기 아이가 반드시 사이코패스가 될 심리를 지니고 태어난 부류의 개인이기 때문에 사이코패스로 자라나 쾌락을 위해 아이를 납치해 고문할 수도 있다고 두려워해야 한다고 강요하지 않는다. 명백하고 절대적으로, 아무것도 우리에게 이런 불의의 사고나 이와 유사한 수백만 가지 다른 것을 두려워해야 한다고 강요하지 않는다. 이런 것을 두려워해야 한다고 강요하는 무언가가 있다면, 왜 우리는 계속 살아가는가? 대답은 우리에게 닥칠지도 모를 수백만 가지 공포를 두려워해야 한다고 강요받는다 해도, 우리가 **이미 존재하기** 때문에 살아가리라는 것이다. 그리고 우리가 존재하는 한, 왜 아무것도 우리에게 죽음을 두려워해야 한다고 강요하지 않는지, 왜 모든 것이 우리에게 계속 살아가야 한다고 강요하는지의 이유에 대한 장광설을 늘어놓는 철학자들의 소란스러운 간담회는 계속될 것이다.

히죽 웃는 순교자의 종단

1 사실 어떤 과학자도 왜 혹은 어떻게 유성생식이 일어나게 되었는지 모른다. 왜냐하면 유성생식은 번거롭고 비효율적인 생식 수단이기, 또는 수단이었기 때

문이다. 여기서 쾌락 이론이 강조되는 이유는 지금 생식 과정이 그런 식으로 이루어지며, 이 영역에서 과학적 이론들은 존재적 타당성이 거의 없기 때문이다. 어쩌면 유전적으로 최상의 결과를 얻을 수 있다는 이유로, 미래에는 오르가슴이 없는 임신이 선택되는 번식 수단이 될 가능성이 있다. 하지만 인간 사이의 성적 활동을 그만 두기까지는 긴 시간이 걸릴 듯한데, 그런 활동이 없다면 이성 혹은 동성 연인이 '사랑하는 관계'로 결합될 이유가 없을 터이기 때문이다. 그리고 이는 종의 종말일 것이다.

2 이 주제를 바라보는 양면적 시각과 고통 문제에 대한 풍부한 서지 목록에 관해서는, 로이 F. 바우마이스터Roy F. Baumeister와 엘런 브랫슬라브스키Ellen Bratslavsky 외, 〈나쁜 것은 좋은 것보다 강하다Bad is Stronger than Good〉, 《일반심리학 리뷰Review of General Psychology》(2001)를 보라. 이 주제들에 대해 무엇이 유효하고 무엇이 유효하지 않을지에 관한 확장된 토론 영역에 관해서는, 사회생물학과 진화심리학 및 관련 연구에 대한 모든 서적과 에세이를 참고하라.

3 사회가 유포한 긍정적인 인상과 상반되게도, 베스트셀러 《행복에 걸려 비틀거리다Stumbling on Happiness》(2006)[[최인철 외 옮김, 김영사, 2006]]의 작가 대니얼 길버트Daniel Gilbert가 인용한 연구들은, 부부가 아이를 낳으려 하는 이유가 무엇이든, 가정에 신생아가 있으면 부부의 안녕에 악영향을 미치거나 최상의 경우라도 아무 영향이 없음을 보여주었다. 부모의 삶에서 가장 행복한 이틀은 아이가 태어난 날과 아이가 자라서 집을 떠나는 날인 듯하다. 당연히 세상의 부모들은 이런 결론을 거부할 터이고, 또 그래야만 한다. 연구자들이 사실 부모에게 자녀는 행복의 원천이 아니라는 결과를 발표할 때, 회의론은 타당해 보인다. 이를 준용하자면, 레저용 보트를 구입한 사람도 마찬가지이다. 보트 유지를 위해 드는 과도한 노력 때문에, 보트가 주는 즐거움보다 더 혹독한 대가를 치르게 되는 이야기 말이다. 독자는 그것이 가치에 비해서는 문제점이 많지 않은 추구 대상이라는 식의 헛된 숙고를 하라는 요청을 받는다. 출산에 대해서라면, 제정신인 사람이라면 출산이 바람직한 동기가 전혀 없는 유일한 활동이라고 말하지는 않을 것이다. 그렇다면 번식하는 사람들은 인간종에 대한 최악의 음모에 대한 가담자로 선별된 것이 부당하다고 느껴서는 안 된다. 우리 모두는 각각 음모가 유지되는 데 책임이 있으며, 이는 대부분의 사람에게

괜찮은 일이다.

꼭두각시에 대한 부검: 초자연적인 것의 해부

1 헤밍웨이는 비관적이고 냉소적이며 무신론에 경도된 바스크어권 작가 피오 바로하Pío Baroja가 자신보다 더 노벨문학상을 받을 자격이 있다고 생각했다. 바로하가 병원 침대에 누워 죽어가는 동안, 헤밍웨이는 그를 문병했다. 충분히 많은 상을 받은 이 미국 작가는, 바로하가 인생을 마감하기 전에 그의 작품 세계에 대한 존경심을 개인적으로 표현하고 싶었던 듯하다. 지식과 삶 양쪽 모두의 쓸모없음에 관한 사색인 1911년 소설《과학의 나무El árbol de la ciencia》[[조구호 옮김, 문학과지성사, 2007]]를 쓴 그 작가는 헤밍웨이의 공경에 "아이고, 맙소사Ay, caramba"라며 그저 한숨만 지었다고 한다.

2 처음 겪는 짝사랑에 들뜬 여학생처럼, 과학자가 우주나 그와 관련된 어느 부분에 관해 부드럽게 속삭이는 것을 들으면 움츠러들기 마련이다. 크라프트-에빙Richard von Krafft-Ebing[[독일의 정신의학자로, 억압받는 성에 관해 연구하면서 성욕 병리학과 범죄의 이상 심리 연구에 업적을 남겼다]]의 연구로부터 더 나아가면, 우리는 정강이부터 구둣주걱에 이르기까지 무엇에나 흥분할 수 있음을 알게 된다. 하지만 이 수다스러운 먹물들 중 단 한 명이라도 객관성에 양보하며 한 발 물러서서, 이러한 진실을 말하는 것을 들으면 좋을 것이다. **우주나 그 안의 어떤 것도 본질적으로 감명을 주는 것은 없다.**

3 초자연 현상 가운데 옹호할 만한 사례에 오래 전념했던 존경받는 초능력 연구자가 쓴 최고의 보고서로, 수전 블랙모어Susan Blackmore의《빛을 찾아서: 어느 초심리학자의 모험In Search of the Light: Adventures of a Parapsychologist》(1987; 개정판 1996)을 참조하라. 가짜 초자연 현상의 폭로에 관해서도 같은 책을 참조하라.

감사의 말

이 작품을 집필하는 데 필요한 자료를 제공해준 팀 제스키와 스콧 웨더비, 《인간종에 대한 음모》의 초고를 검토하는 포럼에 참여한 토머스 리고티 온라인의 회원들과 그 관리자인 브라이언 에드워드 포, 나 자신과 닮은 정신에서 나온 경고 반응이 필요할 때마다 즉각 실험 대상이 되어준 로버트 리고티, 여러 해 동안 격려해주고 통찰력을 불어넣어준 제니퍼 가리에피에게 감사를 표하고 싶다. 그리고 S. T. 조시와 조너선 패짓의 조언과 노고에 감사하지 않는다면 아주 무책임한 일일 것이다. 아울러 이 책의 구성에서 가장 중요한 단계에 재능과 경험을 빌려준 니콜 아리아나 시어리에게 특별한 감사를 보낸다. 마지막으로 덴마크식 노르웨이어를 모르는 모든 철학적 비관론의 추종자처럼, 나도 페테르 베셀 삽페의 작품을 번역하고 그에 대한 글을 쓴 이슬레 R. 탕게네스에게 빚을 졌다. 이 가치 있는 기여의 사용에 대한 책임은 전적으로 저자에게 있다.

인간종에 대한 음모 공포라는 발명품

초판 1쇄 발행 | 2023년 8월 31일
초판 2쇄 발행 | 2023년 10월 31일

지 은 이 | 토머스 리고티
옮 긴 이 | 이동현
펴 낸 이 | 이은성
편 집 | 구윤희
교 정 | 홍원기
디 자 인 | 파이브에잇
펴 낸 곳 | 필로소픽
주 소 | 서울시 종로구 창덕궁길 29-38, 4-5층
전 화 | (02) 883-9774
팩 스 | (02) 883-3496
이 메 일 | philosophik@naver.com
등록번호 | 제2021-000133호

ISBN 979-11-5783-305-4 93100

필로소픽은 푸른커뮤니케이션의 출판 브랜드입니다.